全面注册制

上市一本通

流程、实操与案例

鹏拍 编著

GO
PUBLIC
SUCCESSFULLY

作者在资本市场工作17年，本书体现了其丰富的实战经验。书中全面介绍了注册制实施后上市的全流程，详细分析了各种类型的上市方式，并涵盖15类上市重点问题。对于上市的重点事项，包括上市的条件、流程、法规体系、审核实践，以及拟上市企业如何聘任合适的中介机构，选择最佳的上市时机，确定有效的上市方案，落实恰当的规范计划，书中都做了详细解答。

本书理论结合实际，通过大量案例，立体展现了上市操作的全流程，是企业董事长、财务总监、董秘、证券事务代表、中介机构从业人员、投资经理、其他参与资本运作的各界人士的工具书。

图书在版编目（CIP）数据

全面注册制上市一本通：流程、实操与案例 / 鹏拍编著. —北京：机械工业出版社，2023.10
ISBN 978-7-111-74082-7

I. ①全… II. ①鹏… III. ①上市公司 – 基本知识 – 中国 IV. ① F279.246

中国国家版本馆 CIP 数据核字（2023）第 198620 号

机械工业出版社（北京市百万庄大街22号　邮政编码100037）
策划编辑：石美华　　　　　责任编辑：石美华　　高珊珊
责任校对：张晓蓉　许婉萍　责任印制：常天培
北京铭成印刷有限公司印刷
2024年1月第1版第1次印刷
170mm×230mm・19.25 印张・1 插页・292 千字
标准书号：ISBN 978-7-111-74082-7
定价：89.00元

电话服务　　　　　　　　　网络服务
客服电话：010-88361066　机 工 官 网：www.cmpbook.com
　　　　　010-88379833　机 工 官 博：weibo.com/cmp1952
　　　　　010-68326294　金 书 网：www.golden-book.com
封底无防伪标均为盗版　　机工教育服务网：www.cmpedu.com

PREFACE 前言

2023年2月，随着《首次公开发行股票注册管理办法》等系列法规的发布或修订，国内资本市场步入全面注册制时代。

实施全面注册制后，上市的方式、板块、条件、流程、法规体系、审核实践、问题应对策略都发生了显著的变化。

拟上市企业如何论证上市可行性、聘请中介机构、选择上市时机、确定上市方案、落实整改计划、解决各类问题，本书都将一一给出答案。

上市一直是一个艰难的过程——如同"戴着枷锁跳舞"。实施注册制并不预示着上市门槛大幅降低，当然更不意味着轻松就能上市。

实施全面注册制后，上市的确变得更加透明和可预期，但同时，上市也面临着更加全面的监督和更加严厉的处罚。企业想要上市，依然任重而道远。

本书可谓针对上市的"百科全书"，涵盖了IPO上市、转板、借壳上市、分拆上市、中概股回归等全面注册制下的各种上市方式，并包括尽职调查、财务规范、股权清晰、股权激励、股权融资、实际控制人、独立性、劳动用工、土地问题、募投项目设计、股份制改造、上市辅导工作、重点行业问题、商业合理性、上市常见误区等15类上市重点问题，还对上市周期的筹划、中介机构的选择、股权结构的设计、股权激励的实施、商务费用的处理、研发费用的规划、资金流水的规范、税务问题的解决等棘手的实务问题提供了可行性参考。

　　实施全面注册制后，上市将变得越来越大众化，上市更多地成为企业长期发展中的一个重要节点而非终点。

　　在这个时代，不是每一家企业都能够上市或者需要上市，但每家企业都有必要了解相关的上市知识，以便需要的时候能够有效运用。

　　本书汇集了作者17年的从业经验与心得，理论结合实际，通过大量案例，真实地展现了上市操作的全流程，相信你一定能够从中获益。

编　者

CONTENTS 目 录

前言

第一章　资本市场概况　　1

第一节　多层次资本市场　　1

第二节　四板　　2

第三节　新三板　　2

第四节　北交所　　5

第五节　创业板　　9

第六节　科创板　　11

第七节　主板　　13

第八节　全面注册制　　15

第九节　上市可行性论证　　16

第十节　上市的方式　　17

第二章　尽职调查　　20

第一节　尽职调查概述　　20

第二节　尽职调查的实施程序　　21
　　第三节　尽职调查的内容　　27
　　第四节　尽职调查实务典型问题　　34

第三章　财务规范　　44
　　第一节　财务规范的目标　　44
　　第二节　财务规范的相关 IPO 要求　　45
　　第三节　财务规范实务典型问题　　66

第四章　股权清晰　　75
　　第一节　股权清晰的概念与目的　　75
　　第二节　股权清晰的相关 IPO 要求　　77
　　第三节　股权清晰实务典型问题　　83

第五章　股权激励　　92
　　第一节　股权激励的相关概念与目的　　92
　　第二节　股权激励方案设计　　94
　　第三节　股权激励的会计处理　　100
　　第四节　股权激励的税务问题　　101
　　第五节　股权激励的相关 IPO 要求　　102
　　第六节　股权激励实务典型问题　　105

第六章　股权融资　　110
　　第一节　股权融资的相关概念　　110
　　第二节　投资者的类别划分　　111
　　第三节　股权融资的操作流程　　113
　　第四节　股权融资实务典型问题　　116

第七章　实际控制人　　　122

第一节　实际控制人的认定原则与目的　　　122

第二节　实际控制人的相关概念　　　124

第三节　实际控制人的类别划分　　　125

第四节　实际控制人的相关法规要求　　　126

第五节　实际控制人实务典型问题　　　130

第八章　独立性　　　134

第一节　资产完整性　　　134

第二节　人员独立性　　　136

第三节　财务独立性　　　138

第四节　机构独立性　　　139

第五节　业务独立性　　　140

第九章　劳动用工　　　151

第一节　职工薪酬　　　151

第二节　社会保障　　　152

第三节　三项经费　　　154

第四节　劳动纠纷　　　155

第五节　劳务派遣　　　156

第六节　劳务外包　　　157

第十章　土地问题　　　160

第一节　土地的类别与权利　　　160

第二节　土地的流转方式　　　162

第三节　与土地相关的财务核算与税务问题　　　166

第四节　土地的相关 IPO 要求　　　168

第五节　与土地相关的实务典型问题　　170

第十一章　募投项目设计　　173

第一节　募投项目设计的基本原则　　173
第二节　募投项目设计的要点　　174
第三节　募投项目设计需要规避的问题　　178
第四节　募集资金总额与分配　　179
第五节　募投项目手续相关事项　　180
第六节　募投项目设计实务典型问题　　181

第十二章　股份制改造　　183

第一节　股份制改造的相关概念　　183
第二节　股改的条件　　185
第三节　股改的程序　　186
第四节　股改实务典型问题　　187

第十三章　上市辅导工作　　198

第一节　上市辅导的概念与相关法规　　198
第二节　辅导工作的目标、分工与辅导对象　　200
第三节　辅导工作的内容　　202
第四节　辅导工作的流程　　205
第五节　上市辅导工作实务典型问题　　209

第十四章　新三板挂牌与转板　　212

第一节　新三板挂牌与转板的概念　　212
第二节　新三板挂牌的流程与问题　　212
第三节　转板的流程与问题　　214

第十五章　借壳上市　219

第一节　借壳上市的相关概念与类别　219
第二节　借壳上市的审核标准　220
第三节　借壳上市的操作程序　223
第四节　借壳上市实务典型问题　224

第十六章　分拆上市　231

第一节　分拆上市的相关概念　231
第二节　"假"分拆　232
第三节　"真"分拆　233
第四节　分拆上市实务典型问题　235

第十七章　中概股回归　239

第一节　中概股回归的相关概念与类别　239
第二节　中概股回归A股　240
第三节　中概股回归港股　242
第四节　中概股回归实务典型问题　243

第十八章　重点行业问题　249

第一节　重点行业的选取标准　249
第二节　行业资质或登记手续　250
第三节　行业特别问题　254

第十九章　商业合理性　270

第一节　商业合理性的概念　270
第二节　主体资格的相关问题　271

	第三节	独立性的相关问题	274
	第四节	规范运行的相关问题	275
	第五节	财务与会计的相关问题	277
	第六节	募投项目的相关问题	280

第二十章　上市常见误区　　281

	第一节	关于资本市场	281
	第二节	关于上市论证	284
	第三节	选择中介机构	286
	第四节	上市常见误区实务典型问题	287

结语　　293

附录　参考法规　　294

第一章

资本市场概况

第一节 多层次资本市场

实施全面注册制后,国内资本市场共有六个板块(层次),如图1-1所示。各板块的定位、上市条件与投资者门槛有所差异,服务于不同行业、不同类型和不同发展阶段的企业,形成了错位竞争的资本市场格局。

图1-1 国内资本市场的六个板块

四板市场由各地的股权交易中心具体运营和管理；新三板由全国中小企业股份转让系统有限责任公司（以下简称"全国股转公司"）具体运营和管理；北交所、创业板、科创板与主板已全部实施注册制，其中，北交所未划分板块，深交所划分为主板和创业板，上交所划分为主板和科创板。

本书重点介绍北交所（及作为一般企业北交所上市前置程序的新三板挂牌）、创业板、科创板与主板上市，并对四板略做介绍，以保证内容的完备性。

第二节 四板

四板的全称为"区域性股权交易市场"，是为特定区域内的企业提供股权、债券转让和融资服务的私募市场。在实践中，四板的主要作用是为企业提供挂牌展示和宣传的平台，并让挂牌企业初步接触和了解资本市场。通常情况下，四板的投资者门槛为500万元。

各地四板市场的挂牌门槛有所差异，但都相对不高。四板市场都有自己备案的推荐机构，一般签约后一个月左右可以完成挂牌。

四板市场曾经经历过一段快速发展时期，最近几年经过证监会规范后，截至本书写作之际，完成证监会备案的区域性股权市场运营机构剩余35家。

2022年11月，中国证监会办公厅与工业和信息化部办公厅联合印发《关于高质量建设区域性股权市场"专精特新"专板的指导意见》，之后"专精特新"专板成为很多四板市场重点发展的方向。

第三节 新三板

一、新三板概况

新三板位于北京，全称是"全国中小企业股份转让系统"，是经国务院批准设立的全国性证券交易场所，由全国股转公司具体运营和管理。截至2023年3月底，新三板有基础层和创新层两个层次，投资者门槛分别为200万元和100万元。

二、新三板简史

三板市场起源于 2001 年的代办股份系统,称为"老三板";2006 年年初,中关村科技园区公司进入代办股份系统进行股份报价与转让,称为"新三板"。

2013 年年底,新三板扩容至全国,2015 年—2016 年挂牌公司数量大幅增长。

2019 年 10 月,新三板启动改革,推出精选层和转板上市。

2021 年 9 月,精选层挂牌公司转入新成立的北京证券交易所,新三板回归基础层和创新层两个层级。

三、新三板基础层挂牌条件

根据《全国中小企业股份转让系统股票挂牌规则》,新三板基础层挂牌条件如下:

(1)申请挂牌公司应当是依法设立且合法存续的股份有限公司,注册资本已足额缴纳,股本总额不低于 500 万元,并同时符合:股权明晰,股票发行和转让行为合法合规;公司治理健全,合法规范经营;业务明确,具有持续经营能力。

(2)申请挂牌公司的业务、资产、人员、财务、机构应当完整、独立,与其控股股东、实际控制人及其控制的其他企业分开。

(3)满足下列条件之一(见表 1-1),持续经营时间不少于一个完整会计年度。

表 1-1 特殊企业的新三板挂牌条件

序号	标准	要求	共同满足
1	研发+融资	最近一年研发投入累计≥1 000 万元,且最近 12 个月或挂牌同时定向发行获得专业机构投资者股权投资金额≥2 000 万元	主要业务属于人工智能、数字经济、互联网应用、医疗健康、新材料、高端装备制造、节能环保、现代服务业等新经济领域,以及基础零部件、基础元器件、基础软件、基础工艺等产业基础领域,且符合国家战略,拥有关键核心技术,主要依靠核心技术开展生产经营,具有明确可行的经营规划
2	做市+市值	挂牌时即采取做市交易方式,挂牌同时向不少于 4 家做市商在内的对象定向发行股票,按挂牌同时定向发行价格计算的市值≥1 亿元	

（4）其他企业持续经营不少于两个完整的会计年度，最近一期期末每股净资产应当不低于1元/股，并满足下列条件之一（见表1-2）。

表1-2　一般企业的新三板挂牌条件

序号	标准	要　求
1	利润	最近两年净利润（指扣除非经常性损益前后孰低的归属于母公司股东的净利润，下同）均为正且累计≥800万元，或最近一年净利润≥600万元
2	收入	最近两年营业收入平均≥3 000万元且最近一年营业收入增长率≥20%，或最近两年平均营业收入≥5 000万元且经营活动现金流量净额均为正
3	收入+研发	最近一年营业收入≥3 000万元，且最近两年研发投入合计占最近两年营业收入比例≥5%
4	研发+融资	最近两年研发投入累计≥1 000万元，且最近24个月或挂牌同时定向发行获得专业机构投资者股权投资金额≥2 000万元
5	做市+市值	挂牌时即采取做市交易方式，挂牌同时向不少于4家做市商在内的对象定向发行股票且相应的市值≥1亿元

（5）主要业务或产能被国家或地方发布的产业政策明确禁止或淘汰的、属于法规政策明确禁止进入资本市场融资的行业、业务的企业，不得申请新三板挂牌。

四、新三板创新层的准入条件和时间

（一）创新层的准入条件

根据《全国中小企业股份转让系统分层管理办法》，挂牌公司进入创新层应当符合以下条件：

1）最近一年期末净资产不为负值。

2）公司治理健全，截至进层启动日，已制定并披露经董事会审议通过的股东大会、董事会和监事会制度、对外投资管理制度、对外担保管理制度、关联交易管理制度、投资者关系管理制度、利润分配管理制度和承诺管理制度，已设董事会秘书作为信息披露事务负责人并公开披露。

3）最近12个月内公司、控股股东、实际控制人、董事、监事、高级管理人员（以下简称"董监高"）没有重大违法违规；挂牌公司或其控股股东、实际控制人不存在被列入失信执行人名单且情形尚未消除。

4）按照全国股转公司规定，在每个会计年度结束之日起 4 个月内编制并披露年度报告，在每个会计年度的上半年结束之日起 2 个月内编制并披露中期报告，因不可抗力等特殊原因导致未按期披露的除外。

5）最近两年财务会计报告没有被会计师事务所出具非标准审计意见的审计报告；仅根据下述 6）中的"成长标准"进入创新层的，最近三年财务会计报告没有被会计师事务所出具非标准审计意见的审计报告。

6）达到下列财务或市值指标之一，见表 1-3。

表 1-3 新三板创新层的财务或市值指标

序号	标准	指标
1	盈利	最近两年净利润≥1 000 万元，净资产收益率≥6%，股本≥2 000 万元
2	成长	最近两年平均营业收入≥8 000 万元，复合增长率≥30%，股本≥2 000 万元
3	研发	最近两年累计研发投入≥2 500 万元；最近两年发行股票融资≥4 000 万元（不含以非现金资产认购的部分）且投后估值≥3 亿元
4	市值	有成交的最近 60 个交易日平均市值≥3 亿元；采用做市方式的做市商≥4 家，采用集合竞价交易的最近 60 个交易日累计成交≥100 万股；最新股本≥5 000 万元

（二）创新层的准入时间

全国股转公司每年设置 6 次创新层进层实施安排，进层启动日分别为每年 1 月、2 月、3 月、4 月、5 月和 8 月的最后一个交易日。

另外，满足创新层准入条件的公司可以申请持牌同时进入创新层。

第四节 北交所

一、北交所概况

北京证券交易所（简称北交所）成立于 2021 年 9 月，成立之初即采用注册制。北交所成立后与沪深交易所并列，成为全国第三大证券交易所，投资者门槛为 50 万元。北交所成立后，原精选层挂牌公司已全部转为北交所上市公司。

二、北交所的定位

（一）整体定位

根据《北京证券交易所向不特定合格投资者公开发行股票注册管理办法》，北交所聚焦实体经济，主要服务创新型中小企业，重点支持先进制造业和现代服务业等领域的企业。

（二）北交所负面清单

根据《北京证券交易所向不特定合格投资者公开发行股票并上市业务规则适用指引第1号》，发行人属于金融业、房地产业企业的，不支持其申报在北交所发行上市。发行人生产经营应当符合国家产业政策。发行人不得属于产能过剩行业（产能过剩行业的认定以国务院主管部门的规定为准）、《产业结构调整指导目录》中规定的淘汰类行业，以及从事学前教育、学科类培训等业务的企业。

三、北交所上市条件

根据《北京证券交易所向不特定合格投资者公开发行股票注册管理办法》《北京证券交易所股票上市规则（试行）》《北京证券交易所向不特定合格投资者公开发行股票并上市业务规则适用指引第1号》，北交所上市需要满足以下条件：

（一）主体资格与规范性要求

1）最近三年财务会计报告无虚假记载，被出具无保留意见审计报告。

2）具备健全且运行良好的组织机构，具有持续经营能力，财务状况良好；不存在对发行人经营稳定性、直接面向市场独立持续经营的能力具有重大不利影响，或者存在发行人利益受到损害等其他情形。

3）保持主营业务、控制权、管理团队的稳定，最近24个月内主营业务未发生重大变化；最近24个月内实际控制人未发生变更；最近24个月内董事、高级管理人员未发生重大不利变化。

4）最近36个月内公司及其控股股东、实际控制人、董事、监事和高级管理人员不存在重大违法违规行为。

5）最近36个月内公司不存在未按照相关规定在每个会计年度结束之日起4个月内编制并披露年度报告，或者未在每个会计年度的上半年结束之日起2个月内编制并披露中期报告的情形。

（二）北交所IPO上市的市值与财务指标

北交所IPO上市需要满足下列市值与财务指标之一，见表1-4。

表1-4 北交所IPO上市的市值与财务指标

序号	市值	财务指标	共同满足
1	≥2亿元	最近两年净利润都≥1 500万元且平均净资产收益率≥8%	①最近一年期末净资产≥5 000万元 ②公开发行对象数量≥100人 ③发行后股东数量≥200人 ④股本总额≤4亿元，发行后公众股≥25%；股本总额>4亿元，发行后公众股≥10%
		或者最近一年净利润≥2 500万元且净资产收益率≥8%	
2	≥4亿元	最近两年平均营业收入≥1亿元且增长率≥30%，最近一年经营现金流净额>0	
3	≥8亿元	最近一年营业收入≥2亿元，最近两年合计研发投入≥营业收入的8%	
4	≥15亿元	最近两年研发投入合计≥5 000万元	

注：在实践中，大部分北交所上市企业上市前一年净利润在3 000万元以上。

四、北交所上市程序

与其他上市板块不同，一般企业申请北交所IPO前必须先完成新三板挂牌并进入创新层，且连续挂牌满12个月（含基础层与创新层时间）。

之后，北交所IPO上市的操作周期通常为一年左右，包括上市辅导、申报文件、材料审核、股票发行、股票上市等五个阶段。

1）上市辅导阶段：拟上市企业确定中介机构，中介机构对企业进行全面尽职调查，中介机构对企业进行上市辅导并确定上市方案等。

2）申报文件阶段：会计师事务所出具审计报告，律师事务所出具法律意见书，保荐机构完成申请文件，通过保荐机构内核后向北交所提交申请文件等。

3）材料审核阶段：北交所审核与发送反馈问题，发行人和中介机构对反馈问题进行回复，北交所上市委进行表决，证监会注册等。

4）股票发行阶段：股票发行路演、询价、竞价、定价与配售发行，股票登记等。

5）股票上市阶段：股票上市，信息披露等。

在实践中，绝大部分地方证监局只接受新三板挂牌公司的主办券商办理其北交所上市辅导备案工作，建议拟上市企业提前做好沟通与安排。

2023年9月1日，中国证监会发布《关于高质量建设北京证券交易所的意见》，明确"在坚守北交所市场定位前提下，允许符合条件的优秀中小企业首次公开发行并在北交所上市"，允许部分企业跳过新三板挂牌而直接申请北交所IPO。

五、北交所上市利弊

北交所上市与其他板块的利弊比较如下，见表1-5。

表1-5 北交所上市利弊

序号	项目	北交所上市的优点	北交所上市的缺点
1	上市门槛	北交所上市的财务门槛较低、审核容忍度更高，企业上市时间更早	从新三板挂牌开始进行信息披露；同时，更早上市意味着更早进行股份稀释
2	挂牌展示	北交所上市前的新三板挂牌阶段可以更方便地开展股权融资与股权激励，还可以享受分红免个人所得税的国家税收优惠政策	新三板挂牌期间需要承担新三板挂牌的信息披露成本与违规处罚风险
3	实施步骤	从股份制改造、新三板基础层、新三板创新层到北交所上市，对企业的规范要求逐步升高，可控性更强	全过程涉及多个步骤，需要提前做好整体筹划与把控
4	中介费用	北交所上市的中介费用远低于主板、创业板与科创板	北交所上市的募集资金相对其他上市板块较少
5	行业要求	北交所板块定位相对更加宽泛，对创新属性要求也比较低	北交所限制金融业、房地产等行业上市
6	后市运作	北交所上市后，控股股东、实际控制人的股份锁定期为12个月（其他上市板块为36个月），更有利于提前减持股票	北交所投资者门槛相对较高（50万元），流动性和市盈率相对其他上市板块较低

第五节 创业板

一、创业板概况

创业板成立于 2009 年,成立之初采用核准制,投资者开户没有证券账户和资金账户内的资产金额要求;2020 年 6 月,创业板完成注册制改革,新的投资者开户门槛为 10 万元。

二、创业板定位

(一)整体定位

根据《首次公开发行股票注册管理办法》,注册制改革之后的创业板深入贯彻创新驱动发展战略,适应发展更多依靠创新、创造、创意的大趋势,主要服务成长型创新创业企业,支持传统产业与新技术、新产业、新业态、新模式深度融合。

(二)创业板创新属性具体要求

根据《深圳证券交易所创业板企业发行上市申报及推荐暂行规定》,创业板对创新属性有具体规定,要求符合下列标准之一:

1)最近三年研发投入复合增长率不低于 15%,最近一年研发投入金额不低于 1 000 万元,且最近三年营业收入复合增长率不低于 20%。

2)最近三年累计研发投入金额不低于 5 000 万元,且最近三年营业收入复合增长率不低于 20%。

3)属于制造业优化升级、现代服务业或者数字经济等现代产业体系领域,且最近三年营业收入复合增长率不低于 30%。

最近一年营业收入金额达到 3 亿元的企业,或者按照《关于开展创新企业境内发行股票或存托凭证试点的若干意见》等相关规则申报创业板的已境外上市红筹企业,不适用前款规定的营业收入复合增长率要求。

(三)创业板负面清单

根据《深圳证券交易所创业板企业发行上市申报及推荐暂行规定》,创业板原则上不支持下列企业申报上市,但与互联网、大数据、云计算、自动化、人工智能、新能源等新技术、新产业、新业态、新模式深度融合的创新创业企业除外：

1）农林牧渔业。

2）采矿业。

3）酒、饮料和精制茶制造业。

4）纺织业。

5）黑色金属冶炼和压延加工业。

6）电力、热力、燃气及水生产和供应业。

7）建筑业。

8）交通运输、仓储和邮政业。

9）住宿和餐饮业。

10）金融业。

11）房地产业。

12）居民服务、修理和其他服务业。

禁止产能过剩行业、《产业结构调整指导目录》中的淘汰类行业，以及从事学前教育、学科类培训、类金融业务的企业在创业板发行上市。

三、创业板上市条件

根据《首次公开发行股票注册管理办法》《深圳证券交易所创业板股票上市规则》，创业板上市需要满足以下条件：

（一）主体资格与规范性要求

1）依法设立且持续经营三年以上的股份有限公司。

2）会计基础工作规范，财务报表的编制和披露符合企业会计准则和相关信息披露规则的规定。

3）资产完整，业务及人员、财务、机构独立。

4）最近24个月内主营业务和董事、高级管理人员均没有发生重大不利变化，实际控制人没有发生变更。

5）最近36个月内公司及其控股股东、实际控制人、董事、监事和高级管理人员不存在重大违法违规行为。

（二）创业板 IPO 上市的市值与财务指标

创业板 IPO 上市需要满足下列市值与财务指标之一，见表 1-6。

表 1-6　创业板 IPO 上市的市值与财务指标

序号	市值	经营状况
1	无	最近两年净利润均为正，且累计净利润 ≥ 5 000 万元
2	10 亿元	最近一年净利润为正且营业收入 ≥ 1 亿元
3	50 亿元	最近一年营业收入 ≥ 3 亿元

注：最近几年，大部分创业板上市企业上市前一年净利润在 5 000 万元以上。

四、创业板上市程序

创业板 IPO 上市通常至少需要操作四年以上，包括规范、股改与上市辅导、文件申报、材料审核、股票发行、股票上市等五个阶段。

1）规范、股改与上市辅导阶段：拟上市企业确定中介机构，中介机构对企业进行全面尽职调查，拟上市企业进行整改规范与股份制改造（以下简称"股改"），中介机构对企业进行上市辅导并确定上市方案等。

2）文件申报阶段：会计师事务所出具审计报告，律师事务所出具法律意见书，保荐机构完成申请文件，通过保荐机构内核后向深交所提交申请文件等。

3）材料审核阶段：深交所审核与发送反馈问题，发行人和中介机构对反馈问题进行回复，深交所上市委进行表决，证监会注册等。

4）股票发行阶段：股票发行路演、询价、定价与配售发行，股票登记等。

5）股票上市阶段：股票上市，信息披露等。

第六节　科创板

一、科创板概要

科创板成立于 2019 年，成立之初即采用注册制，投资者开户门槛为 50 万元。

二、科创板定位

（一）整体定位

根据《首次公开发行股票注册管理办法》，科创板面向世界科技前沿、面向经济主战场、面向国家重大需求，优先支持符合国家战略，拥有关键核心技术，科技创新能力突出，主要依靠核心技术开展生产经营，具有稳定的商业模式，市场认可度高，社会形象良好，具有较强成长性的企业。

（二）科创属性具体要求

根据《科创属性评价指引（试行）》，支持和鼓励科创板定位规定的相关行业领域中，同时符合下列四项指标的企业申报科创板上市：

1）最近三年研发投入占营业收入比例5%以上，或最近三年研发投入金额累计在6 000万元以上。

2）研发人员占当年员工总数的比例不低于10%。

3）应用于公司主营业务的发明专利5项以上。

4）最近三年营业收入复合增长率达到20%，或最近一年营业收入金额达到3亿元。

已境外上市的红筹企业，可不适用上述第4）项指标的规定；软件行业不适用上述第3）项指标的要求，研发投入占比应在10%以上。

（三）科创板负面清单

根据《科创属性评价指引（试行）》，限制金融科技、模式创新企业在科创板上市；禁止房地产和主要从事金融、投资类业务的企业在科创板上市。

三、科创板上市条件

根据《首次公开发行股票注册管理办法》《上海证券交易所科创板股票上市规则》，科创板上市需要满足以下条件：

（一）主体资格与规范性要求

1）依法设立且持续经营三年以上的股份有限公司。

2）会计基础工作规范，财务报表的编制和披露符合企业会计准则和相关信息披露规则的规定。

3）资产完整，业务及人员、财务、机构独立。

4）最近 24 个月内主营业务和董事、高级管理人员、核心技术人员均没有发生重大不利变化、实际控制人没有发生变更。

5）最近 36 个月内公司及其控股股东、实际控制人、董事、监事和高级管理人员不存在重大违法违规行为。

（二）科创板 IPO 上市的市值与财务指标

科创板 IPO 上市需要满足下列市值与财务指标之一，见表 1-7。

表 1-7　科创板 IPO 上市的市值与财务指标

标准	市值	收入	其他
1	10 亿元	无	最近两年净利润为正且累计≥5 000 万元
	10 亿元	1 亿元	最近一年净利润为正
2	15 亿元	2 亿元	最近三年合计研发投入≥营业收入的 15%
3	20 亿元	3 亿元	最近三年经营活动产生的现金流量净额累计≥1 亿元
4	30 亿元	3 亿元	无
5	40 亿元	无	主要业务或产品需经批准，市场空间大，已取得阶段性成果；医药行业企业需至少有一项核心产品获准开展二期临床试验

注：在实践中，大部分科创板上市企业上市前一年净利润在 4 000 万元以上。

四、科创板上市程序

科创板 IPO 由上交所负责审核，上交所上市委过会后报证监会注册，其他程序与创业板一致。

第七节　主板

一、主板概况

主板成立于 1990 年，成立后先后采用过批准制与核准制。2023 年 2 月，主板开始实施注册制，投资者开户没有证券账户和资金账户内的资产金额要求。

二、主板定位

根据《首次公开发行股票注册管理办法》,主板突出"大盘蓝筹"特色,重点支持业务模式成熟、经营业绩稳定、规模较大、具有行业代表性的优质企业。

三、主板上市条件

根据《首次公开发行股票注册管理办法》《上海证券交易所股票上市规则》《深圳证券交易所股票上市规则》,主板上市需要满足以下条件:

(一)主体资格与规范性要求

1)依法设立且持续经营三年以上的股份有限公司。

2)会计基础工作规范,财务报表的编制和披露符合企业会计准则和相关信息披露规则的规定。

3)资产完整,业务及人员、财务、机构独立。

4)最近36个月内主营业务和董事、高级管理人员均没有发生重大不利变化,实际控制人没有发生变更。

5)最近36个月内公司及其控股股东、实际控制人、董事、监事和高级管理人员不存在重大违法违规行为。

(二)主板IPO上市的市值与财务指标

主板IPO上市需要满足下列市值与财务指标之一,见表1-8。

表1-8 主板IPO上市的市值与财务指标

标准	市值	其他
1	无	最近三年净利润均为正且累计≥1.5亿元,最近一年净利润≥6 000万元,最近三年经营活动产生的现金流量净额累计≥1亿元或者营业收入累计≥10亿元
2	50亿元	最近一年净利润为正,最近一年营业收入≥6亿元,最近三年经营活动产生的现金流量净额累计≥1.5亿元
3	80亿元	最近一年净利润为正,最近一年营业收入≥8亿元

注:最近几年,大部分主板上市企业上市前一年净利润在8 000万元以上。

四、主板上市程序

注册制改革后,主板 IPO 上市程序与创业板和科创板一致,上交所与深交所主板 IPO 分别由沪深交易所审核,上市委过会后报证监会注册。

第八节　全面注册制

一、注册制与核准制的区别

整体来说,对于 IPO 上市与借壳上市,注册制与核准制存在以下六项区别,见表 1-9。

表 1-9　注册制与核准制的区别

序号	项目	核　准　制	注　册　制
1	审核理念	上市审核部门对拟上市企业是否符合上市条件做实质判断	理论上,上市审核部门只对拟上市企业的上市申请文件做形式审查(目前,实践与理论还存在一定差距)
2	上市条件	证监会与证券交易所仅公开较为宽泛的上市条件,且以财务指标为主	证监会与证券交易所发布了多套市值与财务指标以及明确的板块定位与负面清单,并公开了细化的上市审核标准
3	审核流程	向证监会提交上市申请文件→发行部/上市部审核→发审委/重组委表决→核准→股票发行上市/借壳上市	向证券交易所报送上市申请文件→发行上市/重组审核机构审核→上市委/重组委表决→证监会注册→股票发行上市/借壳上市
4	表决机制	投票制(投票表决)	合议制(集体讨论,形成合议意见)
5	批文	核准批复	同意注册的批复
6	信息披露	招股说明书/重组报告书、反馈问题	招股说明书/重组报告书、法律意见书、审计报告、发行保荐书与上市保荐书/独立财务顾问报告与评估报告、反馈问题及回复

二、全面注册制实施的进程

2019 年 7 月,科创板开市并实施注册制。

2020 年 6 月,创业板实施注册制改革。

2021年9月，北交所设立并实施注册制。

2023年2月，全面注册制正式实施。

三、全面注册制实施的影响

在实践中，注册制带来的最大变化是上市审核更加公开透明——细化的上市审核标准公布、上市审核全过程的信息公开。

在这种情况下，上市变得比原来更加公正、透明与可预期，可以在一定程度上降低企业操作上市的不确定性和成本。但受各方面因素影响，注册制的实施有一个过程。笔者预计实施全面注册制后的一段时间内，上市审核的强度、各板块上市的实际财务门槛不会显著下降。

第九节　上市可行性论证

无论资本市场如何变革，成功上市的企业往往是行业内的翘楚，成功的关键还是行业现状、规范运作、财务指标等共同作用形成的企业基本面。

一、行业现状

不同时期国家对各行业有不同的支持力度，上市首先需要遵循国家政策导向。

国家战略支持、服务实体经济、有利于供给侧改革、创新优质、未来有巨大的成长空间的行业适合上市；产能过剩、淘汰或落后产能、污染严重、社会舆论影响差、规范基础薄弱的行业则很难上市。

另外，部分新兴行业的监管政策尚不健全，行业内的企业往往暂时很难上市。

二、规范运作

拟上市企业需要在行业内具备足够的竞争优势以保证持续经营能力，并且竞争优势需要建立在规范运作的基础之上。

有些主要通过不规范"节省"出利润、规范后就盈利微薄的企业很难上市。

有些企业管理层上市决心不足，或者由于行业属性、地理位置、盈利状况等因素，很难聘请到合适的人才，导致企业内部控制与规范运作很难达到上市高强度的规范要求，通常也很难上市。

三、财务指标

上市的申报期为三年，所有板块的实际财务门槛都远高于理论门槛。

在实践中，绝大部分北交所、科创板、创业板、主板 IPO 企业上市前一年的净利润分别在 3 000 万元以上、4 000 万元以上、5 000 万元以上、8 000 万元以上。所以，一般情况下，企业预期三年后净利润至少能够达到 3 000 万元时，才有必要按照上市的要求启动规范。

通常情况下，如果企业所属行业没有上市障碍，但其盈利能力较弱且规范运作程度较低，可以考虑规范运作几年后申请 IPO 上市；也可以考虑伴随着盈利能力和规范运作程度的提升，先后完成股改、新三板挂牌、北交所上市以及转板至沪深交易所。

如果企业的盈利能力较强且规范运作程度较高，但从实践情况来看，所属行业 A 股 IPO 上市压力比较大，可以论证借壳上市或者境外上市的可行性。

第十节　上市的方式

一、按照上市的操作方式划分

按照操作方式划分，上市的方式包括 IPO 上市、借壳上市、转板、其他方式四种。

（一）IPO 上市

IPO 上市全称是首次公开发行股票并上市，是最主要的一种上市方式。

IPO 上市系拟上市企业完成规范、股改和上市辅导后，由保荐机构向交易所提交以招股说明书为主的申请文件，之后经过交易所审核与问题反馈、发行人和中介机构对反馈问题进行回复、交易所上市审核委员会过会，取得证监会注册批复，发行人完成股票公开发行并在交易所上市的全过程。

（二）借壳上市

根据《上市公司重大资产重组管理办法》，借壳上市（即重组上市）是指上市公司自控制权发生变更之日起36个月内，向收购人及其关联人购买资产，导致上市公司发生根本变化的情形。

部分IPO上市难度较大的行业（如教育、工程施工、新兴行业等）及为了确保上市效率的企业，可以考虑借壳上市。

（三）转板

通俗的转板是指新三板挂牌企业（或摘牌企业）实现A股上市的行为。

根据《关于北京证券交易所上市公司转板的指导意见》，法定意义的转板是指北交所上市公司转板至沪深交易所的行为。

新三板存在精选层时期（2019年10月—2021年9月），由于精选层本身并非上市，精选层转板至创业板、科创板被称为"转板上市"。

精选层挂牌公司转入北交所后，相应的《关于全国中小企业股份转让系统挂牌公司转板上市的指导意见》修订为《关于北京证券交易所上市公司转板的指导意见》——因为北交所的公司本身已经是上市公司，相关法规将"转板上市"修订为"转板"。

（四）其他方式

其他方式上市较为少见，如特别审批上市、换股吸收合并上市、分立上市等。具体可以参考太平洋（601099）、广汽集团（601238）、上海环境（601200）、龙源电力（001289）等特殊案例。

二、按照上市的资产来源划分

按照资产来源划分，上市的方式包括一般上市、转板、分拆上市、中国概念股（以下简称"中概股"）回归等，其中转板已在前文介绍。

（一）一般上市

一般上市指普通企业实现上市的行为，绝大部分拟上市企业属于此类情形。普通企业指核心资产未（曾）在新三板挂牌或境内外上市的企业。

（二）分拆上市

通俗的分拆上市是指上市公司部分业务或资产再次实现上市的行为——不管该业务或资产是否还在上市公司的控制之下。

根据《上市公司分拆规则（试行）》，法定意义的分拆上市是指上市公司将部分业务或资产，以其直接或间接控制的子公司的形式，在境内或境外证券市场首次公开发行股票并上市或者实现重组上市的行为。

在实践中，各上市板块分拆子公司至北交所上市，尚未适用中国证监会发布的《上市公司分拆规则（试行）》，不受"上市公司最近三个会计年度扣除按权益享有的拟分拆所属子公司的净利润后，归属于上市公司股东的净利润累计不低于人民币六亿元"等要求限制。

（三）中概股回归

中概股回归是指中概股回归A股或港股上市的行为。

本书主要分章节介绍IPO上市的重点问题，并单列章节对新三板挂牌与转板、借壳上市、分拆上市、中概股回归等进行介绍。

第二章

尽职调查

第一节 尽职调查概述

一、尽职调查的概念与目的

(一) 尽职调查的概念

尽职调查是指中介机构对拟上市企业的业务、财务、法律等进行全面调查的过程。

(二) 尽职调查的目的

1) 合理确信拟上市企业符合《证券法》等法律法规的规定。
2) 合理确信拟上市企业符合中国证监会及证券交易所规定的发行、上市条件和信息披露要求。
3) 合理确信拟上市企业信息披露真实、准确、完整。
4) 为后续公开发行股票路演做好准备工作。

二、尽职调查的原则与方法

(一) 尽职调查的原则

中介机构进行尽职调查时，应当考虑自身的专业胜任能力和独立性，并确保参与尽职调查工作的相关人员能够恪守独立、客观、公正、审慎的原则，具备良好的职业道德和专业胜任能力；开展尽职调查工作，应当保持职业怀疑，以充分和适当的证据作为基础，出具对相关事项的明确核查结论，核查的方法和结论应当能够通过工作底稿进行验证。

(二) 尽职调查的方法

尽职调查可以通过书面审阅、访谈与沟通、公开查询、分析性复核、实地查看、第三方函证等多种方式开展，具体需要根据企业所属行业的特征、企业的业务模式、实际情况和上市进度等进行计划并实施。

三、尽职调查的一般流程

尽职调查是上市的基础，启动之前需要明确尽职调查的目的，根据企业的实际情况组建合适的项目组，对企业进行初步了解后制订工作计划并准备资料清单，之后对企业进行全面尽职调查，形成尽职调查报告初稿，经过内部复核并定稿后提交给客户。

中介机构在履行审慎核查义务、进行必要调查和复核的基础上，可以合理信赖其他中介机构出具的专业意见内容；对没有其他中介机构及其签字人员专业意见支持的内容，中介机构应当获得充分的尽职调查证据，在对各种证据进行综合分析的基础上，对拟上市企业提供的资料和披露的内容进行独立判断。

第二节 尽职调查的实施程序

一、提交资料清单

中介机构提交资料清单之前，需要通过各种手段了解企业及其所属行业，根据掌握的信息针对性地制定尽职调查资料清单，之后经过中介机构内部复核后发送给拟上市企业。

二、资料的处理

中介机构取得拟上市企业提供的资料后，首先需要对照资料清单查看企业提供的资料是否齐全、完整、正确，之后认真审阅收到的资料，并形成尽职调查结论后，按照底稿目录进行存放。

三、公开查询

中介机构可以通过以下公开途径核查公司提供的资料是否真实、准确、完整：

1）通过拟上市企业官方网站了解公司的基本情况、产品、客户等信息。

2）通过"国家企业信用信息公示系统"查询公司工商登记信息。

3）通过"国家知识产权局"查询公司专利、商标等知识产权信息。

4）通过"中国裁判文书网"查询公司及关键个人诉讼信息。

5）通过"中国人民银行征信中心"查询公司及关键个人征信信息。

6）通过"中国执行信息公开网"查询公司及关键个人失信信息。

7）通过"公众环境研究中心"查询公司环保信息。

8）通过中国证监会、各交易所网站查询公司及其董监高、实际控制人的证券市场行政处罚、自律监管信息。

9）通过中国电子口岸查询公司境外销售数据。

10）通过互联网检索公司诉讼、新闻报道等公开信息。

四、分析性复核

（一）分析性复核的概念

分析性复核是指中介机构通过对公司的各项信息进行比较，研究财务信息之间、财务与非财务信息之间可能存在的关系，来评价财务信息的方法。

（二）分析性复核的方式

1）将公司财务信息（资产周转率、毛利率、净资产收益率、费用率、平均员工工资等）与前期可比信息进行比较。

2）将公司财务信息（资产周转率、毛利率、净资产收益率、费用率、平均员工工资、原料采购价格、产品销售价格等）与同行业公司或公开市场可比信息比较。

3）将公司各项财务信息（营业收入与广告宣传费、营业利润与经营活动产生的现金流量净额等）之间进行比较。

4）将公司财务信息与非财务信息（一线员工数量、产品产量、专利数量、广告宣传投入、市场占有率等）进行比较。

5）将公司财务信息（营业收入、原料成本、人工成本、各项费用等）与公司预算进行比较。

上市审核过程中体现分析性复核的典型案例，见表2-1。

五、实地考察

（一）实地考察的概念

实地考察是指中介机构通过实地查看了解公司的实际情况，并对公司提供的各项资料进行验证的过程。

（二）实地考察的方式

1）实地考察公司生产经营的主要场所。
2）实地考察公司的主要资产，包括固定资产、在建工程、存货等。
3）实地考察公司生产经营的主要业务流程。
4）实地考察募集资金投资（以下简称"募投"）项目安排的场所。

六、函证

（一）函证的概念

函证是指中介机构直接从第三方（被函证方）获取书面答复以作为证据的过程。

表 2-1　上市审核过程中体现分析性复核的典型案例

序号	相关案例	审核关注问题
1	林华医疗 2021年被否决	报告期内，发行人的销售费用率分别为 29.25%、29.56%、30.53%，远高于行业可比公司。请发行人代表说明销售费用率远高于行业可比公司的原因及合理性
2	世佳科技 2021年被否决	请发行人结合所处行业地位、产品特点、研发投入等因素，说明 2019年—2020年除草剂产品毛利率显著高于可比公司，且变动趋势与可比公司不一致的原因及合理性
3	青蛙泵业 2022年被否决	请发行人代表说明深井采水产品销售价格高于同行业可比公司的原因及合理性；发行人主要原材料消耗量与主要产品产量的匹配关系
4	艺虹股份 2022年被否决	报告期内发行人主营业务毛利率、应收账款周转率均低于同行业可比公司均值，且主营业务毛利率持续下滑。请发行人说明毛利率下滑的趋势是否会持续
5	汇富纳米 2023年被否决	根据发行人申报材料，一甲基三氯硅烷（以下简称"一甲"）是发行人生产气相二氧化硅的主要原材料，市场上可流通的一甲总体较少，2019年—2021年发行人向兴瑞硅材料采购一甲价格与向第三方采购价格的差异比例分别为 –38.72%、–38.61%、–12.73%，兴瑞硅材料向发行人销售一甲价格与向同行业可比公司的差异价格比例分别为 –29.15%、–21.52%。请发行人：①结合一甲市场价格、同行业可比公司同种模式下采购情况等，说明 2020年、2021年发行人对兴瑞硅端材料采购价格低于其他供应商的原因及合理性；②说明发行人向兴瑞硅端材料采购价格是否公允，采购价格差异对发行人经营业绩的影响

注：
1. 本书中引用案例的"审核关注问题"或"事实情况"都是摘自公开披露信息原文（其中小部分内容稍有整理），都是对上市影响比较重大、需要特别注意的事项，但上市审核部门通常会综合考察企业的基本面，"审核关注问题"本身并不必然决定上市的结果（存在类似问题的拟上市企业，上市结果可能会完全不同），单个问题可能因为整改、终止期间可能因为整改、撤回审核材料等正常审核阶段。
2. 提交 IPO 申请材料后，拟上市企业依次经历受理、过会、注册、上市等正常审核阶段，被否决或终止注册，本书注明的企业状态，为企业截至 2023年 3月底的状态。

（二）函证的范围

函证的范围包括银行存款、往来款、收入、采购、协议、外部存货、诉讼等。

（三）函证的程序

函证应该由中介机构独立发送，回函地址为中介机构地址，不能由拟上市企业代为收取函证。

函证之前建议拟上市企业先与被函证方联系核对金额；银行函证的金额一般为对方金额（即银行对账单余额）。

中介机构可以共同函证，避免对同一个被函证方重复函证，但不能直接复印其他中介机构的函证。

七、开具无重大违法违规证明

（一）需要开具证明的政府部门

需要开具证明的政府部门，通常包括市场监督管理局、税务局、人力资源和社会保障局、自然资源和规划局、生态环境局、住房和城乡建设局、质量技术监督局、公安局、海关、外汇管理局、出入境检验检疫局、法院、仲裁委员会等。

（二）证明的文件格式及结论

证明采用政府机关标准格式或中介机构文件格式均可，但需要有明确结论的意见。在实践中，中介机构可接受的证明结论包括"不存在违法违规行为""未发现违法违规行为""未因为违法违规行为而受到处罚"等。

（三）开具证明的主体范围

开具证明的主体范围需要涵盖拟上市企业及其子公司（含孙公司）与分公司（含申报期转让、注销的子公司与分公司），以及董监高、控股股东、实际控制人。

(四) 开具证明的时间范围

开具证明的时间范围需要覆盖上市申报期,一般为申报期初(20××年1月1日)至证明开具日(申报基准日后某日)。

八、第三方走访

(一) 第三方走访的概念

第三方走访是指中介机构对拟上市企业监管部门、主要客户与供应商、并购重组交易对手方、财务咨询公司等第三方进行走访与访谈,以了解第三方对拟上市企业的相关意见,包括拟上市企业是否存在行业处罚、行业监管、上下游资源关系、行业发展趋势等,以验证尽职调查获取的资料,加强对拟上市企业的全面了解。

(二) 第三方走访的方式

中介机构对客户、供应商、经销商等的走访要覆盖一定的金额比例;走访可采取面对面访谈的方式,也可以采取电话或视频会议的方式。

中介机构对第三方进行走访,应提前列出问题清单交给第三方,以方便其提前做好准备;走访过程需要形成走访记录并拍照留存,由被走访者签字确认。

九、持续尽职调查

中介机构对拟上市企业的尽职调查需要持续进行,以确定拟上市企业在发行上市条件方面是否发生重大变化,并确定是否需要补充披露有关重要信息。

1) 上市申报前,中介机构在制作申报文件的同时,需要执行前述尽职调查程序,核查申报基准日后对拟上市企业生产经营活动有重大影响的事项。

2) 上市在审期间,中介机构在更新申报文件的同时需要执行前述尽职调查程序。

3) 拟上市企业过会后股票发行前,中介机构需要了解拟上市企业可能影响发行上市及对投资者做出投资决策有重大影响的事项。

第三节　尽职调查的内容

一、公司基本情况

（一）尽职调查的目的

1）了解公司设立、历次股权变更、并购重组、改制的合法合规性。
2）了解公司治理结构的合法合规性。
3）了解公司旗下企业、资产权属、劳动用工、独立性、商业信用等的合法合规性。

（二）尽职调查的资料

1）公司全套工商档案资料。
2）公司全套内部制度与会议资料。
3）旗下公司的工商档案、财务报告；各类资质证书；员工名册、劳务合同、工资表和社会保障费用明细表；走访与访谈记录等。

（三）尽职调查的重点事项

1）股改、国有企业与集体企业改制的合法合规性。
2）股权转让价格的公允性与程序的合法合规性。
3）股东的适格性及大额出资来源的合理合法性，实际控制人认定的合理性。
4）社会保障缴纳的合法性，资产、业务、财务、机构、人员的独立性。

二、业务与技术

（一）尽职调查的目的

1）了解公司所属行业的发展现状及前景。
2）了解公司在行业内的竞争优势。
3）了解公司产供销体系的合法合规性。
4）了解公司的持续盈利能力。

（二）尽职调查的资料

1）公司所属行业的年鉴、期刊、行业分析报告、行业研究报告。
2）公司组织结构图、业务制度、相关模式说明。
3）走访与访谈资料。
4）公司的生产资质、重大合同、订单、核心技术等资料。

（三）尽职调查的重点事项

1）公司所属行业的发展前景与周期、潜在替代产品。
2）公司竞争优势与商业模式的可持续性。
3）公司核心技术来源的合法合规性。
4）公司单位产出能力的合理性。

三、同业竞争与关联交易

（一）尽职调查的目的

1）确定公司的关联方及关联关系。
2）确保公司关联交易的必要性、合规性、价格公允性。
3）确保不存在影响公司发展的同业竞争。
4）确保公司的业务独立性。

（二）尽职调查的资料

1）公司的关联方清单及其工商档案资料、财务报告。
2）公司的关联交易制度、决议、合同、结算资料。
3）走访与访谈资料。
4）公司控股股东、实际控制人出具的减少与规范关联交易的承诺函、避免同业竞争的承诺函。

（三）尽职调查的重点事项

1）公司关联方的完整性，关联方非关联化（通过股权转让、任职调整等方式，将关联方转化为非关联方）情况。

2）公司特殊交易的合理性、重大新增客户或供应商。

3）公司关联交易的必要性、价格公允性、发展趋势。

4）公司同业竞争产生的原因、竞争方的规模及其对公司的影响。

四、财务与会计

(一) 尽职调查的目的

1）了解公司的内部控制制度是否有效，会计政策与估计是否合理。

2）了解公司的会计基础工作是否规范，财务报表的编制是否合规。

3）了解公司是否依法纳税，税收优惠是否合法合规。

4）了解公司是否符合相关法规要求的股票发行与上市条件。

(二) 尽职调查的资料

1）公司的财务制度、会计政策与估计。

2）公司的财务报告。

3）公司的纳税申报资料。

4）公司的合同、订单、发运记录、验收单、发票等原始资料。

(三) 尽职调查的重点事项

1）公司的会计政策、财务指标是否与同行业上市公司一致。

2）公司的收入确认与成本计量是否合理合法。

3）公司的减值准备计提是否充分合理。

4）公司的股份支付费用确认是否合理准确。

五、组织结构与内部控制

(一) 尽职调查的目的

1）核查公司章程的规范性。

2）了解公司组织结构的设置情况。

3）核查公司建立独立董事制度的情况。

4）了解公司各项内部制度的建立及履行情况。

（二）尽职调查的资料

1）公司章程及历次修订的会议决议。

2）公司"三会"（股东大会、董事会、监事会）制度及历次修订的会议决议。

3）公司组织结构图及内部控制制度。

4）走访与访谈资料。

（三）尽职调查的重点事项

1）公司章程与《上市公司章程指引》的一致性。

2）公司"三会"制度的实际履行情况。

3）公司内部各项具体制度的制定与履行情况。

六、董监高、核心技术人员

（一）尽职调查的目的

1）了解公司董监高、核心技术人员的任职情况，及其是否具备任职资格。

2）了解公司董监高、核心技术人员的履历及胜任能力。

3）了解公司董监高、核心技术人员的薪酬水平是否合理。

4）了解公司董监高、核心技术人员对外兼职及投资情况，确定是否具备独立性。

（二）尽职调查的资料

1）公司董监高、核心技术人员的工作职责、履历、工资表。

2）公司董监高、核心技术人员的个人信用报告、互联网检索资料。

3）公司董监高、核心技术人员变动情况表，对外兼职、投资情况表。

4）走访与访谈资料。

（三）尽职调查的重点事项

1）公司董监高、核心技术人员的任职资格。

2）公司董监高、核心技术人员的胜任能力。

3）公司董监高、核心技术人员的对外投资与兼职。

4）公司董监高、核心技术人员的薪酬水平。

上市审核部门关注核心技术人员的典型案例见表 2-2。

表 2-2　上市审核部门关注核心技术人员的典型案例

序号	相关案例	审核关注问题
1	锴威特 2022 年过会	发行人员工张海滨参与了公司多项发明专利的研发，但未认定为核心技术人员；发行人核心技术人员张胜于 2018 年 3 月入职，发明专利中部分发明人存在入职后不久即参与公司发明专利申请的情形。请发行人说明：未将张海滨认定为核心技术人员的原因；张胜及发行人发明专利的发明人是否运用原任职单位的技术成果或职务发明
2	优迅科技 2023 年终止注册	请发行人代表结合相关核心技术人员的年龄、教育背景、从业经历及薪酬水平，说明对核心技术人员的认定是否准确、合理

七、业务发展目标

（一）尽职调查的目的

1）了解公司的发展战略。

2）了解公司的发展目标。

3）了解公司历年发展目标的执行情况。

4）调查公司募投项目与未来发展目标的关系。

（二）尽职调查的资料

1）公司的战略策划资料、董事会会议纪要、战略委员会会议纪要。

2）公司近三年的经营计划。

3）公司募投项目的可行性研究报告。

4）访谈纪要。

（三）尽职调查的重点事项

1）公司发展目标与所属行业的发展前景及公司行业地位的关系。

2）公司历年经营计划的执行情况。

3）公司竞争对手的发展目标。

4）公司募投项目的情况。

八、募集资金运用

（一）尽职调查的目的

1）核查公司募集资金运用的可行性及盈利前景。

2）核查公司募集资金投向与主营业务的相关性。

3）分析募投项目新增固定资产对公司财务状况的影响。

4）核查公司的募集资金专项存储制度。

（二）尽职调查的资料

1）公司募投项目的可行性研究报告。

2）公司募投项目的决策文件。

3）公司募投项目的批复文件。

4）访谈资料。

（三）尽职调查的重点事项

1）公司募投项目用地。

2）公司募投项目的可行性。

3）公司募投项目的盈利前景。

4）募投项目新增固定资产对公司的影响。

九、股利分配

（一）尽职调查的目的

1）核查公司的股利分配政策。

2）核查公司实际股利的分配情况。

3）确定公司上市后的股利分配政策。

4）核查公司股利分配的"三会"文件。

（二）尽职调查的资料

1）公司章程和其他相关的股利分配政策。

2）公司最近三年的审计报告。

3）公司上市后股利分配的声明或决议。

4）公司最近三年股利分配的"三会"文件。

（三）尽职调查的重点事项

1）公司最近三年实际股利的分配情况。

2）公司上市后的股利分配政策。

十、风险因素及其他

（一）尽职调查的目的

1）分析可能对公司产生不利影响的各种因素，核查潜在风险。

2）核查公司的重大合同。

3）核查公司及其关联方、高级管理人员的涉诉和担保事项。

4）核查公司建立信息披露制度及相关机构的情况。

（二）尽职调查的资料

1）公司所属行业的监管政策、行业研究报告、访谈资料。

2）公司的重大合同。

3）公司的诉讼仲裁文件及对外担保合同。

4）公司的信息披露制度及决策文件。

（三）尽职调查的重点事项

1）公司招股说明书风险提示的完整性与合理性。

2）公司诉讼仲裁及对外担保的影响。

第四节　尽职调查实务典型问题

一、董监高任职的限制性规定

(一)《中华人民共和国公司法》(以下简称《公司法》)

有下列情形之一的，不得担任公司的董监高：

1) 无民事行为能力或者限制民事行为能力。

2) 因贪污、贿赂、侵占财产、挪用财产或者破坏社会主义市场经济秩序，被判处刑罚，执行期满未逾五年，或者因犯罪被剥夺政治权利，执行期满未逾五年。

3) 担任破产清算的公司、企业的董事或者厂长、经理，对该公司、企业的破产负有个人责任的，自该公司、企业破产清算完结之日起未逾三年。

4) 担任因违法被吊销营业执照、责令关闭的公司、企业的法定代表人，并负有个人责任的，自该公司、企业被吊销营业执照之日起未逾三年。

5) 个人所负数额较大的债务到期未清偿。

(二)《中华人民共和国公务员法》

公务员应当遵纪守法，不得有下列行为：违反有关规定从事或者参与营利性活动，在企业或者其他营利性组织中兼任职务。公务员辞去公职或者退休的，原系领导成员、县处级以上领导职务的公务员在离职三年内，其他公务员在离职两年内，不得到与原工作业务直接相关的企业或者其他营利性组织任职，不得从事与原工作业务直接相关的营利性活动。

(三)《关于进一步规范党政领导干部在企业兼职(任职)问题的意见》

现职和不担任现职但未办理退(离)休手续的党政领导干部不得在企业兼职(任职)。辞去公职或者退(离)休后三年内，不得到本人原任职务管辖的地区和业务范围内的企业兼职(任职)，也不得从事与原任职务管辖业务相关的营利性活动。

(四)《高等学校深化落实中央八项规定精神的若干规定》

学校党员领导干部未经批准不得在社会团体、基金会、企业化管理事业单位、民办非企业单位和企业兼职；经批准兼职的校级领导人员不得在兼职单位领取薪酬；经批准兼职的院系及内设机构领导人员在兼职单位获得的报酬，应当全额上缴学校，由学校根据实际情况制定有关奖励办法，给予适当奖励。

(五)《中共教育部党组关于进一步加强直属高校党员领导干部兼职管理的通知》

直属高校校级党员领导干部原则上不得在经济实体中兼职，确因工作需要在本校设立的资产管理公司兼职的，须经学校党委（常委）会研究决定，并按干部管理权限报教育部审批和驻教育部纪检组监察局备案。直属高校处级（中层）党员领导干部原则上不得在经济实体和社会团体等单位中兼职，确因工作需要兼职的，须经学校党委审批。

(六)《中华人民共和国商业银行法》

商业银行的工作人员应当遵守法律、行政法规和其他各项业务管理的规定，不得有下列行为：……在其他经济组织兼职。

(七)《首次公开发行股票注册管理办法》

董事、监事和高级管理人员不存在最近三年内受到中国证监会行政处罚，或者因涉嫌犯罪正在被司法机关立案侦查，或者涉嫌违法违规正在被中国证监会立案调查且尚未有明确结论意见等情形。

(八)《上市公司独立董事管理办法》

第五条　上市公司独立董事占董事会成员的比例不得低于1/3，且至少包括一名会计专业人士。

第六条　独立董事必须保持独立性。下列人员不得担任独立董事：

1）在上市公司或者其附属企业任职的人员及其配偶、父母、子女、主要社会关系。

2）直接或者间接持有上市公司已发行股份1%以上或者是上市公司前十名股东中的自然人股东及其配偶、父母、子女。

3）在直接或者间接持有上市公司已发行股份 5% 以上的股东或者在上市公司前五名股东任职的人员及其配偶、父母、子女。

4）在上市公司控股股东、实际控制人的附属企业任职的人员及其配偶、父母、子女。

5）与上市公司及其控股股东、实际控制人或者其各自的附属企业有重大业务往来的人员，或者在有重大业务往来的单位及其控股股东、实际控制人任职的人员。

6）为上市公司及其控股股东、实际控制人或者其各自附属企业提供财务、法律、咨询、保荐等服务的人员，包括但不限于提供服务的中介机构的项目组全体人员、各级复核人员、在报告上签字的人员、合伙人、董事、高级管理人员及主要负责人。

7）最近十二个月内曾经具有第 1）项至第 6）项所列举情形的人员。

8）法律、行政法规、中国证监会规定、证券交易所业务规则和公司章程规定的不具备独立性的其他人员。

前款第 4）项至第 6）项中的上市公司控股股东、实际控制人的附属企业，不包括与上市公司受同一国有资产管理机构控制且按照相关规定未与上市公司构成关联关系的企业。

第七条　担任独立董事应当符合下列条件：

1）根据法律、行政法规和其他有关规定，具备担任上市公司董事的资格。

2）符合本办法第六条规定的独立性要求。

3）具备上市公司运作的基本知识，熟悉相关法律法规和规则。

4）具有五年以上履行独立董事职责所必需的法律、会计或者经济等工作经验。

5）具有良好的个人品德，不存在重大失信等不良记录。

6）法律、行政法规、中国证监会规定、证券交易所业务规则和公司章程规定的其他条件。

第八条　独立董事原则上最多在三家境内上市公司担任独立董事，并应当确保有足够的时间和精力有效地履行独立董事的职责。

第十三条　独立董事每届任期与上市公司其他董事任期相同，任期届满，可以连选连任，但是连续任职不得超过六年。

上市审核部门关注董监高任职资格的典型案例见表 2-3。

表 2-3　上市审核部门关注董监高任职资格的典型案例

序号	相关案例	审核关注问题
1	铁拓机械 2021 年终止	发行人监事会主席蔡文章持股 50% 并担任执行事务合伙人的企业福建省南安市梅山鑫盛机械厂被吊销营业执照，该企业已于 2019 年 10 月完成了注销。请发行人补充披露上述企业被吊销营业执照的原因，是否存在影响蔡文章任职资格的情形
2	德纳化学 2021 年被否决	发行人独立董事杨春福先生曾任河海大学法学院院长，现任东南大学法学院教授。请发行人代表说明杨春福 2016 年 1 月以来在河海大学、东南大学的任职情况，任职起始时间和职务；杨春福担任独立董事是否符合相关规定
3	三祥科技 2022 年上市	周永亮先生担任 9 家公司的独立董事。请说明周永亮的任职情况是否符合《上市公司独立董事规则》关于独立董事任职的要求
4	航天环宇 2022 年过会	发行人核心技术人员李长江先后担任航天科技集团第五研究院总体设计部型号副总指挥、总指挥，退休返聘至发行人；2020 年 1 月至今，担任发行人科学技术委员会主任兼总工程师，发行人与其签订劳务合同。请发行人说明李长江等董事、监事、高管人员、核心技术人员任职是否符合《公司法》、中组部以及教育部关于党政领导干部在企业兼职（任职）问题的相关规定以及适用法律法规的规定

在实践中，截至 2023 年 3 月底，北交所尚未要求上市公司董事会成员中至少有 1/3 独立董事，比如润普食品（7 名董事中 2 名独立董事）、驰诚股份（7 名董事中 2 名独立董事）、维达光电（9 名董事中 2 名独立董事）、丰安股份（7 名董事中 2 名独立董事）等。

二、董监高、核心技术人员的稳定性

根据《监管规则适用指引——发行类第 4 号》，发行人应当按照要求披露董事、高级管理人员的变动情况。中介机构对上述人员是否发生重大变化的认定，应当本着实质重于形式的原则，综合两方面因素分析：一是最近 36 个月（或 24 个月）内的变动人数及比例，在计算人数比例时，以董事和高级管理人员合计总数作为基数；二是上述人员离职或无法正常参与发行人的生产经营是否对发行人生产经营产生重大不利影响。

如果最近 36 个月（或 24 个月）内发行人的董事、高级管理人员变动人数比例较大，或董事、高级管理人员中的核心人员发生变化，对发行人的生产经营产生重大不利影响的，保荐机构及律师应当重点关注、充分核查论证并审慎发表意见。

变动后新增的董事、高级管理人员来自原股东委派或发行人内部培养产生的，原则上不构成人员的重大变化。发行人管理层因退休、调任等原因发生岗位变化的，不轻易认定为重大变化，但发行人应当披露相关人员变动对公司生产经营的影响。

发行人申请在科创板上市的，还应当按照上述要求披露核心技术人员的变动情况。

上市审核部门关注董监高、核心技术人员稳定性的典型案例见表 2-4。

表 2-4　上市审核部门关注董监高、核心技术人员稳定性的典型案例

序号	相关案例	审核关注问题
1	高威科 2012 年被否决	2010 年 3 月前，公司董事会由 6 人组成，后经过 3 次调整增加至 9 人，除去 3 名独立董事外，3 年内董事会仅张浔、刘新平二人未发生变化。申请材料及现场陈述中未对上述董事变化情况及对公司经营决策的影响做出充分、合理的解释
2	华致酒行 2012 年被否决	公司共有董事 11 名，其中董事长吴向东过去 3 年未发生变化，彭宇清在报告期内一直担任公司副总经理，2010 年 9 月兼任董事，其余人均为 2010 年 9 月～11 月任职。10 名高管中，副总彭宇清、财务总监贺会锋任职时间超过 3 年，舒曼、黄飞一直在公司任职，2010 年 1 月任副总经理，其余高管均于 2010 年任职。申请材料及现场陈述中未对上述董事、高管变化情况及对公司经营决策的影响做出充分、合理的解释
3	海湾环境 2019 年被否决	请发行人代表说明报告期内多名高管（包括两任财务总监）先后离职的原因及合理性，对发行人日常经营管理的具体影响；实际控制人之一胡晓海是否具备财务总监的任职能力及条件，目前兼任财务总监是否对发行人及其他股东的权益构成潜在不利影响
4	慧捷科技 2020 年终止	2017 年和 2018 年，公司两任财务总监离职。请发行人说明：①报告期内财务总监的变动情况，财务总监的离职原因；②财务总监变化较大，是否影响公司与财务报表相关的内控制度的有效性

三、环境保护

根据《监管规则适用指引——发行类第 4 号》，发行人应当充分披露生产经营中涉及环境污染的具体环节、主要污染物名称及排放量、主要处理设施及处理能力；报告期内发行人环保投资和相关费用成本支出情况，环保设施实际运行情况，报告期内环保投入、环保相关成本费用是否与处理公司生产经营所产生的污染相匹配；募投项目所采取的环保措施及相应的资金来源和金额等；公司生产经营与募投项目是否符合国家和地方环保要求，发行人若发生环保事故或受到行政处罚的，应披露原因、经过等具体情况，发行人是否构成重大违法行为，整改措施及整改后是否符合环保法律法规的有关规定。

上市审核部门关注环境保护的典型案例见表 2-5。

表 2-5 上市审核部门关注环境保护的典型案例

序号	相关案例	审核关注问题
1	安佑生物 2018 年被否决	报告期内发行人子公司因环保违规被处以 8 项行政处罚，部分养猪场已取得环评批复但未取得环评验收，部分养猪场未取得环评批复和环评验收，部分养猪场待办理排污许可证。请发行人代表说明报告期内频繁受到处罚的原因，相关养猪场未来持续经营是否存在重大不确定性
2	闽华电源 2018 年被否决	发行人的产品大量使用重金属铅，生产过程中存在铅污染的风险。请发行人代表说明生产经营中主要排放污染物的排放量是否达标，环保设施实际运行是否正常，有关环保投入、环保设施及日常治污费用是否与生产经营所产生的污染处理量相匹配
3	恒盛能源 2021 年上市	请发行人代表说明主要能源资源消耗和污染物排放是否符合国家法规和国家标准，是否曾发生环保事故、重大群体性环保事件或受到环保行政处罚
4	世佳科技 2021 年被否决	发行人的主要产品为农业病虫草害防控、植物生长调节与生物刺激、林业病虫害防控等类型农药制剂。请发行人结合对环境保护相关法律法规的遵守情况，说明农药使用监管升级的趋势对发行人持续经营的影响
5	江河纸业 2022 年被否决	请发行人代表说明：①生产过程中是否涉及"高污染、高环境风险"产品，是否涉及目录中所列示的半化学纸浆的情况；②主要能源资源消耗和污染物排放是否符合国家法规和国家标准，生产经营是否符合国家和地方环保法律法规及"节能减排"政策，相关行政处罚是否构成重大行政违法行为；③环保投入是否与产能、排污量相匹配，是否与同行业存在重大差异

四、安全生产

中介机构需要核查拟上市企业生产经营涉及危险的具体环节、各环节运行是否符合法律规定、安全生产费的计提与列支情况，公司若发生安全事故或受到行政处罚，核查其原因、经过等具体情况，整改措施及整改后是否符合安全法律法规的有关规定。

上市审核部门关注安全生产的典型案例见表2-6。

表2-6　上市审核部门关注安全生产的典型案例

序号	相关案例	审核关注问题
1	维远股份 2021年上市	发行人生产销售危险化学品，报告期内存在未取得安全生产许可证、排污证等相关资质从事生产经营活动的情形。请发行人代表说明发行人未取得相关资质从事生产经营活动的具体情况，是否存在被行政处罚的可能，是否属于重大违法违规
2	康鹏科技 2021年被否决	发行人报告期及在审期间发生多起安全事故和环保违法事项，导致重要子公司停工停产，进而导致公司重要业务受到影响和经营业绩大幅下滑。请发行人代表说明衢州康鹏停工停产的原因及标准，是否与事故发生在核心生产环节、受处罚严重程度有关
3	鲁华泓锦 2021年被否决	2018年以来，发行人重要子公司天津鲁华先后受到4项涉及生产安全的行政处罚。请发行人说明上述行为是否构成涉及生产安全的重大违法行为，是否对发行人的持续经营能力产生不利影响
4	德纳化学 2021年被否决	发行人2020年EO产品实际产量超过安全生产许可证所载生产能力。EO系危险化学品，且发行人曾发生过安全生产事故。请发行人代表说明EO产品超产的原因，是否符合安全管理规定，是否需要重新办理安全生产许可证

五、商业贿赂风险

中介机构需要结合拟上市企业所属行业的惯例、客户群体等确定公司的商业贿赂风险，并通过关联方、资金流水、期间费用的核查以及第三方走访与访谈等调查公司商业贿赂的具体情况。

上市审核部门关注商业贿赂风险的典型案例见表2-7。

表 2-7　上市审核部门关注商业贿赂风险的典型案例

序号	相关案例	审核关注问题
1	兆物网络 2020年被否决	发行人报告期销售收入主要来自公安系统。请发行人代表说明获取订单的方式，报告期内是否存在应履行招标投标程序而未履行招标投标的情形，是否存在商业贿赂或不正当竞争等情形
2	精英数智 2020年被否决	请发行人代表：①分析采用项目服务商方式开展业务的商业合理性，选取典型案例说明与项目服务商建立合作关系、确定双方分工及收费的具体流程；②说明是否已建立与项目服务外包业务相关的内部控制制度，包括对外包服务商的资质要求、选择流程，回款相关义务的落实，避免在合作过程中发生体外资金循环、商业贿赂及不正当竞争等情况
3	华南装饰 2021年被否决	发行人前员工彭某曾担任发行人董事，涉及黄某刑事案件。请发行人代表说明：①业务获取方式是否合规，是否存在应履行招标投标程序而未履行的情况，是否存在商业贿赂的情形；②彭某支付给黄某资金的来源及其合理性，是否直接或间接来自发行人、控股股东、实际控制人及其关联方
4	凯格精机 2022年上市	发行人前员工刘勇军因向客户员工行贿被法院判处有期徒刑，并处罚金。请发行人：①结合刘勇军的收入情况，说明刘勇军以自有资金行贿的合理性；②说明报告期内发行人的销售费用率高于同行业可比公司的合理性，发行人的反商业贿赂相关内控制度是否健全有效
5	万香科技 2022年被否决	2005年—2019年，发行人实际控制人、时任高管、核心技术人员涉及9项行贿事项。请发行人说明上述事项是否构成重大违法违规行为

六、其他合法合规经营

中介机构需要调查拟上市企业生产经营需要取得的资质、授权情况，以及生产经营是否符合法律规定，相关内部控制是否有效，如果公司因为违规经营受到行政处罚，调查其原因、经过、处罚金额、整改措施及整改后是否符合相关规定。

上市审核部门关注其他合法合规经营的典型案例见表 2-8。

表 2-8 上市审核部门关注其他合法合规经营的典型案例

序号	相关案例	审核关注问题
1	华夏万卷 2021 年被否决	发行人 2006～2020 年未经认证或申请流程,在部分产品封面印有"教育部门推荐练字用书"字样。请发行人代表说明是否违反相关法律法规的规定,是否属于重大违法行为
2	珈创生物 2021 年被否决	请发行人代表说明:①发行人所持《检验检测机构资质认定证书》(CMA 认证)和《湖北省生物安全实验室备案凭证》(BSL-2)等资质是否为发行人从事主营业务所必备;②鉴于该等资质将于 2022 年到期,一旦无法续期,是否将对发行人的持续经营能力造成重大不利影响
3	丁点食品 2021 年被否决	请发行人代表说明:①发行人及其子公司是否取得食品生产经营所必需的批准或许可,发行人在食品生产、流通等各个环节的食品安全内控制度是否健全并得到有效执行;②发行人的经销商、原材料供应商、外协加工厂商是否获得了食品生产经营许可,是否发生过食品安全事故和因食品质量引发的法律纠纷
4	汉仪股份 2022 年上市	发行人及其子公司曾因自充值和下载刷量受到行政处罚。请发行人说明:①发行人认定相关行政处罚不构成重大违法违规的原因及合理性;②发行人采取的整改措施及相关内控制度执行的有效性
5	湖山电器 2022 年被否决	发行人因存在"投标文件提供虚假材料"的情形,被禁止三年内参加军队采购活动。请发行人代表说明上述事项产生的具体原因,相关内部控制是否存在重大缺陷,相关整改措施及有效性

七、并购重组

中介机构需要结合拟上市企业并购重组的相关协议、资金流水、会计处理、股权转让后双方的资金与业务往来情况等,核查其并购重组的合理性、必要性、合规性与真实性。

上市审核部门关注并购重组的典型案例见表 2-9。

表 2-9　上市审核部门关注并购重组的典型案例

序号	相关案例	审核关注问题
1	林华医疗 2021 年被否决	2016 年，发行人以 1 500 万元受让赵晓云持有的北京悦通 100% 股权。请发行人代表说明：①收购北京悦通股权的交易背景及其合理性，实际控制人与赵晓云签订相关协议，而非发行人与赵晓云签署协议的原因和合理性；②收购完成后，短时间内全额计提商誉减值的原因及合理性
2	维远股份 2021 年上市	发行人与关联方利津炼化存在 2017 年收购资产，2019 年向原交易对方出售资产的情形。请发行人代表说明 2017 年收购和 2019 年出售利津炼化乙二醇资产组的商业合理性及定价公允性
3	老铺黄金 2021 年被否决	2016 年 12 月，实际控制人将金色宝藏旗下老铺黄金品牌黄金类业务从金色宝藏剥离，注入发行人作为主要上市资产。请发行人代表说明未采用原金色宝藏作为上市主体的原因及合理性，金色宝藏停止经营的具体情况，未进行注销的原因及合理性
4	博菲电气 2022 年上市	2020 年 3 月，发行人自兆源机电收购时代绝缘 70% 的股权。请发行人代表说明博菲电气受让兆源机电所持时代绝缘股权价格低于兆源机电受让时代绝缘股权价格的原因及合理性，受让股权估值定价依据及其公允性

财务规范

第一节 财务规范的目标

一、持续稳定经营

1）公司的商业模式、产品或服务的品种结构未发生重大不利变化。
2）公司的行业地位或所属行业的经营环境未发生重大不利变化。
3）公司未对关联方或者存在重大不确定性的客户存在重大依赖。
4）公司的商标、专利、专有技术及特许经营权等未发生重大不利变化。
5）不存在其他可能对公司持续盈利能力构成重大不利影响的情形。

二、会计核算规范

1）公司的会计政策符合实际情况，与同行业一致。
2）公司的收入确认与合同匹配，符合企业会计准则要求。
3）公司的成本与费用计量恰当，符合相关要求。
4）公司的资产减值准备计提谨慎。
5）公司的股份支付费用确认准确。

6）公司的会计差错较少，申报报表与当年的纳税申报表差异较小。

三、财务内控有效

良好的财务内部控制（简称内控）包括内部环境、风险评估、控制活动、信息与沟通、内部监督等多方面的健全、有效。

1）内部环境：企业实施内部控制的基础，包括治理结构、机构设置及权责分配、内部审计、人力资源政策、企业文化等。

2）风险评估：企业及时识别、系统分析经营活动中与实现内部控制目标相关的风险，合理确定风险应对策略。

3）控制活动：企业根据风险评估结果，采取相应的控制措施，将风险控制在可承受范围之内。

4）信息与沟通：企业及时、准确地收集、传递与内部控制相关的信息，确保信息在企业内部、企业与企业外部之间进行有效沟通。

5）内部监督：企业对内部控制建立与实施情况进行监督检查，评价内部控制的有效性，如果发现内部控制存在缺陷，应当及时加以改进。

四、公司财务独立

拟上市企业应当建立独立的财务核算体系，能够独立做出财务决策，具有规范的财务会计制度和对分公司、子公司的财务管理制度；拟上市企业不得与控股股东、实际控制人及其控制的其他企业共用银行账户。拟上市企业的财务人员不得在控股股东、实际控制人及其控制的其他企业中兼职。

五、信息披露恰当

拟上市企业的财务信息披露真实、准确、完整，符合企业会计准则相关规定，符合重要性原则，有助于使用者做出决策。

第二节　财务规范的相关 IPO 要求

《监管规则适用指引——发行类第 5 号》对拟上市企业的财务问题提出了具体规范与核查要求。

一、财务内控不规范情形

发行人在财务内控方面存在不规范情形的,应通过中介机构上市辅导完成整改(如收回资金、结束不当行为等措施)和建立健全相关内控制度,从内控制度上禁止相关不规范情形的持续发生。

部分发行人在提交申报材料的审计截止日前存在财务内控不规范情形,如①在无真实业务支持情况下,通过供应商等取得银行贷款,或为客户提供银行贷款资金走账通道(简称"转贷"行为);②向关联方或供应商开具无真实交易背景的商业票据,通过票据贴现获取银行融资;③与关联方或第三方直接进行资金拆借;④频繁通过关联方或第三方收付款项,金额较大且缺乏商业合理性;⑤利用个人账户对外收付款项;⑥出借公司账户为他人收付款项;⑦违反内部资金管理规定对外支付大额款项、大额现金收支、挪用资金;⑧被关联方以借款、代偿债务、代垫款项或者其他方式占用资金;⑨存在账外账;⑩在销售、采购、研发、存货管理等重要业务循环中存在内控重大缺陷。发行人存在上述情形的,中介机构应考虑是否影响财务内控健全有效。

首次申报审计截止日后,发行人原则上不能存在上述内控不规范和不能有效执行的情形。

上市审核部门关注财务内控不规范的典型案例见表 3-1。

表 3-1 上市审核部门关注财务内控不规范的典型案例

序号	相关案例	审核关注问题
1	维嘉科技 2022 年被否决	报告期内,发行人存在实际控制人多次占用发行人资金的情况。请发行人说明防范实际控制人、控股股东及其关联方资金占用和违规担保等损害发行人利益的内控制度是否健全且被有效执行
2	科拓股份 2022 年被否决	2019 年—2021 年,发行人未获取收入确认凭证的项目对应营业收入金额分别为 4 573.50 万元、4 299.20 万元和 3 203.65 万元。另外,发行人以"合同期限与 5 年孰短原则"确定折旧年限。现场督导发现,报告期内发行人实际存在 120 个项目因故提前终止,导致实际运营期限短于合同期限。在发行人与管理方签订的 2 340 个合同中,2 288 个合同未取得管理方与业主方的合同期限信息,占比 97.78%;24 个合同中发行人与管理方约定的合同期限长于管理方与业主方的合作期限。请发行人针对上述事项,说明会计基础工作是否规范,相关内部控制制度是否健全并有效运行

二、会计政策、会计估计变更和差错更正

（一）申报前的会计政策、会计估计变更和差错更正

发行人在申报前进行审计调整的，申报会计师应按要求对发行人编制的申报财务报表与原始财务报表的差异比较表出具鉴证报告并说明审计调整原因，保荐机构应核查审计调整的合理性与合规性。

报告期内发行人会计政策和会计估计应保持一致，不得随意变更，如变更应符合会计准则的规定，并履行必要的审批程序。

（二）申报后的会计政策、会计估计变更

发行人申报后存在会计政策、会计估计变更事项的，相关变更事项应符合专业审慎原则，与同行业上市公司不存在重大差异，不存在影响发行人会计基础工作规范性及内控有效性的情形。在此基础上，发行人应提交更新后的财务报告。

（三）申报后的差错更正

发行人申报后出现会计差错更正事项的，保荐机构及申报会计师应重点核查以下方面并发表明确意见：

1）差错更正事项的时间、内容和范围，对发行人的影响。

2）差错更正事项的性质、原因及依据，是否合规，是否符合审慎原则。

3）差错更正事项是否因会计基础薄弱、内控重大缺陷、盈余操纵、未及时进行审计调整的重大会计核算疏漏、滥用会计政策或者会计估计以及恶意隐瞒或舞弊行为，是否反映发行人会计基础工作薄弱或内控缺失。

4）差错更正事项是否已准确、充分披露。

上市审核部门关注会计差错更正的典型案例见表 3-2。

三、现金交易核查

发行人报告期存在现金交易或以大额现金支付薪酬、报销费用、垫付

表 3-2　上市审核部门关注会计差错更正的典型案例

序号	相关案例	审核关注问题
1	恒安嘉新 2019年不予注册	发行人于2018年12月28日和12月29日签订、当年签署验收报告的4个重大合同，金额15 859.76万元，2018年年底均未回款，且未开具发票。公司将上述4个合同收入确认在2018年。2019年，发行人以谨慎性为由，经董事会及股东大会审议通过，将上述4个合同收入确认时点进行调整，相应调减2018年主营收入13 682.84万元，调减净利润7 827.17万元，扣非后归母净利润由调整前的8 732.99万元变为调整后的905.82万元，调减金额占扣非前归母净利润的89.63%。发行人将该会计差错更正认定为特殊会计处理事项的理由不充分，不符合《企业会计准则》的要求，发行人存在会计基础工作薄弱和内控缺失的情形
2	鲁华泓锦 2021年被否决	发行人因调整期初固定资产减值准备等事项，影响报告期净利润分别为2 895.77万元、3 100.23万元、2 420.25万元。请发行人说明产生大额减值准备的原因及合理性
3	九州风神 2022年被否决	报告期内发行人的会计差错较多，涉及范围较广，且未能及时调整入账。请发行人说明报告期内相关内部控制制度建立情况及执行的有效性

各类款项的，保荐机构及申报会计师通常应关注并核查以下方面：

1）现金交易或大额现金支付的必要性与合理性，是否符合发行人业务情况或行业惯例，现金交易比例及其变动情况是否处于合理范围。

2）现金交易的客户或供应商情况，是否涉及发行人关联方。

3）相关收入确认及成本核算的原则与依据，是否涉及体外循环或虚构业务。

4）现金管理制度是否与业务模式、内部管理制度匹配，与现金交易、现金支付相关的内部控制制度是否完备、合理并有效执行。

5）现金交易流水的发生与相关业务发生是否真实一致，是否存在异常分布。

6）实际控制人及发行人董监高等关联方以及大额现金支付对象是否与客户或供应商及其关联方存在资金往来。

7）发行人为减少现金交易采取的改进措施及进展情况。

8）现金交易占比达到重要性水平的，相关风险是否充分披露。

上市审核部门关注现金交易的典型案例见表 3-3。

表 3-3 上市审核部门关注现金交易的典型案例

序号	相关案例	审核关注问题
1	威尔曼 2017 年被否决	报告期内现金交易金额较大，相关的资金管理制度对现金的提现标准与现金使用无明确规定等。请发行人代表进一步说明发行人在资金管理等方面的内部控制制度及实际执行情况，如何保证相关制度的有效实施
2	菜百股份 2021 年上市	报告期内，发行人现金销售占营业收入的比例高于同行业可比公司。请发行人代表说明：①现金交易具有可验证性的具体情况及依据；②发行人现金交易占比及变动情况是否整体处于合理范围内，现金交易占比高于同行业可比公司的原因及合理性
3	思普润 2022 年终止	2017 年，公司存在员工通过借用备用金进行采购的情形，采购金额为 844.36 万元，占当期采购总额的比例为 7.70%。请发行人按照中国证监会《首发业务若干问题解答（2020 年 6 月修订）》中问题 42 的要求，披露现金采购的主要内容、必要性和合理性，是否与公司业务情况或行业惯例相符

四、第三方回款核查

发行人报告期存在第三方回款的，保荐机构及申报会计师通常应重点核查以下方面：

1）第三方回款的真实性，是否虚构交易或调节账龄。

2）第三方回款有关收入占营业收入的比例，相关金额及比例是否处于合理范围。

3）第三方回款的原因、必要性及商业合理性，是否与经营模式相关、符合行业经营特点，是否能够区分不同类别的第三方回款。与经营模式相关、符合行业经营特点的第三方回款情况包括但不限于：①客户为个体工商户或自然人，通过家庭约定由直系亲属代为支付货款；②客户为自然人控制的企业，该企业法定代表人、实际控制人代为支付货款；③客户所属集团通过集团财务公司或指定相关公司代客户统一对外付款；④政府采购项目指定财政部门或专门部门统一付款；⑤通过应收账款保理、供应链物流等合规方式或渠道完成付款；⑥境外客户指定付款。

4）发行人及其实际控制人、董监高或其他关联方与第三方回款的支付方是否存在关联关系或其他利益安排。

5）境外销售涉及境外第三方回款的，第三方代付的商业合理性或合规性。

6）是否因第三方回款导致货款归属纠纷。

7）合同明确约定第三方付款的，该交易安排是否合理。

8）资金流、实物流与合同约定及商业实质是否一致，第三方回款是否具有可验证性，是否影响销售循环内部控制有效性的认定。

上市审核部门关注第三方回款的典型案例见表3-4。

表3-4　上市审核部门关注第三方回款的典型案例

序号	相关案例	审核关注问题
1	秋乐种业 2020年终止	剔除个体工商户/自然人及其直系亲属、公司法定代表人、实际控制人回款以外，2017～2019年，公司第三方销售回款占收入金额的比例约为13.99%、13.31%、10.69%。请发行人补充披露发行人第三方回款及销售确认相关内部控制制度的建立和整改过程、执行情况以及有效性的认定
2	创智和宇 2021年终止	报告期内，公司第三方回款金额分别为4 779.84万元、9 544.95万元和7 278.52万元，占营业收入的比例分别为31.18%、54.74%和33.42%。请发行人披露第三方回款的原因、必要性及商业合理性，第三方回款的真实性，是否存在虚构交易或调节账龄的情形，报告期内是否存在因第三方回款导致的商业纠纷

五、经销模式

（一）适用情形

对于报告期任意一期经销收入或毛利占比超过30%的发行人，原则上中介机构应按照规定做好相关工作并出具专项说明，未达到上述标准的，可参照执行。

（二）核查内容

1. 关于经销商模式的商业合理性

结合发行人的行业特点、产品特性、发展历程、下游客户分布、同行业可比公司情况，分析发行人经销商模式的分类和定义，不同类别、不同层级经销商划分标准，以及采用经销商模式的必要性和商业合理性。

2. 关于经销商模式内控制度的合理性及运行有效性

经销商模式内控制度包括但不限于经销商选取标准和批准程序，对不同类别经销商、多层级经销商的管理制度，终端销售管理、新增及退出管理方法，定价考核机制（包括营销、运输费用承担和补贴、折扣和返利等），退换货机制，物流管理模式（是否直接发货给终端客户），信用及收款管理，结算机制，库存管理机制，对账制度，信息管理系统设计与执行情况，说明相关内控制度设计的合理性及运行的有效性。

3. 关于经销收入确认、计量原则

经销收入确认、计量原则，对销售补贴或返利、费用承担、经销商保证金的会计处理，对附有退货条件、给予购销信用、前期铺货借货、经销商作为居间人参与销售等特别方式下的经销收入确认、计量原则，是否符合企业会计准则规定，是否与同行业可比公司存在显著差异。

4. 关于经销商的构成及稳定性

1）不同类别、不同层级经销商数量、销售收入及毛利占比变动原因及合理性。

2）新增、退出经销商数量，销售收入及毛利占比，新增、退出经销商销售收入及毛利占比合理性，新设即成为发行人主要经销商的原因及合理性。

3）主要经销商销售收入及毛利占比，变动原因及合理性，经销商向发行人采购规模是否与其自身业务规模不匹配。

4）经销商是否存在个人等非法人实体，该类经销商数量、销售收入及毛利占比与同行业可比公司是否存在显著差异。

5. 关于经销商与发行人的关联关系及其他业务合作

1）主要经销商基本情况，包括但不限于注册资本、注册地址、成

立时间、经营范围、股东、核心管理人员、员工人数、与发行人合作历史等。

2）发行人及其控股股东、实际控制人、董事、监事、高管、关键岗位人员及其他关联方与经销商、经销商的终端客户是否存在关联关系或其他利益安排，是否存在其他特殊关系或业务合作（如是否存在前员工、近亲属设立的经销商，是否存在经销商使用发行人名称或商标），是否存在非经营性资金往来，包括对经销商或客户提供的借款、担保等资金支持等。

3）经销商持股的原因，入股价格是否公允，资金来源，发行人及其关联方是否提供资助。

4）经销商是否专门销售发行人的产品。

5）关联经销商销售收入、毛利及占比，销售价格和毛利率与非关联经销商是否存在显著差异。

6. 关于经销商模式经营情况分析

1）经销商模式销售收入及占比、毛利率与同行业可比公司是否存在显著差异。

2）不同销售模式（直销、经销等）、不同区域（境内、境外等）和不同类别经销商销售的产品数量、销售价格、销售收入及占比、毛利及占比、毛利率的情况；不同模式、不同区域、不同类别经销商销售价格、毛利率存在显著差异的原因及合理性。

3）经销商返利政策及其变化情况，返利占经销收入的比例，返利计提是否充分，是否通过调整返利政策调节经营业绩。

4）经销商采购频率及单次采购量分布是否合理，与期后销售周期是否匹配。

5）经销商一般备货周期，经销商进销存、退换货情况，备货周期是否与经销商进销存情况匹配，是否存在经销商压货，退换货率是否合理。

6）经销商信用政策及变化，给予经销商的信用政策是否显著宽松于其他销售模式，或对部分经销商的信用政策是否显著宽松于其他经销商，是否通过放宽信用政策调节收入。

7）经销商回款方式、应收账款规模合理性，是否存在大量现金回款或第三方回款情况。

8）终端客户构成情况，各层级经销商定价政策，期末库存及期后销售情况，各层级经销商是否压货以及大额异常退换货，各层级经销商回款情况；直销客户与经销商终端客户重合的，同时对终端客户采用两种销售模式的原因及合理性。

上市审核部门关注经销模式的典型案例见表3-5。

表3-5 上市审核部门关注经销模式的典型案例

序号	相关案例	审核关注问题
1	林华医疗 2021年被否决	请发行人代表：①结合不同规模经销商的销售返利总额占其经销总额的比例，说明销售返利的合理性，是否存在异常情况及原因，是否存在向经销商压货虚增收入等情形，相关销售收入是否真实、合理；②说明实际控制人、董监高是否与发行人一、二级经销商存在关联关系；③详细说明对经销商终端销售、期末库存的核查方式、过程，说明是否合理、谨慎，足以支撑相关核查结论
2	丁点食品 2021年被否决	请发行人代表说明：①经销商与发行人、主要股东、董监高等是否存在关联关系、异常交易或非交易性资金往来；②向主要经销商的销售金额与该等客户自身经营规模和财务状况是否匹配，上述经销商是否存在主要销售发行人产品的情况
3	世佳科技 2021年被否决	2020年第四季度境内经销第二大经销商客户杭州林源为发行人前员工之父控制的企业，郑州鼎典、宿迁泽丰等在成立当年或次年即成为发行人主要客户。请发行人说明：①发行人遴选经销商的相关内控制度是否健全且被有效执行；②对上述经销商的销售是否具有商业实质，收入确认是否符合企业会计准则
4	青蛙泵业 2022年被否决	请发行人代表：说明①公司对经销商管理、进销存等内部控制情况，是否能够有效了解经销商的库存与终端销售的实现情况，经销收入是否真实实现；②非法人经销商占比较高的原因及合理性，与非法人实体经销商是否存在第三方回款、现金收付款等情况，是否符合行业惯例
5	天松医疗 2023年被否决	发行人前员工和实际控制人的亲属为发行人的主要经销商，经销商的销售单价是发行人销售单价的2~8倍。请发行人说明：①上述情况的商业合理性，是否违背行业惯例；②报告期主要经销商的实际经营业绩情况

六、通过互联网开展业务相关信息系统核查

部分发行人,如电商、互联网信息服务、互联网营销企业等,其业务主要通过互联网开展。此类企业,报告期任意一期通过互联网取得的营业收入占比或毛利占比超过30%,原则上,保荐机构及申报会计师应对该类企业通过互联网开展业务的信息系统可靠性分别进行专项核查,并发表明确核查意见。

此外,发行人的主要经营活动并非直接通过互联网开展,但其客户主要通过互联网销售发行人的产品或服务,如发行人该类业务营业收入占比或毛利占比超过30%,保荐机构及申报会计师应核查该类客户向发行人传输交易信息、相关数据的方式、内容,并以可靠方式从发行人处获取该等数据,核查该等数据与发行人销售、物流等数据是否存在差异,互联网终端客户情况(如消费者数量、集中度、地域分布、消费频率、单次消费金额分布等)是否存在异常。

通过互联网开展业务相关信息系统核查的典型案例见表3-6。

表3-6　通过互联网开展业务相关信息系统核查的典型案例

序号	相关案例	事实情况
1	数聚智连2022年过会	保荐人、申报会计师、发行人聘请的致同IT审计团队对发行人通过互联网开展业务的信息系统可靠性进行了专项核查
2	敷尔佳2022年过会	申报会计师IT审计团队对发行人通过互联网开展业务的信息系统可靠性进行了专项核查,并出具了《信息系统专项核查报告》;同时,保荐机构聘请专业服务机构出具了信息系统辅助核查报告

七、信息系统专项核查

发行人日常经营活动高度依赖信息系统的,如业务运营、终端销售环节通过信息系统线上管理,相关业务运营数据由信息系统记录并存储,且发行人相关业务营业收入或成本占比、毛利占比或相关费用占期间费用的比例超过30%的,原则上,保荐机构及申报会计师应对开展相关业务的信息系统可靠性进行专项核查,并发表明确核查意见。保荐机构及申报会计师应结合发行人的业务运营特点、信息系统支撑业务开展程度、用户数

量及交易量级等进行判断。

信息系统专项核查的典型案例见表 3-7。

表 3-7 信息系统专项核查的典型案例

序号	相关案例	事实情况
1	树根互联 2022 年受理	德勤委派专业的 IT 审计团队对发行人信息系统内部控制及根云平台订阅服务的业务数据执行了相应的核查及分析程序，出具了《树根互联股份有限公司 2019—2021 年度信息系统专项核查报告》
2	绿联科技 2023 年过会	容诚会计师事务所（特殊普通合伙）IT 审计根据与发行人达成的业务约定，针对发行人开展了信息系统专项核查

八、资金流水核查

（一）适用情形

保荐机构及申报会计师应当充分评估发行人所处经营环境、行业类型、业务流程、规范运作水平、主要财务数据水平及变动趋势等因素，确定发行人相关资金流水核查的具体程序和异常标准，以合理保证发行人财务报表不存在重大错报风险。在符合银行账户查询相关法律的前提下，资金流水核查范围除发行人银行账户资金流水以外，结合发行人的实际情况，还可能包括控股股东、实际控制人、发行人主要关联方、董监高、关键岗位人员等开立或控制的银行账户资金流水，以及与上述银行账户发生异常往来的发行人关联方及员工开立或控制的银行账户资金流水。

（二）核查要求

保荐机构及申报会计师在资金流水核查中，应结合重要性原则和支持核查结论需要，重点核查报告期内发生的以下事项：①发行人的资金管理相关内部控制制度是否存在较大缺陷；②是否存在银行账户不受发行人控制或未在发行人财务核算中全面反映的情况，是否存在发行人银行开户数量等与业务需要不符的情况；③发行人的大额资金往来是否存在重大异常，是否与公司经营活动、资产购置、对外投资等不匹配；④发行人与控股股东、实际控制人、董监高、关键岗位人员等是否存在异常大额资金往来；⑤发行人是否存在大额或频繁取现的情形，是否无合理解释；发行人的同一账户或不同账户之间是否存在金额、日期相近的异常大额资金进出的情形，是否无合理解释；⑥发行人是否存在大额购买无实物形态资产或服务（如商标、专利技术、咨询服务等）的情形，如存在，相关交易的商业合理性是否存在疑问；⑦发行人实际控制人个人账户大额资金往来较多且无合理解释，或者频繁出现大额存现、取现情形；⑧控股股东、实际控制人、董监高、关键岗位人员是否从发行人获得大额现金分红款、薪酬或资产转让款，转让发行人股权获得大额股权转让款，主要资金流向或用途存在重大异常；⑨控股股东、实际控制人、董监高、关键岗位人员与发行人关联方、客户、供应商是否存在异常大额资金往来；⑩是否存在关联方代发行人收取客户款项或支付供应商款项的情形。

发行人在报告期内存在以下情形的，保荐机构及申报会计师应考虑是否需要扩大资金流水核查范围：①发行人的备用金、对外付款等资金管理存在重大不规范情形；②发行人的毛利率、期间费用率、销售净利率等指标各期存在较大异常变化，或者与同行业公司存在重大不一致；③发行人的经销模式占比较高或大幅高于同行业公司，且经销毛利率存在较大异常；④发行人将部分生产环节委托其他方进行加工的，且委托加工费用大幅变动，或者单位成本、毛利率大幅异于同行业；⑤发行人的采购总额中进口占比较高或者销售总额中出口占比较高，且对应的采购单价、销售单价、境外供应商或客户资质存在较大异常；⑥发行人的重大购销交易、对外投资或大额收付款，在商业合理性方面存在疑问；⑦董监高、关键岗位人员的薪酬水平发生重大变化；⑧其他异常情况。

上市审核部门关注资金流水的典型案例见表3-8。

九、应收款项减值

发行人应参考同行业上市公司确定合理的应收款项坏账准备计提政策；计提比例与同行业上市公司存在显著差异的，应在招股说明书中披露具体原因。

上市审核部门关注应收款项减值的典型案例见表3-9。

第三章 财务规范

表 3-8 上市审核部门关注资金流水的典型案例

序号	相关案例	审核关注问题
1	老铺黄金 2021 年被否决	请发行人代表说明：报告期内，发行人实际控制人、个别管理人员，关联方房文化与委外加工商均存在较大金额资金任用的原因及合理性，任用资金的最终去向，是否存在账外支付委外加工商加工费用的情形，是否存在主要委外加工资金流向发行人客户、实际控制人或相关关联方虚增收入的情形
2	咏声动漫 2021 年终止	现场督导发现，报告期内法人代表古晋明账户资金流水中存在 36 笔通过 POS 机刷的大额消费，合计 560.78 万元，多笔支付具有金额、日期相近且为异地消费，交易方多为零售批发店等特点，与个人一般消费习惯不符
3	宝来利来 2022 年终止	发行人独立董事朱明江、葛永波，汪明以及外部董事邱红光（累计持股 7.51%）和公司副总经理王俊贤的配偶王宁，公司外部董事宝涛配偶王会丽，因不参与公司实际经营以及个人隐私，未提供银行账户流水。销售人员方面，发行人的销售人员除 2022 年新入职的 32 名员工外，其余 247 名销售人员中共有 229 人提供了 354 份工资卡及常用银行卡流水，剩余销售人员因流水涉及个人隐私等，未提供银行账户流水。请保存机构、申报会计师说明资金流水核查的完整性和充分性，未获取部分董事、销售人员资金流水的合理性，替代核查程序和核查结论

注：1. 在实践中，自然人主体的资金流水核查标准以 5 万元或 10 万元居多，法人主体则以 50 万元居多。
2. 资金流水核查不局限于银行转账，还会扩大至取现、POS 机刷卡等。

表 3-9 上市审核部门关注应收账项减值的典型案例

序号	相关案例	审核关注问题
1	兆物网络 2020 年被否决	请发行人代表说明：①账龄一年以上以及信用期外应收账款占比较高是否符合行业特点，是否存在通过放宽信用期限达到收入增长的情形；②告公安系统职能调整信用政策改革政策的情况，主要客户信用状况、逾期及长账龄应收账款的回款情况，说明坏账准备计提是否充分
2	周六福 2020 年被否决	请发行人代表说明，2018 年 10 月出台的助力北区域渠道信用政策实施的原因及合理性，是否存在为增加销售放宽信用政策的情况，结合具体回款情况，进一步说明相关坏账计提是否充分

十、对客户资源或客户关系及企业合并涉及无形资产的判断

1）客户资源或客户关系，只有源自合同性权利或其他法定权利且确保能在较长时期内获得稳定收益，才能确认为无形资产；发行人无法控制客户资源或客户关系带来的未来经济利益的，不应确认为无形资产。发行人开拓市场过程中支付的营销费用，或仅购买相关客户资料，而客户并未与出售方签订独家或长期买卖合同，有关"客户资源"或"客户关系"支出通常应为发行人获取客户渠道的费用。

2）非同一控制下企业合并中，购买方在初始确认购入的资产时，应充分识别被购买方拥有但财务报表未确认的无形资产，满足会计准则规定确认条件的，应确认为无形资产。

上市审核部门关注客户关系和企业合并涉及无形资产的典型案例见表3-10。

表3-10 上市审核部门关注客户关系和企业合并涉及无形资产的典型案例

序号	相关案例	审核关注问题
1	日日顺 2021年受理	请发行人补充披露无形资产中客户关系的认定是否符合企业会计准则规定、是否符合行业惯例，相关定价是否公允，摊销是否合理
2	时代电气 2021年上市	公司无形资产主要为土地使用权、软件使用权、工业产权、商标、未结订单和服务合同。请发行人说明对收购资产进行识别并确认为无形资产的具体过程及依据，是否存在通过少计无形资产、多计商誉以减少报告期内无形资产摊销、调节利润的情形

十一、研发支出资本化

中介机构应从研究开发项目的立项与验收、研究阶段及开发阶段划分、资本化条件确定、费用归集及会计核算和相关信息披露等方面，关注发行人的研究开发活动和财务报告流程相关内部控制是否健全有效并一贯执行，对发行人的研发支出资本化相关会计处理的合规性、谨慎性和一贯性发表核查意见。

上市审核部门关注研发支出资本化的典型案例见表 3-11。

表 3-11　上市审核部门关注研发支出资本化的典型案例

序号	相关案例	审核关注问题
1	创远信科 2020 年上市	请发行人结合具体研发项目、归口单位的验收情况、会计准则要求等，进一步补充披露研发支出资本化的必要性与合理性
2	复旦微 2021 年上市	请发行人说明：①报告期各期的研发支出资本化项目研发支出资本化的具体起始时点和终点，与同行业可比公司的比较情况及差异原因；②报告期各期的研发支出资本化项目在研发支出资本化起始时点判断无形资产产生经济利益的方式的依据及相关内外部证据

十二、科研项目相关政府补助

（一）会计处理要求

若发行人充分证明相关科研项目与日常活动相关，从政府取得的经济资源属于提供研发服务或者使用相关科研项目技术所生产商品的对价或者对价组成部分，原则上适用收入准则；若发行人充分证明从该科研项目获得的政府经济资源是无偿的，补助资金的主要用途是形成发行人的自有知识产权，原则上适用政府补助准则。

（二）非经常性损益列报要求

通常情况下，政府补助文件中明确补助发放标准，企业可根据其经营活动的产量或者销量等确定可能持续收到的补助金额，属于定额或定量的政府补助，应列入经常性损益。企业因研究或专项课题等获得的政府补助，即使政府通过预算等方式明确各期补助发放金额，但与企业经营活动的产量或者销量等无关，则不属于定额或定量的政府补助，应列入非经常性损益。

上市审核部门关注科研项目相关政府补助的典型案例见表 3-12。

表 3-12　上市审核部门关注科研项目相关政府补助的典型案例

序号	相关案例	审核关注问题
1	华卓精科 2021 年过会	2017 年 1 月 1 日起，公司对收到的 02 专项政府补助款项采用净额法核算，公司将结转的 02 专项政府补助以及对应的研发支出都在"其他符合非经常性损益定义的损益项目"进行列示。请发行人说明：①在公司主营业务为以光刻机双工件台为核心的情况下，将 02 专项研发支出认定为非经常性损益的合理性；②"02 专项课题"与其他政府补助项目的经济业务实质是否有明显区别，仅对"02 专项课题"政府补助采用净额法，而对其他政府补助采用总额法，是否符合企业会计准则规定
2	航天软件 2022 年过会	报告期内发行人的研发项目以政府课题项目为主，各期计入当期损益的政府补助分别为 4 312.47 万元、12 569.77 万元和 4 056.58 万元，主要由增值税即征即退和研发项目相关政府补助构成。请发行人结合政府课题项目的主要目的、科研成果的所有权归属、权利义务的具体约定等，说明主要政府课题项目会计核算的合理性

十三、有关涉税事项

1）发行人依法取得的税收优惠，如高新技术企业、软件企业、文化企业及西部大开发等特定性质或区域性的税收优惠，符合《公开发行证券的公司信息披露解释性公告第 1 号——非经常性损益》规定的，可以计入经常性损益。

2）中介机构应对照税收优惠的相关条件和履行程序的相关规定，对发行人税收优惠政策到期后是否能够继续享受优惠发表明确意见：①如果很可能获得相关税收优惠批复，按优惠税率预提预缴经税务部门同意，可暂按优惠税率预提，并说明如果未来被追缴税款，是否有大股东承诺补偿；同时，发行人应在招股说明书中披露税收优惠的不确定性风险。②如果获得相关税收优惠批复的可能性较小，需按照谨慎性原则按正常税率预提，未来根据实际的税收优惠批复情况进行相应调整。

3）发行人补缴税款，符合会计差错更正要求的，可追溯调整至相应期间；缴纳罚款、滞纳金等，原则上应计入缴纳当期。

上市审核部门关注有关涉税事项的典型案例见表3-13。

表3-13　上市审核部门关注有关涉税事项的典型案例

序号	相关案例	审核关注问题
1	兴禾股份 2022年被否决	报告期各期，公司营业外支出分别为5.06万元、252.06万元和4.04万元。公司营业外支出较高主要是因曾发生一定的税收、社保等的滞纳金。公司2019年滞纳金金额较大的原因是当年公司补缴了2017年和2018年的企业所得税1 530.80万元，同时缴纳相关滞纳金238.67万元，滞纳金计入营业外支出。请发行人补充披露：①公司补缴企业所得税的原因及具体情况；②结合补缴税款规模及主要财务数据调整，说明公司对应期间财务报告内部控制是否存在重大缺陷，以及公司如何加强整改
2	微导纳米 2022年上市	微导纳米于2019年11月7日取得《高新技术企业证书》，发行人2019—2021年度执行15%的企业所得税税率。请发行人说明《高新技术企业证书》复审进度，是否存在实质性障碍

十四、持续经营能力

发行人存在以下情形的，保荐机构及申报会计师应重点关注是否影响发行人持续经营能力：

（1）发行人因宏观环境因素影响存在重大不利变化风险，如法律法规、汇率税收、国际贸易条件、不可抗力事件等。

（2）发行人因行业因素影响存在重大不利变化风险，如：

1）发行人所处行业被列为行业监管政策中的限制类、淘汰类范围，或行业监管政策发生重大变化，导致发行人不满足监管要求。

2）发行人所处行业出现周期性衰退、产能过剩、市场容量骤减、增长停滞等情况。

3）发行人所处行业准入门槛低、竞争激烈，导致市场占有率下滑。

4）发行人所处行业上下游供求关系发生重大变化，导致原材料采购价格或产品售价出现重大不利变化。

（3）发行人因自身因素影响存在重大不利变化风险，如：

1）发行人的重要客户或供应商发生重大不利变化，进而对发行人的业务稳定性和持续性产生重大不利影响。

2）发行人由于工艺过时、产品落后、技术更迭、研发失败等原因导致市场占有率持续下降，主要资产价值大幅下跌，主要业务大幅萎缩。

3）发行人的多项业务数据和财务指标呈现恶化趋势，由盈利转为重大亏损，且短期内没有好转迹象。

4）发行人的营运资金不能覆盖持续经营期间，或营运资金不能够满足日常经营、偿还借款等需要。

5）对发行人业务经营或收入实现有重大影响的商标、专利、专有技术以及特许经营权等重要资产或技术存在重大纠纷或诉讼，已经或者将对发行人的财务状况或经营成果产生重大不利影响。

（4）其他明显影响发行人持续经营能力的情形。

持续经营能力是上市过程中关注频率最高的问题，也是IPO否决的主要原因之一。

上市审核部门关注持续经营能力的典型案例见表3-14。

表3-14 上市审核部门关注持续经营能力的典型案例

序号	相关案例	审核关注问题
1	灿星文化 2021年被否决	截至2020年10月底，发行人作为被告的未决诉讼及仲裁共计8件，累计被请求金额约2.3亿元。请发行人代表说明上述事项是否对发行人的核心竞争力和持续经营能力构成重大不利影响
2	垦丰种业 2021年被否决	发行人的主要收入来源于KWS授权种子的销售收入，主要利润来源于发行人与KWS合资设立的垦丰科沃施公司。请发行人代表说明发行人是否存在与KWS合作中断的风险，发行人的持续经营及盈利能力是否存在重大不确定性
3	赛赫智能 2021年被否决	请发行人代表说明发行人与兴业银行上海陆家嘴支行所签备忘录的法律效力，发行人获得兴业银行授信是否存在不确定性。如果发行人无法获得兴业银行授信贷款及相应的财政补贴，发行人是否会面临重大偿债风险，是否影响发行人的持续经营能力
4	巍特环境 2022年被否决	管网新建或更新改造等项目资金来源主要为国家或地方政府财政投入。请发行人进一步说明：①新签订单获取趋势及在手项目推进情况；②发行人在管道修复行业的市场占有率、目前行业的竞争格局；③行业内企业数量众多、规模普遍较小，未来发行人提升市场占有率的措施；④结合管网行业定价机制，说明管网行业是否存在低价竞争

（续）

序号	相关案例	审核关注问题
5	卓海科技 2023 年被否决	发行人采购的退役前道量检测设备主要进口于韩国、美国、日本等地。国内前道量检测设备自研技术正在快速发展，目标是能够替代进口设备。请发行人结合上述国家和地区退役设备出口的管制政策，国内相关行业的产业政策、技术现状及发展趋势，市场竞争格局的变化等，说明经营环境是否存在对发行人持续经营有重大不利影响的事项

十五、客户集中

1. 客户集中情形核查要求

保荐机构通常应关注并核查以下方面：

1）发行人客户集中的原因及合理性。

2）发行人客户在行业中的地位、透明度与经营状况，是否存在重大不确定性风险。

3）发行人与客户合作的历史、业务稳定性及可持续性，相关交易的定价原则及公允性。

4）发行人与重大客户是否存在关联关系，发行人的业务获取方式是否影响独立性，发行人是否具备独立面向市场获取业务的能力。

2. 单一客户重大依赖情形核查要求

发行人对单一客户存在重大依赖的，保荐机构除应按照"1. 客户集中情形核查要求"进行核查外，通常还应关注并核查以下方面：

1）发行人的主要产品或服务应用领域和下游需求情况，市场空间是否较大；发行人的技术路线与行业技术迭代的匹配情况，是否具备开拓其他客户的技术能力以及市场拓展的进展情况，包括与客户的接触洽谈、产品试用与认证、订单情况等。

2）发行人及其下游客户所在行业是否属于国家产业政策明确支持的领域，相关政策及其影响下的市场需求是否具有阶段性特征，产业政策变化是否会对发行人的客户稳定性、业务持续性产生重大不利影响。

3）对于存在重大依赖的单一客户属于非终端客户的情况，应当穿透核查终端客户的有关情况、交易背景，分析说明相关交易是否具有合理性，交易模式是否符合行业惯例，销售是否真实。

上市审核部门关注单一客户重大依赖的典型案例见表 3-15。

表 3-15 上市审核部门关注单一客户重大依赖典型案例

序号	相关案例	审核关注问题
1	派特罗尔 2021年被否决	报告期内发行人的销售占比高度集中，其中来自中石油下属企业的收入占主营业务收入的比重较高。发行人存在主要客户、供应商重叠情况。请发行人代表说明：①客户集中的原因和背景，与行业经营特点是否一致；②在中石油系统存在多家工程技术服务公司的前提下仍选择发行人贴补并工程技术服务的原因及合理性；③发行人获取中石油下属公司业务订单的独立性及公允性，相关交易定价是否合理；④对第一大客户是否存在重大依赖，发行人业务独立性产生重大不利影响；⑤主要客户、供应商重叠的情况是否具有行业普遍性，是否存在利益输送等情形
2	正和科技 2021年被否决	发行人的客户集中度较高，第一大客户陕汽商用车的销售额占比、毛利额占比较高。请发行人代表说明：①客户集中度较高的原因及合理性，不正当竞争情况，实际控制人、重监高与陕汽商用车是否存在关联关系，是否存在商业贿赂；②获取大客户及其他利益安排；③发行人及其控股股东、重监高是否有稳定性与可持续性，报告期内陕汽商用车向发行人大量采购的商业合理性，与其生产销售规模是否匹配，与陕汽商用车同类产品采购占同行业其他主机厂的比例，与陕汽商用车将来发生产装及涂装发生产线的情况下，仍向发行人指定唯一供应商的原因及商业合理性；④陕汽商用车向发行人进行的采购成重大依赖；⑤陕汽商用车在拥有总装及涂装生产线的情况下，仍向发行人指定采购并合额采购的原因及商业合理性
3	扬瑞新材 2021年被否决	报告期内各期，中国红牛对发行人营业收入的影响比例为56.10%、53.15%、42.78%和43.09%。截至目前，红牛商标权归属仍然存在未决诉讼或纠纷，该等诉讼将对发行人的第一大客户奥瑞金及中国红牛的其他制罐供应商的业务合作带来重大不确定性影响。发行人披露："中国红牛对发行人具有一定的重要性，但不构成业务依赖；泰国红牛产品相关涂料也由发行人间接供应，即便奥瑞金或中国红牛败诉，中国红牛的市场份额被泰国红牛所替代，对公司订单量也不会造成显著影响。"请发行人：①结合行业实际情况与诉讼的最新进展，说明"一定的重要性"与"不会造成重大影响"的信息披露是否准确；②结合最高法民事判决书《红牛维他命饮料有限公司与天丝医药保健有限公司商标权权属纠纷案》[最高人民法院（2020）最高法民终394号民事判决书]中关于驳回中国红牛系列商标有合法权益的诉讼请求的相关判决内容，说明发行人通过奥瑞金向中国红牛销售是否涉及纠纷或侵权行为，是否存在相关诉讼与仲裁等风险

注：1. 在实践中，单一依赖某一客户或者虽然依赖的是垄断性客户或全球知名企业、知名企业，如果能够论证自身的竞争优势、获取业务的合法合规性及双方合作的稳定性，通常不会构成上市障碍。

2. 如果单一依赖一般企业，或者虽然依赖的是垄断性客户或全球知名企业，但如果存在采购与销售同时依赖、自身竞争优势一般、获取业务的合法合规性存疑，对方持续经营存在重大不确定性等问题，往往会构成上市障碍。

十六、投资收益占比

发行人来自合并报表范围以外的投资收益占当期合并净利润的比例较高，保荐机构及申报会计师通常应关注以下方面：

1）发行人如减除合并财务报表范围以外的对外投资及投资收益，剩余业务是否具有持续经营能力。

2）被投资企业的主营业务与发行人的主营业务是否具有高度相关性，如同一行业、类似技术产品、上下游关联产业等，是否存在大规模非主业投资情况。

3）是否充分披露相关投资的基本情况及对发行人的影响。

上市审核部门关注投资收益占比较高的典型案例见表 3-16。

表 3-16 上市审核部门关注投资收益占比较高的典型案例

序号	相关案例	审核关注问题
1	常熟汽饰 2017 年上市	报告期内，发行人的投资收益绝大多数来自联营企业的投资收益，投资收益占同期归属母公司净利润的比例较高。请发行人代表进一步说明，发行人剔除投资收益及关联交易后，独立经营的业务和财务情况，上述情形是否构成《首次公开发行股票并上市管理办法》规定的影响发行人持续盈利能力条件中"最近一个会计年度的净利润主要来自合并报表范围以外的投资收益"的情形，相关的信息和风险是否充分披露

十七、在审期间分红及转增股本

发行人在审期间现金分红、分派股票股利或资本公积转增股本的，应依据公司章程和相关监管要求，充分论证必要性和恰当性，并履行相关决策程序；相关分红方案应在发行上市前实施完毕。

上市审核部门关注在审期间现金分红的典型案例见表 3-17。

表 3-17 上市审核部门关注在审期间现金分红的典型案例

序号	相关案例	审核关注问题
1	瑞能股份 2022 年终止	请发行人对照中国证监会《首发业务若干问题解答（2020 年 6 月修订）》中的问题 51，说明在审核期间进行大额现金分红的必要性和恰当性，相关决策程序的履行情况，对发行人财务状况、生产运营的影响，现金分红是否已实际派发完毕，实际控制人对分红资金的使用情况

第三节 财务规范实务典型问题

一、内外账合一

有的拟上市企业存在内账（反映公司实际经营情况的账）和外账（报送给税务机关的账）"两套账"或事实"两套账"（通过部分账外收入形成体外资金循环），即公司实际经营情况、财务状况与对外报表不一致。

公司启动上市以后，需要尽快停止个人卡收支，开展"清产核资"（清查资产与负债）工作，之后通过对外采购或销售存在差异的资产、调整往来款、调整成本或费用等方式，使公司内账与外账一致（内外账合一）。

在实践中，绝大部分企业在上市申报期之前完成了内外账合一，从而未给上市带来重大负面影响，也存在小部分企业在申报期内停止个人卡收支的情形。

上市申报期内停止个人卡收支的典型案例见表3-18。

表3-18　上市申报期内停止个人卡收支的典型案例

序号	相关案例	事实情况
1	威力传动 2022年过会	发行人2020年8月停止使用个人卡对外收付款项，对相关的账外收入进行了还原，对相关报表科目进行了调整
2	富乐德 2022年上市	报告期内，发行人金属膜收入分别为0万元、38.46万元、22.54万元，均通过副总经理吕丰美账户收取。报告期内，该金属膜收入相关金额均已转账给其他员工用于公司支出，支出的原因及性质系员工报销业务招待费及其他无发票的相关费用等。该金属膜相关收支主要发生在2019年至2020年6月，均已完成财务及税务纳税调整，并办理了所得税汇算清缴

二、收入确认

启动上市之前，大部分拟上市企业按照开具销售发票的时点确认收入。启动上市后，企业需要按照《企业会计准则第14号——收入》相关规定，在履行了合同中的履约义务，即在客户取得相关商品控制权时确认收入，并收集和保存销售合同、产品出库单、产品发运凭证、客户签收或验收单据等原始资料。

另外，有的拟上市企业存在账外收入，具体包括现金收入、未开票收入、废品收入、废料收入等，需要从上市申报期初开始规范。

上市审核部门关注收入确认的典型案例见表 3-19。

表 3-19　上市审核部门关注收入确认的典型案例

序号	相关案例	审核关注问题
1	乾德电子 2021 年终止	2021 年 1 月 28 日，发行人的首发上市申请获得深交所创业板上市委员会审议通过。2021 年 1 月 31 日，深交所要求发行人就报告期内实际控制人是否截留发行人废料收入等事项进行核查，并要求于 2021 年 2 月 15 日前回复。2021 年 4 月 26 日，发行人提交了撤回发行上市申请文件的申请，深交所于 2021 年 5 月 7 日做出终止审核决定
2	派特罗尔 2021 年被否决	根据原申报报表及招股说明书，发行人采用"终验法"于钻井工程完工后一次性确认收入；发行人目前采用"工期进度"作为工作量法/产出法计算完工进度的依据确认收入，并做了会计差错更正。发行人 2020 年毛利率较以前年度存在较大差异。请发行人代表说明目前采用"工期进度"作为工作量法/产出法计算完工进度的合理性，是否符合业务实质及合同约定，是否与同行业可比公司一致
3	润光股份 2021 年被否决	发行人的主要产品密闭除焦系统和硫黄造粒系统基本采用验收确认方式。请发行人代表说明设备试运行结束后双方提请进入验收流程的具体过程，验收的具体内容，验收后存在需整改事项时对验收结果的具体影响，是否存在导致人为提前或滞后确认收入的可能
4	兴禾股份 2022 年被否决	2020 年 12 月，发行人集中确认了非苹果产业链客户珠海冠宇的收入，占该客户全年收入比例的 82.48%，当年发行人来自该客户的收入大幅增长。该客户与发行人存在共同股东。请发行人说明前述收入集中确认的合理性和对该客户收入增长的可持续性
5	科拓股份 2022 年被否决	2020 年 9 月，发行人与深圳义德签署广告协议，协议及结算单中未约定广告推送内容。发行人 2020 年 12 月确认对深圳义德的广告收入 452.83 万元，相关毛利额 408.80 万元。请发行人结合上述交易的具体内容、作价依据、交付流程及外部证据，说明该交易的真实性、合理性和商业逻辑，相关信息披露是否准确、完整

三、毛利率

拟上市企业的毛利率通常会受到上市审核部门的重点关注，主要包括以下方面：

1）公司毛利率比较高或高于同行业可比公司、上升、不同产品或者不同销售模式毛利率存在较大差异等，会被上市审核部门怀疑虚增业绩。

2）公司毛利率比较低或低于同行业可比公司、下滑、波动等，则会被上市审核部门疑虑公司的竞争优势和持续经营能力。

上市审核部门关注毛利率的典型案例见表3-20。

表3-20 上市审核部门关注毛利率的典型案例

序号	相关案例	审核关注问题
1	银河世纪 2018年被否决	发行人的主营业务毛利率低于同行业平均水平。请发行人代表说明毛利率持续低于同行业平均水平，且增幅远小于同行业平均水平的原因，并结合该原因说明发行人产品的技术水平、应用领域、行业地位和未来发展趋势
2	九恒条码 2021年被否决	报告期内，发行人的各期主营业务毛利率先下降，后保持稳定。请发行人代表说明：①主营业务毛利率和各业务板块毛利率波动的原因及合理性，变化趋势与同行业可比公司是否一致；②主要产品均价总体呈下降趋势的原因，不同产品毛利率变动的原因及合理性，综合毛利率变动与主要产品均价变动不一致的合理性；③直销模式毛利率普遍高于经销模式毛利率的原因及合理性，标签标识印刷材料毛利率远高于其他两个业务板块毛利率的原因及合理性
3	红星美羚 2022年被否决	请发行人说明2019年向萌宝婴童销售大包粉（全脂纯羊乳粉，羊奶制品中较为初级的产品，一般毛利润较低）毛利率显著高于报告期内其他客户的商业合理性
4	恒泰万博 2022年被否决	报告期内，发行人的主营业务综合毛利率高，且成套设备销售毛利率远高于同行业可比公司。请发行人说明其原因及合理性
5	雨中情 2023年被否决	请发行人代表说明报告期内各期综合毛利率高于同行业可比公司的原因及合理性，2022年1月—9月发行人毛利率远高于同行业可比公司的原因及合理性，高毛利率未来是否可持续

四、成本计量

拟上市企业成本计量方面常见的问题包括未进行存货暂估入库、制造费用分配不准确、未区分产品或订单核算成本、生产成本计入其他会计科目、账面多结转成本等，需要在上市申报期初开始规范。

上市审核部门关注成本计量的典型案例见表 3-21。

表 3-21　上市审核部门关注成本计量的典型案例

序号	相关案例	审核关注问题
1	晶云药物 2020 年终止	请发行人说明：①报告期内各期主营业务成本构成占比波动的原因，2018 年人工成本占比显著低于 2017 年与 2019 年的原因；②原材料成本、制造费用的主要内容，在主营业务成本的各项业务及其他费用中的分摊方式，关于成本及费用核算的内控制度是否健全有效
2	恒盛能源 2021 年上市	发行人的主要采购内容为煤炭和生物质燃料，主要原材料占营业成本的比重较高。请发行人代表说明：①报告期内煤炭、生物质燃料的采购价格是否公允，其中 2019 年煤炭采购价格大幅下降的原因及合理性；②蒸汽和电力成本的分摊方法及分摊基础是否合理，会计核算是否符合企业会计准则的相关规定；③燃煤热电煤炭耗用量与锅炉总产汽量投入产出较 2019 年变动的原因及合理性，单位煤炭成本下降的合理性，是否存在供应商为发行人承担相关成本费用的情形
3	派特罗尔 2021 年被否决	请发行人代表：①说明是否已建立与预计合同总成本相关的内部控制、运行情况及有效性；②结合各期主要钻井项目的预计总成本变动情况，说明在何种情况下会导致预计总成本的变更
4	联合精密 2022 年上市	请发行人代表说明：①报告期内废钢消耗量与铸件产量匹配比例变动是否合理，并与同行业公司相比较，说明差异的原因及合理性；②加工过程中回收铁屑比的合理性，是否存在体外资金购买废钢、铁屑但不办理入库，虚减成本、虚增利润的情况；③加工各环节产生的不良品与入库不良品的匹配性及差异的合理性；④精密件加工环节回收铁屑比与定价时回收铁屑比的一致性
5	亚通精工 2023 年上市	请发行人代表：①说明报告期各期直接材料成本占比基本保持一致的原因及合理性；②说明报告期内矿用辅助运输设备配件采购单价逐年降低的原因；③结合主要原材料（钢材及铝材）成本变动趋势，说明发行人主要产品单位成本变动的合理性

五、研发支出

上市审核部门会关注拟上市企业的研发内部控制制度、研发部门设置、研发人员背景、研发费用会计核算与资本化、合作研发情况、高新技术企业资格、企业所得税加计扣除等问题。

拟上市企业需要在中介机构的指导下，明确研发战略，确立研发部门，制定研发制度，设计研发流程，做好过程控制，配套辅助措施，保留原始资料等。

上市审核部门关注研发支出的典型案例见表3-22。

表3-22 上市审核部门关注研发支出的典型案例

序号	相关案例	审核关注问题
1	珈创生物 2021年被否决	请发行人代表说明是否存在将非研发费用计入研发费用的情形，以及与研发费用相关的内部控制是否完善
2	赛赫智能 2021年被否决	请保荐代表人说明对发行人研发费用归集方面的核查情况，发行人研发投入占比是否符合科创板上市条件，相关信息披露事项是否符合《上海证券交易所科创板股票发行上市审核规则》的要求
3	红星美羚 2022年被否决	发行人的研发收入比一直维持在3%的水平，2021年度为2.9%。请发行人说明研发费用的具体分配以及研发项目的相关进展
4	安天利信 2022年被否决	请发行人进一步说明在专利技术、研发投入、研发人员数量等方面与同行业可比公司存在较大差异的原因及合理性
5	埃科光电 2023年过会	请发行人说明：研发人员认定的准确性，报告期内各期参与工业相机及图像采集卡研发工作的研发人员数量与相关研发项目数量的匹配性情况；2021年新增研发人员的来源、新增时间、相关人员主要专业或从业情况、参与研发项目情况及在研发项目中的工作内容，是否存在突击增加研发人员的情形，是否存在将非主要从事研发活动的人员计入研发人员的情形

六、资产减值准备

拟上市企业需要关注应收款项、合同资产、存货、留抵退税、固定资产、在建工程、无形资产、商誉等的减值情况，及时依据企业会计准则确认减值准备。

上市审核部门关注资产减值准备的典型案例见表 3-23。

表 3-23　上市审核部门关注资产减值准备的典型案例

序号	相关案例	审核关注问题
1	梦金园 2021 年被否决	报告期各期末，发行人的存货账面价值金额较大，占总资产比例较高，存货周转率逐年降低。请发行人代表结合存货周转率、库龄分布、期后销售及同行业可比公司情况，说明报告期各期末存货跌价准备计提的充分性
2	巍特环境 2022 年被否决	发行人的合同资产库龄主要在 1 年以内。请发行人结合报告期各期末合同资产库龄的构成明细、库龄划分方式等，进一步说明合同资产减值准备计提比例显著低于应收账款坏账准备计提比例的合理性
3	大丰农商 2022 年被否决	请发行人代表结合发行人各类贷款迁徙情况，说明五级分类的执行程序及相关内控措施的有效性，贷款减值准备计提是否充分
4	维嘉科技 2022 年被否决	报告期内发行人应收账款账面余额快速增长，各期末应收账款逾期占比较高。请发行人结合行业发展、技术能力、业务开展、信用政策变化以及主要客户变动和回款情况，说明应收账款大幅增加的原因及合理性，逾期客户应收账款未采用单项计提坏账准备的合理性
5	雨中情 2023 年被否决	请发行人代表说明：① 2022 年 10 月对应收款项信用损失进行追溯调整是否符合企业会计准则的相关规定，是否符合首发管理办法的相关规定；②发行人按账龄计算的预期损失率是否充分，计提比例是否合理，计提金额是否充分

七、委托加工与购销业务

部分拟上市企业向加工商提供原材料，加工后再予以购回，应根据其交易的业务实质区别委托加工业务或购销业务进行会计处理。

上市审核部门关注委托加工与购销业务的典型案例见表 3-24。

表 3-24　上市审核部门关注委托加工与购销业务的典型案例

序号	相关案例	审核关注问题
1	金米特 2023 年终止	发行人产品的 SMT 贴片、线束加工、金属件加工、屏幕贴合和注塑件印刷加工等生产环节存在委外加工的情况。请发行人说明发行人委托加工方式（包工包料或包工不包料）及相关会计处理，是否符合企业会计准则的相关规定

（续）

序号	相关案例	审核关注问题
2	中翰生物 2023年终止	报告期内，发行人存在向供应商提供原材料，由供应商进一步加工后再发回公司继续生产的情形。发行人将此类情形定义为外协采购，按照委托加工业务进行会计处理。请保荐人、申报会计师说明按照中国证监会《首发业务若干问题解答（2020年6月修订）》中问题32的要求，对发行人委托加工会计处理合规性的核查过程及结论性意见

八、自然人客户

上市审核部门对拟上市企业存在自然人客户（特别是前五大客户）比较敏感，会关注双方的交易价格、销售毛利率、资金流水、企业内部控制、交易可验证性等问题。拟上市企业需要尽量将自然人大客户转化为企业法人客户。

上市审核部门关注自然人客户的典型案例见表3-25。

表3-25　上市审核部门关注自然人客户的典型案例

序号	相关案例	审核关注问题
1	东瑞股份 2021年上市	请发行人补充说明自然人客户较多的原因及合理性，对比同行业公司说明自然人客户较多是否符合行业情况
2	益客食品 2022年上市	报告期内，发行人的自然人客户数量众多，对该等客户销售收入占主营业务收入的比例较高。请发行人代表说明：①自然人客户的销售收入占比及销售毛利率与同行业可比公司是否存在较大差异，自然人客户销售收入是否可追溯验证；②确保自然人客户销售收入真实性的内控制度

九、存货

上市审核部门会关注拟上市企业存货的采购、入账、暂估、结转、盘点、境外存货、日常管理、存货周转率、减值准备计提等问题。

上市审核部门关注存货的典型案例见表3-26。

十、其他常见财务问题

拟上市企业的在建工程、固定资产、递延所得税资产、应付职工薪酬、期间费用等会计科目，也需要在申报期期初开始规范核算。

上市审核部门关注其他常见财务问题的典型案例见表3-27。

第三章 财务规范 73

表 3-26 上市审核部门关注存货的典型案例

序号	相关案例	审核关注问题
1	丁点食品 2021 年被否决	发行人存货以自制半成品为主，报告期各期末余额变动较大，且存货周转率低于同行业可比公司。请发行人代表说明报告期各期自制半成品数量与全年耗用量相比是否具有商业合理性，报告期内各种自制半成品产量结构占比出现较大波动的原因
2	鼎泰高科 2022 年上市	报告期各期，发行人的寄售模式收入占主营业务收入的比例较高，发行人发出商品期末盘点比例约为 60%。请发行人结合自身业务特点、同行业可比公司等情况说明：①发出商品期末盘点比例低于其他存货的原因和合理性；②寄售模式收入确认和发出商品日常及期末管理相关内部控制制度的建立和执行有效性情况
3	德明利 2022 年上市	发行人的存货占流动资产的比例较高，存货周转率低于同行业平均水平。请发行人代表说明：①备品备件存货未来是否均可利用并出售；②报告期内半成品大幅增加，期末存在产成品金额较大的原因及合理性
4	泓淋电力 2023 年上市	截至 2021 年 6 月末，发行人的境外存货余额为 19 950.98 万元。请发行人结合泰国工厂在手订单、预期销售情况、生产周期等因素，说明存货余额较大的原因及合理性
5	江波龙 2022 年上市	报告期各期末，发行人的存货余额较大，存货周转率低于同行业可比公司，各期不同库龄存货余额快速增长。请发行人结合同行业可比公司的情况，进一步说明存货跌价准备计提存在差异。备计提在差异

表 3-27 上市审核部门关注其他常见财务问题的典型案例

序号	相关案例	审核关注问题
1	中铁特货 2021 年上市	发行人的固定资产占比较高，主要包括为客户提供铁路运输服务的专业运输车辆及装备。述车辆采用平均年限法，按 25 年计提折旧。请发行人代表：①说明上述专用车辆使用年限的确定依据，是否充分考虑了不同类型车辆的使用情况对折旧年限的影响，计提是否合理；②分析对比不同类型的单位运输车辆在使用寿命期间维修费用的情况，说明不同类型车辆使用寿命的确定是否合理
2	菲仕技术 2021 年被否决	请发行人代表说明：①2020 年与 2021 年 1 月—6 月，与新能源汽车业务相关在建工程项目没有实质性投入的原因及合理性，相关在建工程项目继续确认利息资本化是否符合企业会计准则的规定；②发行人在报告期内持续确认递延所得税资产，造成所得税费用总额持续为负的原因及合理性
3	中兰环保 2021 年上市	报告期各期末，发行人的应付职工薪酬分别为 577.39 万元、685.31 万元和 956.91 万元。报告期各期末，员工人数分别为 196 人、208 人和 258 人，2019 年年末大幅增加。请发行人补充披露应付职工薪酬的明细内容，报告期各期计提工资、奖金及发放的有关情况，是否存在长期挂账情形
4	松川仪表 2022 年终止	请结合报告期内期间费用的归集情况，说明发行人报告期内期间费用的销售费用率、管理费用率、研发费用率低于同行业可比公司的情况，是否存在漏记或者跨期确认的情形，是否存在关联方或前关联方为发行人承担费用的情形

第四章

股 权 清 晰

第一节 股权清晰的概念与目的

一、股权清晰的概念

根据《首次公开发行股票注册管理办法》，发行人的股份权属清晰，不存在导致控制权可能变更的重大权属纠纷。

上市审核部门关注股权清晰的典型案例见表 4-1。

二、股权清晰的目的

1）股权清晰稳定是拟上市企业公司经营方针、经营决策、组织机构运作及业务运营稳定的基础，决定了公司持续经营的稳定性。

2）确保股权清晰可以杜绝股权代持行为，防止因为企业上市带来的利益输送。

3）确保股权清晰可以防止企业上市过程中或上市后股权纠纷的产生。

表 4-1 上市审核部门关注股权清晰的典型案例

序号	相关案例	审核关注问题
1	恒茂高科 2022 年被否决	2016 年 7 月—2019 年 8 月,发行人实际控制人郭敏及一致行动人蒋汉柏通过自身及控制的他人银行账户,为持有兆和惟恭出资份额的蒋汉柏等六人偿还银行借款(用于认购兆和惟恭出资份额)及利息提供资金。2019 年 11 月,蒋汉柏以 1 元/份额的价格购买其他五人所持兆和惟恭部分出资份额。蒋汉柏等人取得分红款、份额转让款,均发生大额取现行为。根据郭敏和蒋汉柏签署的《一致行动协议书》,蒋汉柏在公司重大事项表决上与郭敏保持一致行动,均以郭敏意见作为最终意见。请发行人结合上述情况,说明发行人员工通过兆和惟恭持有发行人股权以及蒋汉柏所持有发行人股份是否郭敏代持、控股股东、实际控制人及其一致行动人所的发行人股权归属是否清晰
2	珂玛科技 2023 年过会	2019 年 12 月,胡文将其持有的珂玛科技 38.829 5 万股股份以 427.124 5 万元的对价转让予高建;2020 年 12 月,刘先兵将其持有的珂玛科技 30 万股股份以 90 万元的对价转让予高建。上述股权转让价款未实际支付,并自 2020 年 12 月 31 日转为借款,相关借款于 2022 年 1 月 19 日偿还。请发行人说明高建受让刘先兵和胡文股权时未实际支付转让价款的原因,是否存在股权代持或其他利益安排,相关主体之间是否存在异常资金往来

第二节 股权清晰的相关 IPO 要求

一、《监管规则适用指引——关于申请首发上市企业股东信息披露》及配套规定

(一)《监管规则适用指引——关于申请首发上市企业股东信息披露》

1)发行人应当真实、准确、完整地披露股东信息,发行人历史沿革中存在股份代持等情形的,应当在提交申请前依法解除,并在招股说明书中披露形成原因、演变情况、解除过程、是否存在纠纷或潜在纠纷等。

2)发行人在提交申报材料时应当出具专项承诺,说明发行人股东是否存在以下情形,并将该承诺对外披露:①法律法规规定禁止持股的主体直接或间接持有发行人股份;②本次发行的中介机构或其负责人、高级管理人员、经办人员直接或间接持有发行人股份;③以发行人股权进行不当利益输送。

3)发行人提交申请前 12 个月内新增股东的,应当在招股说明书中充分披露新增股东的基本情况、入股原因、入股价格及定价依据,新股东与发行人其他股东、董事、监事、高级管理人员是否存在关联关系,新股东与本次发行的中介机构及其负责人、高级管理人员、经办人员是否存在关联关系,新增股东是否存在股份代持情形。

上述新增股东应当承诺所持新增股份自取得之日起 36 个月内不得转让。

4)发行人的自然人股东入股交易价格明显异常的,中介机构应当核查该股东基本情况、入股背景等信息,说明是否存在本指引第 1 项、第 2 项的情形。发行人应当说明该自然人股东基本情况。

5)发行人股东的股权架构为两层以上且为无实际经营业务的公司或有限合伙企业的,如该股东入股交易价格明显异常,中介机构应当对该股东层层穿透核查到最终持有人,说明是否存在本指引第 1 项、第 2 项的情形。最终持有人为自然人的,发行人应当说明自然人基本情况。

6)私募投资基金等金融产品持有发行人股份的,发行人应当披露金融产品纳入监管情况。

(二)上交所、深交所《关于进一步规范股东穿透核查的通知》

1)股东穿透核查应当把握好重要性原则,避免免责式、简单化的核

查。对于持股较少、不涉及违法违规"造富"等情形的,保荐机构会同发行人律师实事求是发表意见后,可不穿透核查。

2)持股较少可结合持股数量、比例等因素综合判断。原则上,直接或间接持有发行人股份数量少于 10 万股或持股比例低于 0.01% 的,可认定为持股较少。

上市审核部门关注股东信息披露的典型案例见表 4-2。

表 4-2　上市审核部门关注股东信息披露的典型案例

序号	相关案例	审核关注问题
1	超达装备 2021 年上市	请发行人按照《监管规则适用指引——关于申请首发上市企业股东信息披露》的规定,真实、准确、完整披露股东信息,并补充出具专项承诺。请保荐人、发行人律师按照指引的要求对发行人披露的股东信息进行全面深入核查,逐条认真落实核查工作,并提交专项核查说明
2	工大高科 2021 年上市	请发行人和有关中介机构按照《监管规则适用指引——关于申请首发上市企业股东信息披露》的要求,对相关事项进行核查和披露,并出具专项核查报告

二、《监管规则适用指引——发行类第 2 号》

中介机构应按照本指引的要求,做好证监会系统离职人员(以下简称"离职人员")入股的核查工作。

(1)中介机构对股东信息进行核查时,应当关注是否涉及离职人员入股的情况,并出具专项说明。

(2)发行人及中介机构在提交发行申请文件时,应当提交专项说明,专项说明包括以下内容:

1)是否存在离职人员入股的情形。

2)如果存在离职人员入股但不属于不当入股情形的,应当说明离职人员基本信息、入股原因、入股价格及定价依据、入股资金来源等;离职人员关于不存在不当入股情形的承诺。

3)如果存在离职人员不当入股情形的,应当予以清理,并说明离职人员基本信息、入股原因、入股价格及定价依据、清理过程、是否存在相关利益安排等。

上市审核部门关注证监会系统离职人员入股的典型案例见表 4-3。

表 4-3　上市审核部门关注证监会系统离职人员入股的典型案例

序号	相关案例	审核关注问题
1	中巨芯 2022 年过会	发行人的间接股东中存在证监系统离职人员。请发行人按照《监管规则适用指引——发行类第 2 号》的要求，说明证监系统离职人员的具体情况，包括离职前的任职单位等信息

三、《监管规则适用指引——发行类第 4 号》

（一）历史上自然人股东人数较多的核查要求

对于历史沿革涉及较多自然人股东的发行人，保荐机构、发行人律师应当核查历史上自然人股东入股、退股(含工会、职工持股会清理等事项)是否按照当时有效的法律法规履行了相应程序，入股或股权转让协议、款项收付凭证、工商登记资料等法律文件是否齐备，并抽取一定比例的股东进行访谈，就相关自然人股东股权变动的真实性和所履行程序的合法性，是否存在委托持股或信托持股情形，是否存在争议或潜在纠纷发表明确意见。

上市审核部门关注历史上自然人股东较多的典型案例见表 4-4。

表 4-4　上市审核部门关注历史上自然人股东较多的典型案例

序号	相关案例	审核关注问题
1	国光电气 2021 年上市	发行人历史沿革涉及较多的自然人股东。2000 年 10 月，发行人整体变更为股份有限公司时，发起人包括 3 929 名职工个人。2018 年 4 月前，发行人自然人股东仍达到 3 550 名。请保荐机构、发行人律师：①核查历史上自然人股东入股、退股(含工会、职工持股会清理等事项)是否按照当时有效的法律法规履行了相应程序，入股或股权转让协议、款项收付凭证、工商登记资料等法律文件是否齐备；②对相关自然人股东股权变动的真实性和所履行程序的合法性，是否存在委托持股或信托持股情形，是否存在争议或潜在纠纷发表明确意见
2	中亦科技 2022 年上市	发行人历史上存在股权代持事项。发行人合计共有 113 名股东，均为自然人。请保荐人、发行人律师根据《深圳证券交易所创业板股票首次公开发行上市审核问答》中第 11 问的要求，说明对自然人股东入股、退股相关事项的核查程序、核查方法并逐项说明核查结论

（二）申报前引入新股东的相关要求

对 IPO 申报前 12 个月通过增资或股权转让产生的新股东，保荐机构、发行人律师应按照《监管规则适用指引——关于申请首发上市企业股东信息披露》《监管规则适用指引——发行类第 2 号》的相关要求进行核查。

发行人在招股说明书信息披露时，除满足招股说明书信息披露准则的要求外，如新股东为法人，应披露其股权结构及实际控制人；如为自然人，应披露其基本信息；如为合伙企业，应披露合伙企业的普通合伙人及其实际控制人、有限合伙人的基本信息。

最近一年年末资产负债表日后增资扩股引入新股东的，申报前须增加一期审计。

上市审核部门关注申报前引入股东的典型案例见表 4-5。

表 4-5 上市审核部门关注申报前引入股东的典型案例

序号	相关案例	审核关注问题
1	精进电动 2021 年上市	发行人最近一年新增股东包括超越摩尔、中金佳泰。请发行人按照《上海证券交易所科创板股票发行上市审核问答（二）》中第 2 问的规定，并参照《首发业务若干问题解答》的监管要求，补充披露相关信息。请保荐机构、发行人律师按照上述规定并参照上述监管要求，全面核查相关事项并发表明确核查意见
2	新益昌 2021 年上市	2019 年 12 月（申报前 6 个月内），李国军增资入股发行人，持股 2.09%。请发行人披露李国军按《上海证券交易所科创板股票发行上市审核问答（二）》（以下简称《审核问答（二）》）的规定做出的股份锁定承诺。请保荐机构、发行人律师结合《审核问答（二）》第 2 问的相关规定，就上述突击入股事项履行全面核查义务并发表核查意见
3	才府玻璃 2021 年被否决	本次申报前，自然人毛红实投资入股发行人。请发行人代表说明：①毛红实入股的详细过程，发行人申报前引入该股东的合理性；②入股价格的确定依据、合理性及是否存在不当利益输送情况；③毛红实入股比例是否存在刻意规避相关股东核查及股份锁定期相关规定的情形

（三）资产管理产品、契约型私募投资基金投资发行人的核查及披露要求

1）中介机构应核查确认公司控股股东、实际控制人、第一大股东不

属于资产管理产品、契约型私募投资基金。

2）资产管理产品、契约型私募投资基金为发行人股东的，中介机构应核查确认该股东依法设立并有效存续，已纳入国家金融监管部门有效监管，并已按照规定履行审批、备案或报告程序，其管理人也已依法注册登记。

3）发行人应当按照首发信息披露准则的要求对资产管理产品、契约型私募投资基金股东进行信息披露。

4）中介机构应核查确认资产管理产品、契约型私募投资基金已做出合理安排，可确保符合现行锁定期和减持规则要求。

上市审核部门关注资管产品、契约型基金入股的典型案例见表4-6。

表4-6　上市审核部门关注资管产品、契约型基金入股的典型案例

序号	相关案例	审核关注问题
1	上海谊众 2021年上市	圣多金基代奉贤创新发展基金登记为股东，奉贤创新发展基金为封闭式契约基金。请发行人说明非全国股转系统挂牌期间形成的直接持股层面的"三类股东"是否符合相关监管要求，若不符合，采取的解决措施
2	凡拓数创 2022年上市	发行人存在"三类股东"，其中广州证券—中信证券—广州证券新兴1号集合资产管理计划处于正常清算过程中。请发行人补充披露广州证券—中信证券—广州证券新兴1号集合资产管理计划清算的最新进展，是否存在重大障碍

（四）出资瑕疵

1）历史上存在出资瑕疵的，应当在申报前依法采取补救措施。发行人应当充分披露存在的出资瑕疵事项、采取的补救措施，以及中介机构的核查意见。

2）对于发行人是国有或集体企业改制而来，或发行人主要资产来自国有或集体企业，或历史上存在挂靠集体组织经营的企业，若改制或取得资产过程中法律依据不明确、相关程序存在瑕疵或与有关法律法规存在明显冲突，原则上发行人应在招股说明书中披露有权部门关于改制或取得资产程序的合法性及是否造成国有或集体资产流失的意见。

上市审核部门关注出资瑕疵的典型案例见表4-7。

表 4-7　上市审核部门关注出资瑕疵的典型案例

序号	相关案例	审核关注问题
1	中铁特货 2021年上市	发行人历史上存在出资瑕疵，相关方通过对出资与收购的资产进行调整及变更的方式做出了整改。请发行人代表说明中铁特货设立时铁道部及相关资产占有单位的出资资产和出资程序是否符合当时有效的《公司法》及国资监管等相关规定，是否涉及出资不实和程序瑕疵
2	华南装饰 2021年被否决	1993年发行人前身成立时，由深圳市华南投资开发股份有限公司全资投入。请发行人代表说明相关国有股权转让是否履行了国资审批程序，有权部门是否就涉及国有资产流失的情况出具了明确意见，是否构成本次发行障碍，相关披露是否充分

（五）股权质押、冻结或发生诉讼仲裁

对于控股股东、实际控制人支配的发行人股权出现质押、冻结或诉讼仲裁的，发行人应当按照招股说明书准则的要求予以充分披露；保荐机构、发行人律师应当充分核查发生上述情形的原因，相关股权比例，质权人、申请人或其他利益相关方的基本情况，约定的质权实现情形，控股股东、实际控制人的财务状况和清偿能力，以及是否存在股份被强制处分的可能性，是否存在影响发行人控制权稳定的情形等。对于被冻结或诉讼纠纷的股权达到一定比例或被质押的股权达到一定比例且控股股东、实际控制人明显不具备清偿能力，导致发行人控制权存在不确定性的，保荐机构及发行人律师应充分论证，并就是否符合发行条件审慎发表意见。

对于发行人的董事、监事及高级管理人员所持股份发生被质押、冻结或发生诉讼纠纷等情形的，发行人应当按照招股说明书准则的要求予以充分披露。

上市审核部门关注股权质押、冻结或诉讼仲裁的典型案例见表 4-8。

表 4-8　上市审核部门关注股权质押、冻结或诉讼仲裁的典型案例

序号	相关案例	审核关注问题
1	川网传媒 2021年上市	发行人股东国广控股所持发行人股份存在质押情况，质押股数合计占公司股份比例的4.9%，其中，2.94%质押给新余粤盈并购投资中心（有限合伙），1.96%质押给发行人。请发行人补充披露国广控股质押上述股权的具体原因，是否存在无法清偿债务而导致股份转让的风险，质押股权是否存在争议或潜在纠纷

(续)

序号	相关案例	审核关注问题
2	金禄电子 2022 年上市	发行人原董事、第二大股东麦睿明因涉嫌走私普通货物罪，于 2021 年 5 月被东莞市人民检察院诉至东莞市中级人民法院，涉嫌偷逃税款人民币 691.39 万元；麦睿明为发行人共同实际控制人李继林和周敏的一致行动人。请发行人结合案件最新进展情况，补充说明麦睿明是否存在因补缴偷逃税款或者缴纳罚金而导致其所持发行人股份被司法拍卖或者处置的风险，是否会对发行人的控制权稳定性造成不利影响

（六）境外控制架构

实际控制人实现控制的条线存在境外控制架构的，保荐机构和发行人律师应当对发行人设置此类架构的原因、合法性及合理性，持股的真实性，是否存在委托持股、信托持股，是否有各种影响控股权的约定，股东的出资来源等问题进行核查，说明发行人控股股东和受控股股东、实际控制人支配的股东所持发行人的股份权属是否清晰，以及发行人如何确保其公司治理和内控的有效性，并发表明确意见。

上市审核部门关注境外控制架构的典型案例见表 4-9。

表 4-9 上市审核部门关注境外控制架构的典型案例

序号	相关案例	审核关注问题
1	灿星文化 2021 年被否决	请发行人代表说明在已经拆除红筹架构的情况下，共同控制人之一田明依然通过多层级有限合伙架构来实现持股的原因
2	中国海油 2022 年上市	发行人是一家在香港联交所上市的红筹企业，公司章程和三会设置及运行情况与内地上市公司存在差异。请发行人代表说明本次发行上市后的公司治理制度是否满足关于投资者权益保护的安排总体上应不低于境内法律法规的监管要求，是否已就法律适用及诉讼管辖做出必要安排以保障内地投资者权益

第三节 股权清晰实务典型问题

一、股东适格性的限制性规定

（一）《中华人民共和国公务员法》

公务员应当遵纪守法，不得有下列行为：违反有关规定从事或者参与营利性活动,在企业或者其他营利性组织中兼任职务。公务员辞去公职或者退休的,原系领导成员、县处级以上领导职务的公务员在离职三年内,其他公务员在离职两年内,不得到与原工作业务直接相关的企业或者其他营利性组织任职,不得从事与原工作业务直接相关的营利性活动。

(二)《国有企业领导人员廉洁从业若干规定》

国有企业领导人员应当忠实履行职责,不得有利用职权谋取私利以及损害本企业利益的下列行为:个人从事营利性经营活动和有偿中介活动,或者在本企业的同类经营企业、关联企业和与本企业有业务关系的企业投资入股。国有企业领导人员应当正确行使经营管理权,防止可能侵害公共利益、企业利益行为的发生,不得有下列行为:本人的配偶、子女及其他特定关系人,在本企业的关联企业、与本企业有业务关系的企业投资入股;本人的配偶、子女及其他特定关系人投资或者经营的企业与本企业或者有出资关系的企业发生可能侵害公共利益、企业利益的经济业务往来。

(三)《关于加强高等学校反腐倡廉建设的意见》

高校不得以事业单位法人的身份直接投资办企业。高校所属院系及各部处等非法人单位严禁对外开展任何形式的经营活动和投资活动。

(四)《中国人民解放军内务条令(试行)》

军人不得经商,不得从事本职以外的其他职业和网络营销、传销、有偿中介活动,不得参与以营利为目的的文艺演出、商业广告、企业形象代言和教学活动,不得利用工作时间和办公设备从事证券交易、购买彩票,不得擅自提供军人肖像用于制作商品。

(五)《关于职工持股会及工会持股有关问题的法律意见》

对拟上市企业而言,受理其发行申请时,应要求发行人的股东不属于职工持股会及工会持股,同时,应要求发行人的实际控制人不属于职工持股会或工会持股。对于工会或职工持股会持有拟上市企业或已上市公司的子公司股份的,可以不要求其清理。

上市审核部门关注股东适格性的典型案例见表 4-10。

表 4-10　上市审核部门关注股东适格性的典型案例

序号	相关案例	审核关注问题
1	维远股份 2021 年上市	发行人原控股股东利华益集团、原股东利津炼化存在职工持股会持股的情况。2017 年 12 月，利华益集团、利津炼化对外转让股权不再持有发行人股份。请发行人代表说明职工持股会设立、存续、清理的过程，以及职工持股会的合法性
2	益客食品 2022 年上市	请保荐人、发行人律师核查说明：①直接或间接持有发行人股份的主体是否具备法律、法规规定的股东资格，与本次发行中介机构及其负责人、高级管理人员、经办人员是否存在亲属关系、关联关系、委托持股、信托持股或其他利益输送安排；②发行人股东是否以发行人股权进行不当利益输送

二、外部自然人股东

上市审核部门对拟上市企业的外部自然人股东比较敏感，会关注外部自然人股东的工作经历、家庭背景、投资入股的原因及合理性，特别是在该外部自然人股东投资入股的价格低于市场价格的情况下。

上市审核部门关注外部自然人股东的典型案例见表 4-11。

表 4-11　上市审核部门关注外部自然人股东的典型案例

序号	相关案例	审核关注问题
1	白山科技 2020 年终止	自然人股东殷张伟持有发行人 4.82% 的股权，赵洪修持有发行人 3.20% 的股权。根据问询回复，上述两人非发行人员工，未在发行人处任职。请发行人说明上述两人入股发行人的原因及合理性，是否存在委托持股、信托持股或者其他可能输送不正当利益的关系
2	博睿数据 2020 年上市	发行人的自然人股东吴华鹏、李晓宇、许文彬、刘小玮未在公司任职。请发行人说明：①吴华鹏的基本情况，自公司成立以来在公司任职、参与公司经营管理的具体过程、对发行人技术发展和客户开拓所起的作用；②许文彬的入股原因，近五年的从业经历

三、出资方式

针对拟上市企业股东不同的出资方式，上市审核部门有不同的关注重点。

（1）货币资金出资：重点关注出资来源及是否存在抽逃出资。

（2）债权出资：重点关注债权形成的合法合规性和评估作价的合理性。

（3）土地厂房等实物资产出资：重点关注评估价值的合理性、资产交割与使用情况。

（4）知识产权出资：重点关注评估价值的合理性、资产交割与使用情况、知识产权的来源，是否涉及职务发明或以公司自有资产出资。

上市审核部门关注股东出资方式的典型案例见表4-12。

表4-12　上市审核部门关注股东出资方式的典型案例

序号	相关案例	审核关注问题
1	商络电子 2021年上市	2004年商络有限增资，沙宏志和毛展雄存在以债权出资情形。请补充披露2004年发行人增资时存在债转股的具体情况，相关债权债务产生的原因，是否真实，是否履行了相关程序，是否合法合规
2	希荻微 2022年上市	请发行人说明各项用于出资的专利在发行人产品、技术中的应用情况，形成收入的金额，是否对应发行人的核心技术；用于出资专利的评估价格合理性及入股价格公允性

注：1. 建议债权人通过货币资金出资后，企业以取得的出资款偿还债权（或者企业偿还债权后，债权人以取得的货币资金对企业进行出资）的方式替代债权出资，以降低上市审核风险。

2. 上市审核部门对知识产权出资比较敏感，审核较为严格，建议尽量避免知识产权出资；已经使用知识产权出资的企业，建议考虑使用货币资金进行置换。

四、货币资金出资来源

股东对拟上市企业出资的货币资金需要具有合法来源。

在实践中，对不同出资来源，上市审核部门的不同核查要求见表4-13。

上市审核部门关注货币资金出资来源的典型案例见表4-14。

表4-13　不同出资来源的核查要求

序号	来源	金额限度	核查资料
1	家庭薪资积累	夫妻双方历年工资收入扣除正常家庭支出	夫妻双方的工作经历介绍、工资表、银行流水
2	买卖房屋	买卖房屋税后净额	买卖房屋的交易合同、发票、资金凭证
3	买卖股票	股票交易税后净额	证券开户卡、股票交易记录

（续）

序号	来源	金额限度	核查资料
4	投资分红	分红税后净额	投资入股公司的报表、分红决议、分红资金入账凭证
5	银行贷款	银行贷款金额	银行贷款合同、入账凭证、付息凭证
6	亲朋借款	亲朋借款金额	借款合同、入账凭证、付息凭证、亲朋合法收入来源说明及支持资料（同上1~5项资料）以及"期限届满前不以诉讼方式要求还款的承诺"
7	其他收入	合法收入税后净额	相关资料文件、入账凭证等

表 4-14 上市审核部门关注货币资金出资来源的典型案例

序号	相关案例	审核关注问题
1	运高能源 2021 年被否决	请发行人代表说明实际控制人通过其控制的企业向部分董监高提供资金支持的来源，是否存在委托持股等代持行为或其他利益安排，是否存在纠纷或潜在纠纷
2	华南装饰 2021 年被否决	请发行人代表说明华南工贸在当时未分配利润仅为 212.23 万元的情况下对发行人增资 425 万元的来源

五、公司设立与股权转让

拟上市企业的设立需要程序合规；公司股权转让需要程序合规、价格公允、其他股东放弃优先购买权（有限公司阶段），同时还需要具有商业合理性。

上市审核部门关注公司设立与股权转让的典型案例见表 4-15。

表 4-15 上市审核部门关注公司设立与股权转让的典型案例

序号	相关案例	审核关注问题
1	联动科技 2021 年终止	发行人是由郑俊岭及侯小芝出资设立的。2000 年，郑俊岭及侯小芝分别将持有联动有限 41% 及 10% 的股权以原价转让给张赤梅。张赤梅、郑俊岭为公司实际控制人，侯小芝为张赤梅的弟弟之配偶。请发行人说明上述股权转让的原因及合理性、定价依据及其公允性
2	维嘉科技 2022 年被否决	报告期内，胡泽洪在急需资金时两次低价出售发行人股权。请发行人说明胡泽洪在面临迫切资金需求、可以主张债权的情况下，未要求发行人实际控制人邱四军偿还借款和足额支付利息，而选择两次低价出售发行人股权的商业合理性

（续）

序号	相关案例	审核关注问题
3	贝迪新材 2022年被否决	发行人原股东宋新波于2017年以2 800万元的对价受让实控人持有的部分发行人股份，并于2022年9月以4 862万元的对价将上述股权转让给高新区创投及实际控制人控制的公司南京宁翀。请发行人说明宋新波退出发行人股份的原因及合理性，定价依据及价格的公允性

六、股权代持及还原

拟上市企业存在股权代持及还原的，需要说明股权代持的原因和商业合理性，以及股权还原的真实性，并提供资金往来、相关协议等支持性证据。

上市审核部门关注股权代持及还原的典型案例见表4-16。

表4-16　上市审核部门关注股权代持及还原的典型案例

序号	相关案例	审核关注问题
1	森泰英格 2021年终止	发行人历史上存在实际控制人夏永奎、王红、贾蓉华、刘忠、刘亿之间股权代持情况。此外，发行人持股平台英格咨询、森泰咨询中也存在委托持股情况。请发行人说明：①张敬志、赵庆军、杨华军、钟继雄等自然人既通过英格咨询、森泰咨询间接持有发行人股份，又由夏永奎代持的原因；②股份代持及清理过程中的税收申报及缴纳情况，是否符合相关法律法规的要求
2	和达科技 2022年上市	发行人历史上存在股份代持情况。请发行人说明：①发行人历史上多次形成股份代持的原因，是否符合法律法规或新三板相关规则的要求；②代持还原的真实性和合法合规性，是否存在潜在纠纷，目前是否仍存在代持情形，是否已就代持及代持还原事项访谈相关人员并取得确认

七、股权结构设计

1）如果自然人直接持有拟上市企业股权，企业上市后，自然人减持股票获得资金通常仅需要缴纳20%的个人所得税。

2）如果自然人通过有限责任公司间接持股拟上市企业，后续可以该有限责任公司作为资本运作平台。但是，企业上市后有限责任公司先减持股票再分红，自然人才能获得资金，需要先后缴纳企业所得税和个人所得税。

3）如果自然人通过有限合伙企业间接持股拟上市企业，企业上市后，有限合伙企业减持股票一般只需要缴纳 20% 的个人所得税；同时，实际控制人可以通过担任该有限合伙企业的执行事务合伙人，控制有限合伙企业对拟上市企业的全部持股（从而扩大对拟上市企业的表决权）。

但是最近几年，部分地方税务局已经开始按照 5%～35% 的五级超额累进税率，对有限合伙企业减持其在企业 IPO 上市前获得的股票征税（有些案例甚至还涉及增值税及附加税费）。以有限合伙企业作为持股平台将来减持股票，可能面临税负大幅增加的风险。

因此，拟上市企业需要综合考虑各种因素，进行股权结构设计。

在实践中，有的拟上市企业采用混合性股权结构：实际控制人通过有限责任公司间接持有拟上市企业的大部分股权（上市后中短期内不计划进行减持），直接持有拟上市企业的小部分股权（上市后计划进行减持），并通过担任有限合伙企业员工持股平台（上市后根据情况逐步减持）的执行事务合伙人保证控制权。

上市审核部门关注股权结构的典型案例见表 4-17。

表 4-17　上市审核部门关注股权结构的典型案例

序号	相关案例	审核关注问题
1	东亚机械 2021 年上市	发行人实际控制人韩萤焕、罗秀英与韩文浩均通过境外公司间接持有控股股东太平洋捷豹的股权。请发行人补充披露发行人设置此类架构的原因，持股的真实性，是否存在委托持股、信托持股，是否有各种影响控股权的约定，股东的出资来源，以及受实际控制人支配的股东所持发行人的股份权属是否清晰
2	联影医疗 2022 年上市	薛敏通过联影集团、上海影升间接持有发行人股份，并通过与上海影智及其普通合伙人签订一致行动协议控制部分表决权，合计可支配发行人表决权的比例为 31.88%，为发行人的实际控制人。请发行人结合与上海影智一致行动协议的签订情况，分析发行人控制权结构是否清晰、稳定

八、上市申报后股权变动

在实践中，存在拟上市企业上市申报后股权变动并成功上市的案例。

一般情况下，拟上市企业间接股权转让（持有拟上市企业股份的有限责任公司的股权转让或者合伙企业的份额转让）、原股东之间较小比例的直接股权转让以及银行增发股票融资不会构成上市障碍。

上市审核部门关注上市申报后股权变动的典型案例见表 4-18。

表 4-18　上市审核部门关注上市申报后股权变动的典型案例

序号	相关案例	审核关注问题
1	志高股份 2022 年终止	2021 年 8 月黄振华提出离职，不再担任公司董事、副总经理职务。2021 年 9 月 2 日，黄振华与谢存、徐永锋、应汉元、魏先德、黎兰英签订《股权转让协议》，黄振华将其持有的股份以 8.38 元/股的价格分别转让给谢存、应汉元、徐永锋、魏先德、黎兰英；截至招股说明书签署之日，上述股权转让事项尚未完成工商变更登记。请保荐人、申报会计师、发行人律师发表明确意见，并根据《深圳证券交易所创业板股票首次公开发行上市审核问答》的规定，就申报后股权变动事项发表明确核查意见

九、小股东失联

在小股东失联的情况下，如果拟上市企业尚未进行股改，往往很难推进——股改需要全体发起人股东签字。

如果拟上市企业已经完成股改，则可以考虑通过公告、股份托管等手段推动上市进程。

上市审核部门关注小股东失联的典型案例见表 4-19。

表 4-19　上市审核部门关注小股东失联的典型案例

序号	相关案例	审核关注问题
1	国光电气 2021 年上市	公司无法联系到历史上全部自然人股东。公司尚有 56 名自然人股东处于失联状态，合计持股比例为 0.48%。请发行人说明：①失联股东的原因及具体情况，股份权属是否清晰，是否存在纠纷或潜在纠纷，相关股份下一步的具体处置计划；②该部分自然人股东是否在股权托管中心办理托管并确权，失联股东对公司治理有效性存在何种影响；③该等股东是否与公司实际控制人存在关联关系，控股股东和受控股股东、实际控制人支配的股东所持发行人的股份权属是否清晰，是否可能构成本次发行上市的实质障碍

十、其他证券交易所摘牌或退市

拟上市企业曾在其他证券交易所挂牌或上市的，上市审核部门会重点关注其摘牌或退市过程的合法合规性、异议股东的处理情况，以此判断是否存在股权争议，是否影响拟上市企业的股权清晰。

上市审核部门关注其他证券交易所摘牌或退市的典型案例见表 4-20。

表 4-20　上市审核部门关注其他证券交易所摘牌或退市的典型案例

序号	相关案例	审核关注问题
1	才府玻璃 2021 年被否决	请发行人说明并简要披露摘牌程序的合法合规性，公司股票终止挂牌前在册股东持股情况，终止挂牌所履行的程序，是否存在对终止挂牌有异议股东，对异议股东的保护措施，是否存在补偿及回购条款，上述条款是否会对公司股权清晰造成不利影响，从而造成公司不符合首发管理办法股权清晰的监管规定

股权激励

第一节 股权激励的相关概念与目的

一、股权激励的相关概念

（一）股权激励与股份支付

（1）股权激励：法律概念，是指公司以股票为标的，对其董事、高级管理人员及其他员工进行的长期性激励。在实践中，股权激励的范围还可能扩大至其他利益相关方。

（2）股份支付：财务概念，是指公司为获取员工和其他方提供服务而授予权益工具或者承担以权益工具为基础确定的负债的交易。

（二）员工持股计划与员工持股平台

（1）员工持股计划：公司根据员工意愿，通过合法方式使员工获得公司股票并长期持有，股份权益按约定分配给员工的制度安排。员工持股计划通过有限责任公司、合伙企业、资产管理计划等员工持股平台间接持股。

（2）员工持股平台：以被激励对象作为主要成员成立有限责任公司、合伙企业资产管理计划等，然后通过其持有公司的股权，从而实现被激励对象间接持有公司股权的目的。

（三）一般股票、限制性股票、股票期权、虚拟股票与股票增值权

（1）一般股票：激励对象按照股权激励计划规定的条件，获得的权利未受到限制的股票。

（2）限制性股票：激励对象按照股权激励计划规定的条件，获得的转让等部分权利受到限制的股票。

（3）股票期权：公司授予激励对象在未来一定期限内以预先约定的条件购买公司一定数量股份的权利。

（4）虚拟股票：公司授予激励对象一种虚拟的股票，激励对象可以据此享受一定数量的分红权和股票升值收益，但没有所有权和表决权。

（5）股票增值权：公司授予激励对象的一种权利，如果公司股价上升，激励对象可通过行权获得相应数量的股票升值收益。

上市审核部门关注股权激励的典型案例见表5-1。

表5-1 上市审核部门关注股权激励的典型案例

序号	相关案例	审核关注问题
1	天智航 2020年上市	请发行人补充披露：①股票期权授予情况，包括本次权益授予已履行的审批程序、董事会关于符合授权条件的说明、股票期权授予的具体情况；②关于本次授予的激励对象名单和授予股票期权数量与股东大会审议通过的激励计划存在差异的说明；③股票期权授予后对公司财务状况的影响；④激励对象的资金安排；⑤监事会对激励对象名单核实的情况；⑥独立董事的意见；⑦保荐机构、发行人律师的结论性意见；⑧对股票期权授予日、授予数量、行权价格等信息进行重要内容提示
2	精进电动 2021年上市	公司员工持股平台腾茂百安、杰亿利泽、杰亿恒永、杰亿百安遵循"闭环原则"。请发行人说明上述员工持股平台合伙人在公司的任职情况、任职期限、近三年的从业经历，进入上述持股平台的员工应符合的条件及审批程序，员工持股计划章程或有关协议中关于锁定期满员工所持权益转让退出的具体约定

二、实施股权激励的目的

(一) 实现"上下同欲"

实施股权激励可以使员工个人发展与公司发展之间建立直接关联,提高董事、高级管理人员及其他员工的归属感和忠诚度,使激励对象的行为与公司的战略目标相一致。

(二)"金手铐"效应

实施股权激励可以把董事、高级管理人员及其他员工的收入、利益与公司业绩表现相结合,吸引、保留、激励董事、高级管理人员及其他员工,为公司长期稳健发展提供人力资源保障。

(三) 优化薪酬结构

实施股权激励可以用股权(期权)代替对激励对象的部分现金薪酬,优化员工的薪酬结构,提高整体激励效果,增强企业凝聚力。

(四) 回应员工呼声

实施股权激励可以回应董事、高级管理人员及其他员工(尤其是部分老员工)希望持有公司股票的呼声。

第二节 股权激励方案设计

一、股权激励方案设计的基本原则

(一) 合法合规

股权激励需要符合相关法律法规的合法合规性要求。

(二) 有益有利

股权激励需要符合投资者预期,在激励董事、高级管理人员及其他员工的同时，有利于提升公司的资本市场形象，对公司股价表现产生正面效应。

（三）平稳可行

股权激励需要尽量降低对原股东利益的影响，避免削弱大股东的控制权，并在实施过程中保持员工团队的稳定和谐。

（四）权责对等

股权激励方案需要与公司业绩、个人绩效等有效挂钩，符合利益与风险对等、激励与制约相结合的原则。

上市审核部门关注股权激励方案设计原则的典型案例见表5-2。

表5-2 上市审核部门关注股权激励方案设计原则的典型案例

序号	相关案例	审核关注问题
1	迈威生物 2022年上市	请发行人代表说明：① 2017年9月发行人从关联方朗润投资收购泰康生物100%股权作价是否公允，如公允，基于对泰康生物的历史贡献，发行人2019年11月再对廖少锋等4名关联方青峰医药高管进行股权激励的依据；② 2015年—2016年，廖少锋等人按照与实控人会议精神协助谢宁分管泰康生物的部分工作期间，是否在实际控制人控制的其他企业承担工作，所获得激励与其贡献是否匹配

二、股权激励的人员范围

通常情况下，参与股权激励的员工对公司整体发展的影响越大，持有股权激励的价值与公司整体价值的关联性越强，股权激励的效果越明显。

依此逻辑，通常对公司职位层级越高的员工，股权激励效果越明显；对职位层级越低的员工，股权激励的效果越弱。

所以，拟上市企业的股权激励通常会控制在中高层员工范围。在实践中，部分企业实施全员股权激励的主要目的是实现全员福利。

上市审核部门关注股权激励人员范围的典型案例见表5-3。

表 5-3　上市审核部门关注股权激励人员范围的典型案例

序号	相关案例	审核关注问题
1	中微公司 2019 年上市	发行人的员工股权激励和其他持股安排中，通过持股平台南昌智微、励微投资、芃徽投资、Bootes、Grenade、中微亚洲对发行人间接持股，8 名员工直接持股，直接或间接合计持有发行人 94 509 140 股股份，占发行人股份总数的 19.63%，涉及 845 名发行人在职、离职员工。请发行人补充披露：①员工参与持股的具体条件及标准，新进员工参与持股的标准及差异；②参与持股的离职员工所持股份的具体安排及执行情况；③对"其他符合条件的员工"表述的含义进行具体说明；④发行人关于全员持股的相关制度安排，是否建立了有效的员工持股管理方案和风险防范机制

三、股权激励的股票来源

在实践中，大部分股权激励的股票来源于拟上市企业增发新股，小部分来源于企业实际控制人（或其他股东）的老股转让或者预留的员工持股平台股权或份额。

不同股权激励股票来源的典型案例见表 5-4。

表 5-4　不同股权激励股票来源的典型案例

序号	相关案例	事实情况
1	粤万年青 2021 年上市	申报文件显示，发行人将银康管理作为持股平台，目前持有发行人 4.884 6% 的股权。为激励公司骨干员工，2019 年 6 月，银康管理合伙事务人欧泽庆将其所持银康管理 14.518 4% 的出资份额转让给发行人骨干员工
2	光远新材 2022 年受理	2021 年 10 月，员工持股平台光远壹号、光远贰号以 4 元/股的价格认购增资，目前合计持有发行人 1.42% 股份

四、参与股权激励的出资来源

在实践中，拟上市企业大部分员工参与股权激励的出资来源于自有资金，小部分员工来源于业绩奖励或者对外拆借资金（其中部分由公司或者实际控制人担保）。

不同股权激励出资来源的典型案例见表 5-5。

表 5-5　不同股权激励出资来源的典型案例

序号	相关案例	事实情况
1	南讯股份 2021 年终止	股权激励对象参与股权激励的资金来源均为自有资金
2	天威新材 2022 年终止	公司部分员工参与股权激励的资金来源于关联公司 Sun Media International Corporation 或珠海宝杰企业管理咨询服务有限公司的有息借款
3	腾远钴业 2022 年上市	员工持股平台中的 14 名合伙人及直接持有发行人股份的高级管理人员罗梅珍、罗淑兰参加股权激励的部分资金系来源于向发行人实际控制人罗洁、谢福标的借款

五、股权激励的持股方式

通常情况下，直接持股的股权激励效果更好，但不利于员工的稳定性；持股平台更有利于保证员工的稳定性，但激励效果不及直接持股。

在实践中，部分拟上市企业创始合伙人或高级管理人员的股权激励采用直接持股的方式，而绝大部分拟上市企业中低层员工的股权激励采用通过持股平台间接持股的方式。

不同股权激励持股方式的典型案例见表 5-6。

表 5-6　不同股权激励持股方式的典型案例

序号	相关案例	事实情况
1	松川仪表 2022 年终止	2019 年 12 月，发行人原股东同意将发行人 310 万股股份以 6 元 / 股的价格转让给温岭向川及 4 名公司骨干
2	穗绿十字 2023 年终止	发行人通过设立持股平台恒世元生投资和昆荣九合投资对部分员工进行股权激励

六、股权激励的持股比例

股权激励股份数量占总股本的比例与拟上市企业所属行业、公司发展阶段、业务规模、商业模式、股本规模、核心员工数量及贡献、上市周期等相关。

一般情况下，拟上市企业的总体股权激励持股比例在 10% ～ 30%，单个员工的股权激励持股比例一般不超过 5%。

不同股权激励持股比例的典型案例见表 5-7。

表 5-7　不同股权激励持股比例的典型案例

序号	相关案例	事实情况
1	中欣晶圆 2022 年受理	发行人在本次发行申报前共设立了 6 个员工持股平台：宁波富乐中、宁波富乐国、宁波富乐德、宁波富乐华、宁波富乐芯和宁波富乐强，分别持有公司 0.24%、0.23%、2.05%、2.12%、0.25% 和 0.16% 的股份
2	正恒动力 2022 年受理	招股说明书显示，员工持股平台信源集成立于 2015 年 9 月，目前持有发行人 13.11% 的股份

七、股权激励的分配标准

为了保证公平公正，拟上市企业的股权激励通常需要根据公司员工的工作职级、服务年限、学历、绩效考核、职业规划等参数进行合理分配。

上市审核部门关注股权激励分配标准的典型案例见表 5-8。

表 5-8　上市审核部门关注股权激励分配标准的典型案例

序号	相关案例	审核关注问题
1	维嘉科技 2022 年被否决	请发行人说明员工持股平台关于股权激励的主要约定，包括但不限于授予人员选定标准、业绩条件、服务期、新增入股、转让、退出、离职员工股份安排等

八、股权激励的授予价格

拟上市企业股权激励的授予价格有零对价、每股 1 元、每股净资产、市场价格下浮、市场价格等多种定价方式。

在实践中，拟上市企业通常会采用每股 1 元、每股净资产、市场价格下浮等股权激励授予价格。

不同股权激励授予价格的典型案例见表 5-9。

表 5-9 不同股权激励授予价格的典型案例

序号	相关案例	事实情况
1	精进电动 2021 年上市	发行人实施 2020 年员工股权激励计划，激励对象根据《份额认购书》约定的授予价格为 12.14 元/股，而授予日股票的公允价格为 13.13 元/股
2	中熔电气 2021 年上市	根据 2017 年半年度未分配利润转增股本方案（全体股东每 10 股转增 10 股）实施后的股本计算，本次分别通过中盈合伙、中昱合伙实际授予限制性股票 141 万股、140.5 万股，授予价格为 1 元/股
3	中亦科技 2022 年上市	部分员工以每股净资产确认受让价格
4	同星科技 2022 年过会	2019 年 1 月，张良灿将其持有的天勤投资 140 万元份额（对应同星科技股份 50 万股）无偿转让给张良初

九、股权激励的操作次数

（一）一次性股权激励

一次性股权激励操作比较简单，但激励效果通常存在较大的不确定性。

（二）多批次股权激励

在实践中，越来越多的拟上市企业分批次操作股权激励，即在一定期限内根据绩效考核情况和其他参数采取多批次股权激励。

多批次股权激励的典型案例见表 5-10。

表 5-10 多批次股权激励的典型案例

序号	相关案例	事实情况
1	科莱瑞迪 2022 年被否决	发行人通过华星海进行股权激励。其中分别在 2016 年、2018 年至 2020 年 3 月、2020 年 12 月分批次授予员工股份，不同批次授予的股份存在不同的承诺服务期

十、股权激励的退出机制

拟上市企业的股权激励方案通常会设计相关员工离职或绩效考核未达预期的退出机制。

员工退出股权激励一般由公司实际控制人或员工持股平台回购。退出价格包括原入股价格、退出股权激励时企业的每股净资产、原入股价格加年化利息、企业股权的市场价格下浮等不同情形，具体根据相关协议约定执行。

约定股权激励退出机制的典型案例见表 5-11。

表 5-11　约定股权激励退出机制的典型案例

序号	相关案例	事实情况
1	澳华内镜 2021 年上市	员工未满服务期而主动辞职，已变现部分不再追究，顾康、顾小舟（发行人共同实际控制人）有权就未变现部分按原购入价购回
2	德科立 2022 年上市	2019 年 5 月管理层收购之后，桂桑、渠建平、张劭成为公司实际控制人，员工持股平台的持股员工申请退出部分份额时，将其持有的份额转让至桂桑

第三节　股权激励的会计处理

一、以权益结算的股份支付

根据《企业会计准则第 11 号——股份支付》，以权益结算的股份支付换取职工提供服务的，应当以授予职工权益工具的公允价值计量。

授予后立即可行权的换取职工服务的以权益结算的股份支付，应当在授予日按照权益工具的公允价值计入相关成本或费用，相应增加资本公积。

完成等待期内的服务或达到规定业绩条件才可行权的换取职工服务的以权益结算的股份支付，在等待期内的每个资产负债表日，应当以对可行权权益工具数量的最佳估计为基础，按照权益工具授予日的公允价值，将当期取得的服务计入相关成本或费用和资本公积。

对于可行权条件为规定服务期间的股份支付，等待期为授予日至可行权日的期间；对于可行权条件为规定业绩的股份支付，应当在授予日根据最可能的业绩结果预计等待期的长度。

在行权日，企业根据实际行权的权益工具数量，计算确定应转入实收资本或股本的金额，将其转入实收资本或股本。

以权益结算的股份支付的典型案例见表 5-12。

表 5-12　以权益结算的股份支付的典型案例

序号	相关案例	事实情况
1	明月镜片 2021 年上市	发行人报告期内的多次股权激励行为，均属于为获取职工提供服务而授予股份的交易。公司未对服务期限做出固定限制，授予即行权。因此，公司参照 PE[①]投资方入股价格、整体估值报告等情况确认股份支付，一次性计入管理费用和资本公积，并作为偶发事项计入非经常性损益

① PE 指私募股权投资基金。

二、以现金结算的股份支付

根据《企业会计准则第 11 号——股份支付》，以现金结算的股份支付，应当按照企业承担的以股份或其他权益工具为基础计算确定的负债的公允价值计量。

授予后立即可行权的以现金结算的股份支付，应当在授予日以企业承担负债的公允价值计入相关成本或费用，相应增加负债。

完成等待期内的服务或达到规定业绩条件以后才可行权的以现金结算的股份支付，在等待期内的每个资产负债表日，应当以对可行权情况的最佳估计为基础，按照企业承担负债的公允价值金额，将当期取得的服务计入成本或费用和相应的负债。

企业应当在相关负债结算前的每个资产负债表日以及结算日，对负债的公允价值重新计量，其变动计入当期损益。

以现金结算的股份支付的典型案例见表 5-13。

表 5-13　以现金结算的股份支付的典型案例

序号	相关案例	事实情况
1	美智光电 2022 年终止	对于非员工身份被清退的股东，2019 年已符合清退条件，2020 年 5 月执行清退动作，属于 2019 年可行权的以现金结算的股份支付，股份支付费用应当一次性计入 2019 年度，并作为偶发事项计入非经常性损益

第四节　股权激励的税务问题

根据《关于完善股权激励和技术入股有关所得税政策的通知》，非上市公司授予本公司员工的股票期权、股权期权、限制性股票和股权奖励，符合规定条件的，经向主管税务机关备案，可实行递延纳税政策，即员工在取得股权激励时可暂不纳税，递延至转让该股权时纳税；股权转让时，按照股权转让收入减除股权取得成本以及合理税费后的差额，适用"财产转让所得"项目，按照20%的税率计算缴纳个人所得税。

股权转让时，股票（权）期权取得成本按行权价确定，限制性股票取得成本按实际出资额确定，股权奖励取得成本为零。

关于股权激励税务问题的典型案例见表 5-14。

表 5-14　关于股权激励税务问题的典型案例

序号	相关案例	事实情况
1	利元亨 2021 年上市	公司于 2018 年 11 月在惠州税务局完成"非上市公司股权激励个人所得税递延纳税"备案，约定相关激励股份在售出时缴纳相关税费
2	致远新能 2021 年上市	2020 年 3 月 12 日，发行人就上述股权激励对相关激励对象的个人所得税递延纳税事项进行备案，并取得国家税务总局长春市朝阳区税务局出具的《非上市公司股权激励个人所得税递延纳税备案表》，确认相关人员可暂不纳税

第五节　股权激励的相关 IPO 要求

《监管规则适用指引——发行类第 5 号》对拟上市企业股权激励的会计处理（股份支付）提出了具体要求。

一、具体适用情形

发行人向职工（含持股平台）、顾问、客户、供应商及其他利益相关方等新增股份，以及主要股东及其关联方向职工（含持股平台）、客户、供应商及其他利益相关方等转让股份，发行人应根据重要性水平，依据实质重于形式原则，对相关协议、交易安排及实际执行情况进行综合判断，并进行相应会计处理。

（一）实际控制人 / 老股东增资

解决股份代持等规范措施导致股份变动、家族内部财产分割、继承、赠与等非交易行为导致股份变动，资产重组、业务并购、转换持股方式、向老股东同比例配售新股等导致股份变动，有充分证据支持相关股份获取与发行人获得其服务无关的，不适用《企业会计准则第 11 号——股份支付》。

为发行人提供服务的实际控制人 / 老股东以低于股份公允价值的价格增资入股，且超过其原持股比例而获得的新增股份，应属于股份支付。如果增资协议约定，所有股东均有权按各自原持股比例获得新增股份，但股东之间转让新增股份受让权且构成集团内股份支付，导致实际控制人 / 老股东超过其原持股比例获得的新增股份，也属于股份支付。实际控制人 / 老股东原持股比例，应按照相关股东直接持有与穿透控股平台后间接持有的股份比例合并计算。

(二) 顾问或实际控制人 / 老股东亲友获取股份

发行人的顾问或实际控制人 / 老股东亲友（以下简称"当事人"）以低于股份公允价值的价格取得股份，应综合考虑发行人是否获取当事人及其关联方的服务。

发行人获取当事人及其关联方服务的，应构成股份支付。

实际控制人 / 老股东亲友未向发行人提供服务，但通过增资取得发行人股份的，应考虑是否实际构成发行人或其他股东向实际控制人 / 老股东亲友让予利益，从而构成对实际控制人 / 老股东的股权激励。

(三) 客户、供应商获取股份

发行人客户、供应商入股的，应综合考虑购销交易公允性、入股价格公允性等因素判断。

购销交易价格与第三方交易价格、同类商品市场价等相比不存在重大差异，且发行人未从此类客户、供应商获取其他利益的，一般不构成股份支付。

购销交易价格显著低于 / 高于第三方交易价格、同类商品市场价等可比价格的：①客户、供应商入股价格未显著低于同期财务投资者入股价格的，一般不构成股份支付；②客户、供应商入股价格显著低于同期财务投资者入股价格的，需要考虑此类情形是否构成股份支付；是否显著低于同期财务投资者入股价格，应综合考虑与价格公允性相关的各项因素。

二、确定公允价值应考虑因素

确定公允价值，应综合考虑以下因素：①入股时期，业绩基础与变动预期，市场环境变化；②行业特点，同行业并购重组市盈率、市净率水平；③股份支付实施或发生当年市盈率、市净率等指标；④熟悉情况并按公平原则自愿交易的各方最近达成的入股价格或股权转让价格，如近期合理的外部投资者入股价，但要避免采用难以证明公允性的外部投资者入股价；⑤采用恰当的估值技术确定公允价值，但要避免采取有争议的、结果显失公平的估值技术或公允价值确定方法，如明显增长预期下按照成本法评估的净资产或账面净资产。判断价格是否公允应考虑与某次交易价格是否一致，是否处于股权公允价值的合理区间范围内。

三、确定等待期应考虑因素

股份立即授予或转让完成且没有明确约定等待期等限制条件的，股份支付费用原则上应一次性计入发生当期，并作为偶发事项计入非经常性损益。设定等待期的股份支付，股份支付费用应采用恰当方法在等待期内分摊，并计入经常性损益。

发行人在股权激励方案中没有明确约定等待期，但约定一旦职工离职或存在其他情形（例如职工考核不达标等非市场业绩条件），发行人、实际控制人或其指定人员有权回购其所持股份或在职工持股平台所持有财产份额的，应考虑此类条款或实际执行情况是否构成实质性的等待期，尤其关注回购价格影响。回购价格公允，回购仅是股权归属安排的，职工在授予日已获得相关利益，原则上不认定存在等待期，股份支付费用无须分摊。回购价格不公允或尚未明确约定的，表明职工在授予日不能确定获得相关利益，只有满足特定条件后才能获得相关利益，应考虑是否构成等待期。

股权激励约定服务期限的典型案例见表 5-15。

表 5-15 股权激励约定服务期限的典型案例

序号	相关案例	事实情况
1	精进电动 2021 年上市	行权条件类型主要为"每季度执行 1/16""1 年锁定期后每季度执行 1/12"等。前述激励计划属于约定服务期限、一次授予、分期行权的股票期权激励计划。根据企业会计准则,该等计划的股份支付费用应在每个独立等待期内进行分摊确认
2	百川智能 2021 年终止	本次股份支付系实际控制人一次性授予由对公司做出重大贡献的骨干人员组成的员工持股平台,激励对象入股持股平台虽承诺自签署《合伙协议》之日起在公司任职五年以上,但《合伙协议》中并未对员工违反服务期承诺的情况约定惩罚性条款,股权激励计划实质上不存在服务期限的安排。因此,该股份支付属于授予后立即可行权的换取职工服务的以权益结算的股份支付,应当在授予日按照权益工具的公允价值计入相关成本或费用,相应增加资本公积,无须在服务期间进行分摊

第六节 股权激励实务典型问题

一、股权激励的操作时机

确定股权激励的操作时机,就是在保证员工参与的积极性与降低股权激励对公司净利润的影响之间进行权衡:较早操作股权激励,通常难以保证员工参与的积极性;较晚操作股权激励,则因为股份支付费用会对公司净利润造成较大影响。

通常情况下,拟上市企业进入快速成长期,特别是具有相对明确的上市预期时,启动股权激励较为合适,但应该尽量避免上市申报期最后一年操作股权激励(以免股份支付费用影响公司的净利润,从而影响 IPO 募集资金总额)。

二、通过股权转让实施股权激励

拟上市企业需要结合股权转让协议、资金流水、股权转让决议等确认其股权转让的真实性。如果股权转让价格显失公允,且缺乏足够证据将其认定为股权代持还原,建议考虑参考股权激励进行会计处理。

上市审核部门关注通过股权转让实施股权激励的典型案例见表 5-16。

表 5-16　上市审核部门关注通过股权转让实施股权激励的典型案例

序号	相关案例	审核关注问题
1	恒安嘉新 2019 年不予注册	2016 年，发行人实际控制人金红将 567.20 万股股权分别以象征性的 1 元的价格转让给了刘长永等 16 名员工。在提交上交所科创板上市审核中心的申报材料、首轮问询回复、二轮问询回复中，发行人都认定上述股权转让系解除股权代持，因此不涉及股份支付；三轮回复中，发行人、保荐机构、申报会计师认为时间久远，能够支持股份代持的证据不够充分，基于谨慎性考虑，会计处理上调整为在授予日一次性确认股份支付 5 970.52 万元。发行人未按招股说明书的要求对上述前期会计差错更正事项进行披露

三、利益相关方入股

在实践中，拟上市企业启动上市后，上下游合作伙伴或者其他利益相关方可能会有投资入股的诉求。

如果上下游合作伙伴或者其他利益相关方入股拟上市企业的价格低于市场公允价格，且双方的交易价格因此产生重大变化或与市场价格产生重大差异，也应该参考股权激励进行会计处理。

建议单个上下游合作伙伴或者其他利益相关方入股拟上市企业的比例控制在 5% 以内，否则需要将双方之间的交易认定为关联交易。

另外，建议上下游合作伙伴或者其他利益相关方入股拟上市企业前后，双方之间的合作条款（交易价格、交易数量、账期、结算方式等）不要发生重大变化，以免被上市审核部门质疑双方之间存在利益输送。

上市审核部门关注利益相关方入股的典型案例见表 5-17。

表 5-17　上市审核部门关注利益相关方入股的典型案例

序号	相关案例	审核关注问题
1	菜百股份 2021 年上市	明牌实业系发行人第二大股东，明牌实业与明牌珠宝受同一实际控制人控制，明牌珠宝主业与发行人相同。请发行人代表说明明牌实业入股发行人的背景，入股价格是否公允，入股前后发行人与其交易数量、交易价格是否发生重大变化，是否对明牌珠宝存在重大依赖

（续）

序号	相关案例	审核关注问题
2	扬瑞新材 2021年被否决	奥瑞金系发行人多年以来的第一大客户，报告期的销售占比一直在30.00%以上，其持有发行人4.90%的股份。请发行人说明：①奥瑞金入股发行人是否影响发行人的业务独立性；②发行人未按"实质重于形式"的要求将奥瑞金认定为关联方并披露的原因
3	冠龙节能 2022年上市	2020年1月，发行人引入富拉凯，其入股后，涉及股份支付。请发行人说明：①引入富拉凯的原因及定价的合理性，以及是否涉及利益输送或其他特殊利益安排；②将富拉凯作为股份支付对象是否符合股份支付准则的相关规定

四、股权激励授予股份的公允价值

拟上市企业股权激励授予股份的公允价值，通常需要参考六个月以内投资机构的入股价格：如果操作股权激励在前，可以在投资机构入股价格的基础上适当下浮；如果操作股权激励在后，则授予股份的公允价值不能低于投资机构入股价格。

如果拟上市企业操作股权激励时没有时间接近的投资机构入股，则可以考虑按照操作股权激励前一年公司净利润的10倍左右作为公司公允价值的参考。

建议不要人为控制拟上市企业股权激励授予股份公允价值（从而降低股份支付费用），在实践中已有大量拟上市企业因此上市失败。

上市审核部门关注股权激励授予股份公允价值的典型案例见表5-18。

表5-18 上市审核部门关注股权激励授予股份公允价值的典型案例

序号	相关案例	审核关注问题
1	威迈斯 2020年被否决	2017年6月发行人进行股权激励时，确认股份支付费用采用的每股价格同2018年3月引入外部投资者的每股受让价格存在较大差异。请发行人代表结合两次股份变动时的定价过程及这期间的关键影响事件，说明转让价格与授予股份公允价值之间产生差异的合理性
2	九恒条码 2021年被否决	请发行人代表结合2017年5月增资时特殊条款的约定，说明股权激励授予股份公允价值与同期外部投资者投入价格之间产生差异的估值依据、重要假设和参数，估值结果是否合理

五、股权激励授予股份的主体

在实践中,绝大部分股权激励授予股份的主体都是拟上市企业(或者其持股平台的股权或份额),但也有少数是关联企业(比如拟上市企业的母公司或子公司)。

特别股权激励授予主体的典型案例见表5-19。

表5-19 特别股权激励授予主体的典型案例

序号	相关案例	事实情况
1	电气风电 2021年上市	2019年,公司部分员工参与(母公司)上海电气股权激励计划,被授予上海电气限制性股票。本公司之母公司的限制性股票激励计划构成股份支付
2	天地环保 2021年被否决	(子公司)浙能迈领于2019年6月实施员工股权激励

六、新三板挂牌企业特别规定

《非上市公众公司监管指引第6号——股权激励和员工持股计划的监管要求(试行)》对非上市公众公司(包括新三板挂牌企业)操作股权激励提出了具体要求。

(一)股权激励

激励对象包括挂牌公司的董事、高级管理人员及核心员工,但不应包括公司监事。挂牌公司聘任独立董事的,独立董事不得成为激励对象。

限制性股票的授予价格原则上不得低于有效的市场参考价的50%;股票期权的行权价格原则上不得低于有效的市场参考价。

(二)员工持股计划

员工持股计划的参与对象为已签订劳动合同的员工,包括管理层人员。

挂牌公司实施员工持股计划,可以自行管理,也可以委托给具有资产管理资质的机构管理;员工持股计划在参与认购定向发行股票时,不穿透计算股东人数。

关于新三板挂牌企业特别规定的典型案例见表 5-20。

表 5-20　关于新三板挂牌企业特别规定的典型案例

序号	相关案例	事实情况
1	保丽洁 2021 年终止	发行人第一轮员工持股计划的设立、运行及管理符合 2020 年 8 月 21 日生效的《非上市公众公司监管指引第 6 号——股权激励和员工持股计划的监管要求（试行）》等法律法规的规定

股权融资

第一节 股权融资的相关概念

一、股权融资与债权融资

（1）股权融资：企业通过增加实收资本融入资金的行为。

（2）债权融资：企业通过向金融机构、其他单位或个人借款、发行债券等方式融入资金的行为。

二、非上市企业股权融资和上市公司股权融资

（1）非上市企业股权融资：非上市企业通过增加实收资本融入资金的行为。

（2）上市公司股权融资：上市公司通过配股、定向增发股票、公开增发股票等方式进行融资的行为。

第二节 投资者的类别划分

一、投资阶段

按照投资阶段划分,投资者可以分为投资早期项目的天使投资、投资中早期项目的风险投资(VC)和投资中后期项目的 Pre-IPO 投资。

二、资金来源

按照资金来源划分,投资者可以分为自有资金投资者、公募股权投资基金和私募股权投资基金(PE)。

三、投资者类型

按照投资者类型划分,投资者可以分为个人投资者和机构投资者。

个人投资者通常资金实力有限,投资中早期项目;机构投资者通常资金实力雄厚,投资中后期项目。

不同投资者类型的典型案例见表 6-1。

表 6-1 不同投资者类型的典型案例

序号	相关案例	事实情况
1	白山科技 2020 年终止	自然人股东殷张伟持有发行人 4.82% 的股权、赵洪修持有发行人 3.20% 的股权,两人非发行人员工,未在发行人处任职
2	豪江智能 2022 年过会	发行人提交首发上市申请前 12 个月内新增股东 5 名,其中包括 4 名机构股东、1 名自然人股东,分别为里程碑创投、聊城昌润、松嘉创投、启辰资本、顾章豪

四、投资者背景

按照投资者背景划分,投资者可以分为国有企业投资机构、民营企业投资机构和外资投资机构。

国有企业投资机构一般资金实力比较雄厚,但通常决策周期相对较长;民营企业投资机构往往决策周期较短,但通常资金实力弱一些;外资投资机构通常资金实力比较雄厚且投资流程更加标准化。

五、投资区域

按照投资区域划分,投资者可以分为本地化投资机构、全国性投资机构和国际投资机构。

本地化投资机构通常规模较小,侧重于本地投资,有一定的本地资源;全国性投资机构和国际投资机构通常规模较大,运作也更加专业。

六、投资目的

按照投资目的划分,投资者可以分为财务投资者和战略投资者。

市场上大部分投资者为财务投资者,以获利为目的,通过投资行为取得经济上的回报,在适当的时候进行套现;小部分为战略投资者,具有同行业或相关行业较强的战略性资源,与公司谋求协调互补的长期共同战略利益,愿意长期持有公司较大比例的股权。

关于战略投资者的典型案例见表 6-2。

表 6-2 关于战略投资者的典型案例

序号	相关案例	事实情况
1	厦钨新能 2021 年上市	为了稳定上游钴、锂原材料的供应,更好地发挥上下游产业协同效应并开展战略合作,加强与重要供应商的业务合作黏性,公司于 2019 年 5 月吸收天齐锂业、盛屯矿业作为公司战略投资者,分别持有公司 3% 的股权

七、关联关系

按照是否与拟上市企业存在关联关系划分,投资者可以分为独立投资者和利益相关方。

独立投资者包括专业投资机构、独立的投资主体和其他独立的个人投资者;利益相关方包括公司的股东、实际控制人、董监高及其亲属、关联企业、公司上下游合作伙伴等。

上市审核部门关注投资者关联关系的典型案例见表 6-3。

表 6-3　上市审核部门关注投资者关联关系的典型案例

序号	相关案例	审核关注问题
1	兴禾股份 2022 年被否决	李卫斌、韩涛系苹果公司前员工。2018 年 7 月，二人控制的梅山宇达以 750 万元入股发行人，出资比例为 5%。2020 年 3 月，梅山宇达以 8 740.09 万元价格转让上述股权。梅山宇达入股时以 2017 年财务数据为基础计算的市盈率为 7.84 倍，以 2018 年财务数据为基础计算的市盈率为 0.84 倍。二人在苹果公司任职时参与设计产线过程中驻场对接的客户均为发行人的主要客户，发行人来自相关客户的订单收入在二人入股当年大幅增加，在二人离职及转让股权后大幅减少。请发行人结合李卫斌、韩涛在苹果公司经历和专业背景，说明二人入职发行人的原因，以及通过梅山宇达以 750 万元取得发行人 5% 股权的原因和合理性

八、行业专注度

按照行业专注度划分，投资者可以分为产业投资者和综合性投资者。

产业投资者通常围绕特定行业进行投资；综合性投资者则通常没有行业限制。

第三节　股权融资的操作流程

一、股权融资的总体流程

启动股权融资之前，拟上市企业首先要制定发展规划、明确资本运作和融资计划。在此基础上，企业需要依次编写商业计划书、开展融资路演、接洽投资机构、配合投资者尽职调查、洽谈相关投资条款、签署投资协议、收到股权投资款项后完成工商变更与执行投资协议等事项。

二、发展规划

拟上市企业需要根据所属行业的前景、公司的发展战略、主营业务、销售渠道、营销计划、在手订单与潜在客户等情况，编制未来的发展规划，预测未来五年营业收入、营业利润等主要财务指标。

上市审核部门关注企业发展规划的典型案例见表 6-4。

表 6-4　上市审核部门关注企业发展规划的典型案例

序号	相关案例	审核关注问题
1	菲仕技术 2021 年被否决	请发行人代表说明在乘用车电动化快速推进的背景下，发行人选择进入商用车领域的原因及合理性，与吉利商用车所签协议转为实际订单是否存在重大不确定性

三、资本运作计划

在发展规划的基础上，拟上市企业需要制订资本运作计划，包括上市的方式、时间、证券交易所与板块，或者计划被并购的时间与意向等。

四、融资计划

拟上市企业需要根据发展规划和资本运作计划，确定未来一定时间内的资金需求，进而确定股权融资金额、融资用途、融资时间和公司估值等。

五、商业计划书

商业计划书一般包括企业所属行业情况（监管政策、行业现状、发展前景、竞争格局、上下游产业链等）、公司情况（核心团队、核心技术、主营业务与产品、商业模式、主要客户、竞争优势、员工情况、财务指标等）、资本运作计划（上市、并购重组等）和融资计划（融资金额、融资用途、融资时间、公司估值等）。

六、融资路演

拟上市企业可以参加当地政府或协会等集中组织的线上、线下路演活动，也可以自己举行融资路演活动吸引投资者。

七、接洽投资者

感兴趣的投资者会通过电话或现场的方式接触拟上市企业，了解企业的基本情况、核心团队、竞争优势、发展规划、融资需求等，企业需要安排专人予以接洽。

接洽投资者的过程中，建议公司如实反映自身情况，以提高融资效率。

八、尽职调查流程

与中介机构尽职调查流程类似，投资者尽职调查包括确定尽职调查人员、初步了解企业情况、制订尽职调查计划、提交尽职调查资料清单、到企业实地调查，最后形成尽职调查报告用于其内部决策。

九、投资者尽职调查报告的内容

投资者尽职调查报告的主要内容包括项目投资亮点、公司概况、历史沿革、行业状况、主营业务与产品、核心团队、核心技术、业务模式、竞争优势、财务数据、投资风险、投资方案、尽职调查结论等。

十、投资协议的内容

投资协议的主要内容包括投资入股的股权来源、公司估值、投资款项支付与工商变更时间、融资用途、投资者的权利与义务、对赌条款、后续引入其他投资者时公司估值与跟从投资（以下简称"跟投"）的要求、违约处置、退出机制等。

十一、投资款项支付时间

投资款项通常在签署投资协议后一定期限内一次性支付，也存在分期支付情形。

分期支付投资款项的典型案例见表 6-5。

表 6-5　分期支付投资款项的典型案例

序号	相关案例	事实情况
1	兴图新科 2020 年上市	2017 年 1 月，光谷人才创投、广垦太证与公司及程家明签订《关于武汉兴图新科电子股份有限公司投资协议书之补充协议》，约定光谷人才创投投资款 3 500.00 万元其中 1 700.00 万元为第一期确认出资，1 800.00 万元为第二期确认出资

十二、工商变更

投资协议通常会约定投资款项到账后,公司完成工商变更的时间,变更的内容包括注册资本、股东及出资额与持股比例(已经完成股改的企业无法变更)、董监高(如需)等。

十三、执行投资协议

工商变更完成后,公司需要按照投资协议的约定使用募集资金、邀请投资者参与重大决策,另外还需要关注对赌条款、后续引入其他投资者时公司估值与跟投要求的执行情况与触发风险等。

第四节 股权融资实务典型问题

一、甄别投资者

在签署投资协议之前,拟上市企业需要对投资者进行尽职调查,调查内容包括投资者的资金实力、投资的真实意向、投资者的决策程序、投资者承诺资源的可实现性以及投资者的股东适格性等。

上市审核部门关注投资入股背景的典型案例见表6-6。

表6-6 上市审核部门关注投资入股背景的典型案例

序号	相关案例	审核关注问题
1	恒安嘉新 2019年不予注册	请发行人披露中移创新、联通创新、谦益投资入股对发行人获取订单方式、订单规模、结算方式等方面的影响
2	德纳化学 2021年被否决	九鼎投资、九鼎集团通过JD Logan、鲁资九鼎合计持有发行人16.33%的股份。请发行人代表说明JD Logan、鲁资九鼎投资发行人的原因及背景

二、突击入股

上市审核部门对企业上市申报前12个月内(特别是6个月内)投资入股的外部投资者非常敏感,重点关注其投资入股的背景、原因、定价公允性、关联关系、股份锁定期、投资入股后对公司的影响等,企业需要提前做好筹划、审慎决策。

上市审核部门关注突击入股的典型案例见表 6-7。

表 6-7　上市审核部门关注突击入股的典型案例

序号	相关案例	审核关注问题
1	凯盛新材 2021 年上市	截至招股说明书签署日，公司最近一年新增股东共 82 名，其中机构股东 16 名、自然人股东 66 名。请披露最近一年新增股东股权转让或增资的股份定价存在较大差异的原因及合理性，新股东与发行人及关联方、本次发行中介机构负责人及其签字人员是否存在亲属关系、关联关系、委托持股、信托持股或其他利益输送安排
2	德石股份 2022 年上市	请发行人根据《公开发行证券的公司信息披露内容与格式准则第 28 号——创业板公司招股说明书（2020 年修订）》和《深圳证券交易所创业板股票首次公开发行上市审核问答》相关规定，补充披露最近一年新增股东的情况，是否存在申报前 6 个月受让控股股东、实际控制人所持股份的股东

三、公司估值

（一）公司估值的方法

公司估值的基本方法包括市场法、收益法和成本法。

（1）市场法：又称"市场比较法"，是根据公开市场上与被估值对象相似的或可比的参照物的价格来确定被估值对象价格的方法。市场法一般用于具有明确市场价格的股票、地产等的估值。

（2）收益法：又称"收益现值法"，是将被估值对象剩余寿命期间每年的预期收益用适当的折现率折现，累加得出评估基准日的现值，以此估算资产价值的方法。收益法一般适用于正常经营的非上市企业，特别是轻资产企业。

（3）成本法：又称"重置成本法"，是在现时条件下，用被估值资产全新状态的重置成本减去该项资产实体性贬值、功能性贬值和经济性贬值，以此估算资产价值的方法。成本法一般适用于重资产企业或者难以进行准确盈利预测的企业。

（二）估值方法的选择

在实践中，中后期的企业可以采用上述两种以上的方法进行估值，并选取其中一种方法的结果作为公司估值。

早期企业的估值,通常很难适用上述估值方法,在实践中一般由双方谈判确定。

(三) 投前估值与投后估值

理论上,投前估值是拟上市企业进行股权融资之前的估值,而投后估值则是企业进行股权融资之后的估值。

通常情况下,企业应该考虑融资对生产经营和未来盈利的影响,进而确定投后估值,在此基础上减去融资额后作为投前估值,而不是相反——资金投入公司后将产生较大的经济效益,因此融资对公司估值的影响远大于融资额本身。

上市审核部门关注公司估值的典型案例见表 6-8。

表 6-8 上市审核部门关注公司估值的典型案例

序号	相关案例	审核关注问题
1	鸿泉物联 2019 年上市	2015 年 9 月,北大千方以 8 800 万元价格受让公司 55% 的股权,对应公司整体估值 1.6 亿元,以 2015 年承诺业绩 1 700 万元计算,PE 倍数为 9.41 倍。2016 年 8 月,北大千方以 3 600 万元价格转让公司 18% 的股权,对应公司整体估值 2.0 亿元,以 2016 年承诺业绩 2 200 万元计算,PE 倍数为 9.09 倍。2017 年 6 月,北大千方以 8 118.88 万元价格转让公司 12.49% 的股权,对应公司整体估值 6.5 亿元,以 2017 年承诺业绩 2 650 万元计算,PE 倍数为 24.53 倍。请发行人补充披露 2015 年 9 月至 2017 年 6 月间发行人整体估值大幅变化的理由、估值方法、估值依据,与同期可比公司估值是否存在重大差异,披露相关估值报告
2	宏德股份 2022 年上市	南通悦享企业管理中心为发行人员工持股平台;2016 年 12 月,南通悦享以 6.5 元/股出资额的价格增资发行人,投前估值为 27 794.00 万元,与 2016 年 2 月北京大土洋的投后估值 23 603.52 万元相近;2018 年 12 月,南通悦享以 6.8 元/股的价格增资发行人。请发行人分别披露南通悦享 2016 年、2018 年两次增资发行人时对应公允价值的选取依据及合理性,并对比南通悦享此次增资与同期增资的外部股东的增资价格差异情况、同行业可比案例估值或市盈率情况等披露增资定价公允的依据及合理性

四、对赌协议

根据《监管规则适用指引——发行类第 4 号》，约定对赌协议等类似安排的，保荐机构及发行人律师、申报会计师应当重点就以下事项核查并发表明确核查意见：①发行人是否为对赌协议当事人；②对赌协议是否存在可能导致公司控制权变化的约定；③对赌协议是否与市值挂钩；④对赌协议是否存在严重影响发行人持续经营能力或者其他严重影响投资者权益的情形。存在上述情形的，保荐机构、发行人律师、申报会计师应当审慎论证是否符合股权清晰稳定、会计处理规范等方面的要求，不符合相关要求的对赌协议原则上应在申报前清理。

解除对赌协议应关注以下方面：①约定"自始无效"，对回售责任"自始无效"相关协议签订日在财务报告出具日之前的，可视为发行人在报告期内对该笔对赌不存在股份回购义务，发行人收到的相关投资款在报告期内可确认为权益工具；对回售责任"自始无效"相关协议签订日在财务报告出具日之后的，需补充提供协议签订后最新一期经审计的财务报告。②未约定"自始无效"的，发行人收到的相关投资款在对赌安排终止前应作为金融工具核算。

上市审核部门关注对赌协议的典型案例见表 6-9。

表 6-9　上市审核部门关注对赌协议的典型案例

序号	相关案例	审核关注问题
1	晨泰科技 2021 年终止	2020 年 2 月，中国信达与新泰伟业、晨泰集团、李庄德、沈秀娥签署《以股抵债协议》，中国信达与新泰伟业、李庄德、沈秀娥签署《股东协议》和《业绩补偿与回购协议》。请发行人补充披露上述《股东协议》和《业绩补偿与回购协议》的具体内容，对发行人可能存在的影响等
2	金埔园林 2021 年上市	法人股东海盛投资、珠海铧创、苏州高新、招商科技、高科新创、高科小贷及自然人股东曾新宇与发行人及相关主体之间曾经存在对赌协议，截至发行人问询回复出具日，相关对赌协议均已终止。请发行人补充说明相关对赌协议是否存在恢复条款，发行人是否为对赌协议恢复条款当事人，是否符合《深圳证券交易所创业板股票首次公开发行上市审核问答》中问题 13 的要求

五、保荐机构投资入股的相关规定

(一)《证券发行上市保荐业务管理办法》

保荐机构及其控股股东、实际控制人、重要关联方持有发行人股份的,或者发行人持有、控制保荐机构股份的,保荐机构在推荐发行人证券发行上市时,应当进行利益冲突审查,出具合规审核意见,并按规定充分披露。通过披露仍不能消除影响的,保荐机构应联合一家无关联保荐机构共同履行保荐职责,且该无关联保荐机构为第一保荐机构。

(二)《证券公司私募投资基金子公司管理规范》

证券公司担任拟上市企业首次公开发行股票的辅导机构、财务顾问、保荐机构、主承销商或担任拟挂牌企业股票挂牌并公开转让的主办券商的,应当按照签订有关协议或者实质开展相关业务两个时点孰早的原则,在该时点后私募基金子公司及其下设基金管理机构管理的私募基金不得对该企业进行投资。

(三)《监管规则适用指引——机构类第1号》

为了准确理解与适用《证券发行上市保荐业务管理办法》(以下简称《保荐办法》),现就保荐机构对发行人投资、联合保荐相关事项明确如下:发行人拟公开发行并在北京证券交易所上市的,在保荐机构对发行人提供保荐服务前后,保荐机构或者控股该保荐机构的证券公司,及前述机构的相关子公司,均可对发行人进行投资。发行人拟公开发行并在上海证券交易所和深圳证券交易所上市的,《保荐办法》第四十一条所指"通过披露仍不能消除影响"暂按以下标准掌握:保荐机构及其控股股东、实际控制人、重要关联方持有发行人股份合计超过7%,或者发行人持有、控制保荐机构股份超过7%的,保荐机构在推荐发行人证券发行上市时,应联合一家无关联保荐机构共同履行保荐职责,且该无关联保荐机构为第一保荐机构。发行人拟公开发行并在北京证券交易所上市的,保荐机构及关联方的持股比例不适用上述标准。

上市审核部门关注保荐机构投资入股的典型案例见表6-10。

表 6-10　上市审核部门关注保荐机构投资入股的典型案例

序号	相关案例	审核关注问题
1	卡莱特 2022 年上市	中金祺智持有发行人 3.44% 的股份；中金祺智为发行人保荐人中金公司的直投基金。请保荐人说明中金祺智入股发行人、中金公司与发行人签订协议或实质开展保荐业务的过程；中金祺智持股发行人是否违反《证券公司私募投资基金子公司管理规范》的相关规定；在中金祺智持有发行人股份的情况下，保荐人如何防范利益冲突，保荐过程是否独立、客观，是否符合《证券发行上市保荐业务管理办法》的相关规定

六、投资经理跟投

在实践中，部分投资机构会要求投资经理直接或者通过持股平台跟投，拟上市企业需要确认投资经理或跟投持股平台的股东适格性以及跟投程序的合法合规性。

存在投资经理跟投的典型案例见表 6-11。

表 6-11　存在投资经理跟投的典型案例

序号	相关案例	事实情况
1	欧林生物 2021 年上市	珠海康远系广发信德投资管理有限公司（以下简称"广发信德"）设立的员工跟投平台，跟投广发信德的所有投资项目。广发信德同时系发行人股东珠海广发的管理机构。珠海康远投资发行人的资金均为企业自有资金，主要来源于其合伙人以出资或企业投资经营所得

七、股权融资的相关风险

股权融资可能会导致拟上市企业商业机密泄露、投资者不当参与决策、对赌失败等潜在风险，企业需要提前做好筹划与安排。

上市审核部门关注曾经对赌失败的典型案例见表 6-12。

表 6-12　上市审核部门关注曾经对赌失败的典型案例

序号	相关案例	审核关注问题
1	晶奇网络 2021 年过会	请发行人充分分析说明发行人 2017 年、2018 年业绩对赌失败的原因，该原因是否目前仍对发行人造成重大影响，目前对于细分行业（与发行人密切相关的细分行业）市场空间的预测是否偏乐观，未来发行人业务的成长性及可持续性，并充分提示风险

第七章

实际控制人

第一节 实际控制人的认定原则与目的

一、实际控制人的认定原则

根据《〈首次公开发行股票注册管理办法〉第十二条、第十三条、第三十一条、第四十四条、第四十五条和〈公开发行证券的公司信息披露内容与格式准则第 57 号——招股说明书〉第七条有关规定的适用意见——证券期货法律适用意见第 17 号》，在确定公司控制权归属时，应当本着实事求是的原则，尊重企业的实际情况，以发行人自身的认定为主，由发行人股东予以确认。保荐机构、发行人律师应当通过核查公司章程、协议或者其他安排以及发行人股东大会（股东出席会议情况、表决过程、审议结果、董事提名和任命等）、董事会（重大决策的提议和表决过程等）、监事会及发行人经营管理的实际运作情况，对实际控制人认定发表明确意见。

上市审核部门关注实际控制人认定的典型案例见表 7-1。

表 7-1　上市审核部门关注实际控制人认定的典型案例

序号	相关案例	审核关注问题
1	网进科技 2020 年被否决	发行人的第一大股东文商旅集团持股比例超过 1/3，并有两名来自文商旅集团的人员担任董事，其中一名担任发行人董事长。文商旅集团为昆山市国有独资企业，报告期发行人 90% 以上的销售收入来源于昆山市智慧城市建设。请发行人代表说明文商旅集团被认定为对发行人既无控制权，也无重大影响，仅作为财务投资人的理由是否充分
2	保立佳 2021 年上市	发行人将杨文瑜、杨惠静父女认定为实际控制人。持有发行人 14.27% 股份的股东杨美芹为杨文瑜前妻杨美卿的妹妹。请发行人结合自然人股东在发行人处的任职情况、与实际控制人之间的亲属关系及是否签署一致行动/共同控制协议等信息，补充披露未认定共同控制的原因及合理性

二、实际控制人的认定目的

（一）保持经营稳定

实际控制人稳定是经营稳定的基础，决定了公司的持续发展、持续盈利能力。

（二）满足 IPO 条件

IPO 条件要求发行人的股权清晰，最近三年内（主板）或者两年内（科创板、创业板、北交所）实际控制人没有发生变更。

上市审核部门关注实际控制人稳定性的典型案例见表 7-2。

表 7-2　上市审核部门关注实际控制人稳定性的典型案例

序号	相关案例	审核关注问题
1	天源环保 2021 年上市	发行人在新三板挂牌期间认定实际控制人为黄开明，本次申报认定实际控制人为黄开明、黄昭玮、李娟三人。请发行人补充披露上述差异的产生原因，认定实际控制人的依据，是否存在最近二年实际控制人变更的情形，是否符合发行条件

第二节　实际控制人的相关概念

一、实际控制人的概念

不同法律法规对实际控制人有不同的定义，其中《北京证券交易所股票上市规则》的定义最合理；《公司法》《上海证券交易所科创板股票上市规则》的定义则因为排除了股东（直接持股情形），与实际情况存在差异。

根据《北京证券交易所股票上市规则》，实际控制人是指通过投资关系、协议或者其他安排，能够支配、实际支配公司行为的自然人、法人或者其他组织。

二、控股股东的概念

《公司法》与各板块股票上市规则对控股股东的表述有所差异，但内涵一致。

根据《公司法》，控股股东是指其出资额占有限责任公司资本总额50%以上或者其持有的股份占股份有限公司股本总额50%以上的股东；出资额或者持有股份的比例虽然不足50%，但依其出资额或者持有的股份所享有的表决权已足以对股东会、股东大会的决议产生重大影响的股东。

上市审核部门关注控股股东的典型案例见表7-3。

表7-3　上市审核部门关注控股股东的典型案例

序号	相关案例	审核关注问题
1	中科微至 2021年上市	公司第一大股东微至源创和第二大股东李功燕、第三大股东群创众达持股比例较为接近，且上述股东的持股比例均未超过30%，故公司无控股股东。请发行人说明：①微至源创、李功燕、群创众达依其持有的股份所享有的表决权是否已足以对股东大会的决议产生重大影响，认定无控股股东是否符合《公司法》第二百一十六条的规定；②公司经营中的重大决策如何完成，是否存在股东僵局，是否会对公司的持续经营能力产生影响；③是否存在通过认定无控股股东规避监管要求的情形

第三节 实际控制人的类别划分

一、按性质划分

按照性质划分，实际控制人可以分为自然人、国有控股主体和其他组织。

在实践中，地方国有企业的实际控制人通常需要披露至地方国资委。比如，上海建科的实际控制人为上海市国有资产监督管理委员会，宝地矿业的实际控制人为新疆维吾尔自治区人民政府国有资产监督管理委员会等。当然，也有许多例外情形。比如，纬达光电的实际控制人为广东省人民政府，永安期货的实际控制人为浙江省财政厅，川网传媒的实际控制人为中国共产党四川省委员会宣传部，四川黄金的实际控制人为四川省地质矿产勘查开发局等。

中央企业的实际控制人通常需要披露至国务院国资委下属的一级企业。比如，萤石网络的实际控制人为中国电子科技集团有限公司，昆船智能的实际控制人为中国船舶集团有限公司等。当然，也有许多例外情形。比如，中纺标的实际控制人为国务院国资委，信达证券的实际控制人为中华人民共和国财政部等。

其他组织的实际控制人包括大学、集体所有制企业、科研机构、经济联合会等。比如，鸥玛软件的实际控制人为山东大学，雷神科技的实际控制人为海尔集团公司（集体所有制企业），秋乐种业的实际控制人为河南省农业科学院，曙光数创的实际控制人为中国科学院计算技术研究所，横店影视的实际控制人为东阳市横店社团经济企业联合会等。

二、按类型划分

按照类型划分，实际控制人可以分为单一实际控制人、共同实际控制人与无实际控制人。在实践中，无实际控制人的情况较难获得上市审核部门认可。

单一实际控制人的案例较多。比如，截至2023年3月底（下同），康乐卫士的实际控制人为陶涛，铁大科技的实际控制人为成远，播恩集团的实际控制人为邹新华等。

共同实际控制人的案例也较多。比如，彩蝶实业的实际控制人为施建明、施屹，明阳科技的实际控制人为王明祥、沈旸、沈培玉等。

无实际控制人的情况相对较少，如真兰仪表、湖南裕能、九州一轨等。

三、按控制力度划分

按控制力度划分，实际控制人可以分为绝对控制实际控制人（实际控制人持股比例超过 50%）与相对控制实际控制人（实际控制人持股比例在 50% 以下）。

IPO 前，企业的实际控制人为绝对控制实际控制人的包括多利科技、亚通精工、艾能聚等；企业的实际控制人为相对控制实际控制人的包括金海通、美登科技等。

第四节　实际控制人的相关法规要求

一、《企业会计准则第 20 号——企业合并》

（一）同一控制下的企业合并

参与合并的企业在合并前后均受同一方或相同的多方最终控制且该控制并非暂时性的，为同一控制下的企业合并。合并方在企业合并中取得的资产和负债，应当按照合并日在被合并方的账面价值计量。合并方取得的净资产账面价值与支付的合并对价账面价值（或发行股份面值总额）的差额，应当调整资本公积；资本公积不足冲减的，调整留存收益。

（二）非同一控制下的企业合并

参与合并的各方在合并前后不受同一方或相同的多方最终控制的，为非同一控制下的企业合并。购买方应当区别下列情况确定合并成本：①一次交换交易实现的企业合并，合并成本为购买方在购买日为取得对被购买方的控制权而付出的资产、发生或承担的负债以及发行的权益性证券的公允价值；②通过多次交换交易分步实现的企业合并，合并成本为每一单项交易成本之和；③购买方为进行企业合并发生的各项直接相关费用也应当计入企业合并成本；④在合并合同或协议中对可能影响合并成本的未来事项作出约定的，购买日如果估计未来事项很可能发生并且对合并成本的影响金额能够可靠计量的，购买方应当将其计入合并成本。

上市审核部门关注企业合并的典型案例见表 7-4。

表 7-4　上市审核部门关注企业合并的典型案例

序号	相关案例	审核关注问题
1	江苏北人 2019 年上市	江苏北人于 2016 年 10 月与吴海波共同设立上海研坤，注册资本 500 万元，发行人认缴 39%（认缴、实缴 195 万元），吴海波认缴 61%（认缴 305 万元，实缴 5 万元）。双方于 2016 年 12 月签订股权转让协议，江苏北人以 0 元受让吴海波持有的上海研坤的 12% 股权（认缴 60 万元）；合并前，江苏北人将对上海研坤的投资按权益法核算。请发行人进一步说明上海研坤成立日，发行人按照实际出资比例计算的股权占比已达 97.5%，是否自成立日起已实际控制上海研坤
2	华利集团 2021 年上市	实际控制人对其控制的鞋履制造业务资产进行了整合，并由发行人收购，从而将其控制的鞋履制造资产置入发行人整体上市。请发行人补充披露：①申报材料显示，合并日的确定依据为"取得控制权"，取得控制权具体对应的外部证据材料，合并日的确定是否客观准确，是否符合企业会计准则相关规定；②企业合并的交易价格、合并中取得的净资产账面价值如何确定，对资本公积的影响，对合并日前后净损益的划分是否准确

二、《＜首次公开发行股票注册管理办法＞第十二条、第十三条、第三十一条、第四十四条、第四十五条和＜公开发行证券的公司信息披露内容与格式准则第 57 号——招股说明书＞第七条有关规定的适用意见——证券期货法律适用意见第 17 号》

（一）共同控制人

发行人主张多人共同拥有公司控制权的，应当符合以下条件：

（1）每人都必须直接持有公司股份或者间接支配公司股份的表决权。

（2）发行人公司治理结构健全、运行良好，多人共同拥有公司控制权的情况不影响发行人的规范运作。

（3）多人共同拥有公司控制权的情况，一般应当通过公司章程、协议或者其他安排予以明确。公司章程、协议或者其他安排必须合法有效、权利义务清晰、责任明确，并对发生意见分歧或者纠纷时的解决机制作出安排。该情况在最近三十六个月（主板）或者二十四个月（科创板、创业板）内且在首发后的可预期期限内是稳定、有效存在的，共同拥有公司控制权的多人没有出现重大变更。

（4）根据发行人的具体情况认为发行人应该符合的其他条件。

法定或者约定形成的一致行动关系并不必然导致多人共同拥有公司控制权，发行人及中介机构不应为扩大履行实际控制人义务的主体范围或者满足发行条件而作出违背事实的认定。主张通过一致行动协议共同拥有公司控制权但无第一大股东为纯财务投资人等合理理由的，一般不能排除第一大股东为共同控制人。共同控制人签署一致行动协议的，应当在协议中明确发生意见分歧或者纠纷时的解决机制。

实际控制人的配偶、直系亲属，如持有公司股份达到百分之五以上或者虽未达到百分之五但是担任公司董事、高级管理人员并在公司经营决策中发挥重要作用，保荐机构、发行人律师应当说明上述主体是否为共同实际控制人。

如果发行人最近三十六个月（主板）或者二十四个月（科创板、创业板）内持有、实际支配公司股份表决权比例最高的主体发生变化，且变化前后的主体不属于同一实际控制人，视为公司控制权发生变更。发行人最近三十六个月（主板）或者二十四个月（科创板、创业板）内持有、实际支配公司股份表决权比例最高的主体存在重大不确定性的，比照前述规定执行。

（二）无实际控制人

发行人不存在拥有公司控制权的主体或者公司控制权的归属难以判断的，如果符合以下情形，可视为公司控制权没有发生变更：

（1）发行人的股权及控制结构、经营管理层和主营业务在首发前三十六个月（主板）或者二十四个月（科创板、创业板）内没有发生重大变化。

（2）发行人的股权及控制结构不影响公司治理有效性。

（3）发行人及其保荐机构和律师能够提供证据充分证明公司控制权没有发生变更。

相关股东采取股份锁定等有利于公司股权及控制结构稳定措施的，发行审核部门可将该等情形作为判断公司控制权没有发生变更的重要因素。

（三）国有股权无偿划转或者重组等导致发行人控股股东发生变更

因国有资产监督管理需要，国务院或者省级人民政府国有资产监督管理机构无偿划转直属国有控股企业的国有股权或者对该等企业进行重组等导致发行人控股股东发生变更的，如果符合以下情形，可视为公司控制权没有发生变更：

（1）有关国有股权无偿划转或者重组等属于国有资产监督管理的整体性调整，经国务院国有资产监督管理机构或者省级人民政府按照相关程序决策通过，且发行人能够提供有关决策或者批复文件。

（2）发行人与原控股股东不存在同业竞争或者大量的关联交易，不存在故意规避《首次公开发行股票注册管理办法》规定的其他发行条件。

（3）有关国有股权无偿划转或者重组等对发行人的经营管理层、主营业务和独立性没有重大不利影响。

按照国有资产监督管理的整体性调整，国务院国有资产监督管理机构直属国有企业与地方国有企业之间无偿划转国有股权或者重组等导致发行人控股股东发生变更的，比照前款规定执行，但是应当经国务院国有资产监督管理机构批准并提交相关批复文件。

不属于前两款规定情形的国有股权无偿划转或者重组等导致发行人控股股东发生变更的，视为公司控制权发生变更。

上市审核部门关注实际控制人认定或变更的典型案例见表 7-5。

表 7-5　上市审核部门关注实际控制人认定或变更的典型案例

序号	相关案例	审核关注问题
1	中成发展 2021 年终止	发行人无控股股东及实际控制人，主要股东周志军、余三宏、余成华的持股比例分别为 25.14%、16.67%、15.01%，分别担任公司董事长、董事、董事及总经理。请发行人结合公司章程、协议或其他安排，以及最近两年股东大会、董事会、监事会决议、董事、高级管理人员的提名及任免及公司经营管理的实际运作等情况，补充披露认定发行人无实际控制人而非共同控制是否符合实际情况

(续)

序号	相关案例	审核关注问题
2	湖山电器 2022年被否决	2020年12月，发行人控股股东由九洲电器变更为九洲集团。请发行人代表说明：①九洲电器将发行人的全部股份划转至九洲集团的原因及商业合理性；②九洲电器与发行人是否存在同业竞争或隐性关联交易；③前述控股股东变化未导致发行人实控人变更的认定论据是否充分，是否符合《首次公开发行股票并上市管理办法》的相关规定

第五节 实际控制人实务典型问题

一、实际控制人存在股权代持

部分拟上市企业或其关联企业存在股权代持行为，前者需要进行股权代持还原以保证股权清晰；后者如果存在较强的业务相似性或关联性，需要（股权代持还原后）转让给上市主体、转让给独立第三方或者清算注销。

上市审核部门关注实际控制人股权代持风险的典型案例见表7-6。

表7-6 上市审核部门关注实际控制人股权代持风险的典型案例

序号	相关案例	审核关注问题
1	统联精密 2021年上市	公司于2016年6月设立，股权结构为康晓宁持股51%，方龙喜持股24.5%，杨虎持股24.5%；2017年6月，股东康晓宁将其持有公司26.50%的股权以1元的价格（实际出资0元）转让给杨虎。请发行人说明康晓宁是否存在委托持股、信托持股，2017年股份转让前后公司实际控制人认定的客观依据
2	瑞纳智能 2021年上市	2011年3月11日，瑞纳节能（当时为公司实际控制人于大永实际控制的企业，目前为公司全资子公司）召开股东会，决议同意于大永将其持有的瑞纳节能90%的股权作价540万元转让给于冠卿。于冠卿此次受让股权，实际系为于大永代为持有。请发行人说明实际控制人于大永股权曾由其父母代持的背景，于冠卿替于大永代持股权的原因，是否存在于大永替他人代持股权或者对发行人股权存在其他特殊利益安排的情形

二、控制权比例

注册制实施前，拟上市企业实际控制人控制的表决权比例基本都在 40% 以上；注册制实施后，在股权足够分散、客观证据足够充分的情况下，已经有控制权比例低于 40% 甚至低于 30% 的上市成功案例。

上市审核部门关注较低控制权比例的典型案例见表 7-7。

表 7-7　上市审核部门关注较低控制权比例的典型案例

序号	相关案例	审核关注问题
1	睿创微纳 2019 年上市	发行人股份较为分散，马宏直接和间接持有公司 18.00% 的股份，为公司控股股东和实际控制人。报告期内，马宏持有的发行人股份从未超过 30.00%，公司第二大股东李维诚持有发行人 12.17% 的股份，梁军持有发行人 5.68% 的股份，深创投持有发行人 5.63% 的股份。请发行人充分披露：①将马宏认定为公司实际控制人的具体依据，马宏实施实际控制权的具体方式，报告期内马宏执行的决策程序、结果与公司章程、股东大会、董事会等是否一致；②马宏持股比例较低对发行人控制权稳定性及公司治理有效性的影响，以及维持控制权稳定的措施或安排

三、一致行动人

在实践中，一致行动人有两种不同的类型。

（1）共同一致行动人：共同控制、共同参与表决的一致行动人。

（2）跟随一致行动人：一方的表决权让渡给另一方的一致行动人。

上市审核部门关注一致行动人的典型案例见表 7-8。

四、家族控制

如果家族内部成员控制拟上市企业的绝大部分股权，并占据多数关键岗位，往往会被上市审核部门质疑公司治理的有效性，建议考虑提前筹划与安排。

上市审核部门关注家族控制的典型案例见表 7-9。

表 7-8　上市审核部门关注一致行动人的典型案例

序号	相关案例	审核关注问题
1	德冠新材 2021 年终止注册	发行人实际控制人为罗维满、谢嘉辉和张锦棉。2020 年 5 月 22 日，三者签署了《一致行动协议》，约定对涉及德冠新材料的重大决策事项行使表决权时，将采取事先协商的方式统一表决意见并采取一致行动。在确实难以达成一致意见时，各方均同意以罗维满的意见为准。请发行人说明报告期内发行人董事会、股东会决议情况，三者是否存在表决不一致的情形，《一致行动协议》签署前实际控制人的认定情况及合理性，认定发行人最近两年实际控制人未发生变更是否合理
2	盛诺基 2022 年终止	王兆一控制的企业 Double Thrive 持有发行人 5.053 3% 的股份，为发行人实际控制人孟坤的一致行动人。请发行人补充说明未将王兆一认定为共同实际控制人，是否为通过实际控制人认定而规避同业竞争等监管要求

表 7-9　上市审核部门关注家族控制的典型案例

序号	相关案例	审核关注问题
1	博力威 2021 年上市	发行人实际控制人张志平、刘聪可实际支配发行人股份的表决权比例合计为 99.50%。请发行人就公司股权集中度高，实际控制人控制风险做重大事项提示
2	微导纳米 2022 年上市	王燕清、倪亚兰、王磊系公司的实际控制人，通过万海盈投资、聚海盈管理、德厚盈投资间接控制公司 72.54% 的股份。请发行人就公司股权集中度高，实际控制人控制风险和重大事项提示和实际控制人控制风险做重大事项提示

五、国有控股权划转

如果拟上市企业存在国有控股权划转,上市审核部门会关注股权划转程序的合法、合规性,以及是否导致实际控制人变更。

上市审核部门关注国有控股权划转的典型案例见表 7-10。

表 7-10　上市审核部门关注国有控股权划转的典型案例

序号	相关案例	审核关注问题
1	昆船智能 2022 年上市	中船重工集团为发行人实际控制人。国务院国资委于 2019 年 10 月下发《关于中国船舶工业集团有限公司和中国船舶重工集团有限公司重组的通知》(国资发改革〔2019〕100 号),经国务院批准,同意中船工业集团与中船重工集团实施联合重组,新设中国船舶集团,由国务院国资委代表国务院履行出资人职责,中船工业集团和中船重工集团整体划入中国船舶集团。2021 年 10 月,中船重工集团 100% 的股权划转至中国船舶集团的工商变更登记办理完毕。请发行人根据国有资产管理相关规定、《〈首次公开发行股票并上市管理办法〉第十二条"实际控制人没有发生变更"的理解和适用——证券期货法律适用意见第 1 号》《深圳证券交易所创业板股票首次公开发行上市审核问答》等的相关规定以及发行人的实际情况,说明上述事项对发行人实际控制人认定的影响

独 立 性

第一节 资产完整性

一、资产完整性的概念

资产完整性是指生产型企业具备与生产经营有关的主要生产系统、辅助生产系统和配套设施,合法拥有与生产经营有关的主要土地、厂房、机器设备以及商标、专利、非专利技术的所有权或者使用权,具有独立的原料采购和产品销售系统;非生产型企业具备与经营有关的业务体系及主要相关资产。

二、资产完整性的相关 IPO 要求

根据《监管规则适用指引——发行类第 4 号》,发行人租赁控股股东、实际控制人房产或者商标、专利来自控股股东、实际控制人授权使用的,保荐机构和发行人律师通常应关注并核查以下方面:相关资产的具体用途、对发行人的重要程度、未投入发行人的原因、租赁或授权使用费用的

公允性、是否能确保发行人长期使用、今后的处置方案等，并就该等情况是否对发行人资产完整性和独立性构成重大不利影响发表明确意见。

如发行人存在以下情形之一的，保荐机构及发行人律师应当重点关注、充分核查论证并发表意见：一是生产型企业的发行人，其生产经营所必需的主要厂房、机器设备等固定资产系向控股股东、实际控制人租赁使用；二是发行人的核心商标、专利、主要技术等无形资产是由控股股东、实际控制人授权使用。

三、资产完整性实务典型问题

拟上市企业向关联方租赁办公楼、员工宿舍等非核心经营资产，通常不会构成上市障碍；向关联方租赁土地、厂房、设备等核心经营资产，则需要充分的必要性。

关联方持有的拟上市企业在用的商标、专利等知识产权，通常需要（无偿）转让给拟上市企业，在转让给拟上市企业确有困难的情况下，可以长期无偿地授权拟上市企业使用。

上市审核部门关注资产完整性的典型案例见表 8-1。

表 8-1　上市审核部门关注资产完整性的典型案例

序号	相关案例	审核关注问题
1	秋乐种业 2020 年终止	（1）发行人存在通过授权从发行人的实际控制人河南农科院及其所属事业单位取得农作物品种经营权的情况 （2）发行人部分租赁房产合同由发行人与农高集团签署，但根据获取的上述房产的房产证、双方合同约定及河南农科院出具的相关文件，上述房产的所有权人为河南农科院，但是农高集团代替河南农科院行使管理职能，公司将租金直接支付给河南农科院。请发行人就上述事项做风险揭示并补充披露：①涉及农作物品种经营权与发行人产品的对应情况，相关产品的销售额及销售占比情况，授权时限与范围，是否独家授权及其他被授权方情况，上述农作物品种经营权对发行人的重要程度；②上述房产在发行人生产经营中的作用及重要性，租金的定价依据及公允性；③上述情况是否对发行人的资产完整性和独立性构成重大不利影响

（续）

序号	相关案例	审核关注问题
2	东软医疗 2020年终止	发行人使用的"Neusoft""东软""Neusoft东软"商标，系来自东软集团商标使用许可。请发行人说明：①商标使用许可的具体安排，授权商标在公司产品、服务中的使用具体情况，对公司业务的重要性程度，报告期内商标许可费用金额及其公允性，对可预见未来生产经营的具体影响；②未将该等商标投入发行人的原因，如何保证发行人的资产完整性，相关事项是否构成本次发行上市的法律障碍
3	冠龙节能 2022年上市	台湾明冠为发行人实际控制人所控制的公司，主营业务为经销发行人的产品并提供相应的服务。台湾明冠在转让其他商标给发行人时，保留了"明冠"商标。请发行人说明：①对台湾明冠的关联交易价格是否公允；②上述关联交易与商标权属对发行人业务独立性的影响，以及发行人是否已制订相应的整改措施或计划

第二节　人员独立性

一、人员独立性的概念

人员独立性是指发行人的总经理、副总经理、财务负责人和董事会秘书等高级管理人员不在控股股东、实际控制人及其控制的其他企业担任除董事、监事以外的其他职务，不在控股股东、实际控制人及其控制的其他企业领薪；发行人的财务人员不在控股股东、实际控制人及其控制的其他企业兼职。

二、拟上市企业与关键人员共同设立公司的相关IPO要求

根据《监管规则适用指引——发行类第4号》，发行人如存在与其控股股东、实际控制人、董事、监事、高级管理人员及其亲属直接或者间接共同设立公司情形，发行人及中介机构应主要披露及核查以下事项：

（1）发行人应当披露相关公司的基本情况，包括但不限于公司名称、成立时间、注册资本、住所、经营范围、股权结构、最近一年又一期主要财务数据及简要历史沿革。

（2）中介机构应当核查发行人与上述主体共同设立公司的背景、原因和必要性，说明发行人出资是否合法合规、出资价格是否公允。

（3）如发行人与共同设立的公司存在业务或资金往来的，还应当披露相关交易的交易内容、交易金额、交易背景以及相关交易与发行人主营业务之间的关系。中介机构应当核查相关交易的真实性、合法性、必要性、合理性及公允性，是否存在损害发行人利益的行为。

（4）如公司共同投资方为董事、高级管理人员及其近亲属，中介机构应核查说明公司是否符合《公司法》相关规定，即董事、高级管理人员未经股东会或者股东大会同意，不得利用职务便利为自己或者他人谋取属于公司的商业机会，自营或者为他人经营与所任职公司同类的业务。

三、人员独立性实务典型问题

（一）高级管理人员在子公司兼职

在实践中，拟上市企业的高级管理人员在子公司兼任董监高，通常不会对上市造成重大负面影响。

IPO上市时高级管理人员在子公司兼职的典型案例见表8-2。

表8-2 IPO上市时高级管理人员在子公司兼职的典型案例（煌上煌）

姓名	公司职务	在其他单位任职情况	兼职单位与公司关系
褚剑	董事、副总经理	煌大食品执行董事、总经理	全资子公司
		永修煌上煌执行董事	全资子公司
		广东煌上煌监事	全资子公司
褚浚	副董事长、总经理	辽宁煌上煌执行董事	全资子公司
		广东煌上煌执行董事	全资子公司
		福建煌上煌执行董事	全资子公司
		陕西煌上煌执行董事	全资子公司

（二）其他人员独立性的问题

在实践中，如果拟上市企业的高级管理人员在关联方领取薪酬、大量关键人员由控股股东或监管机构委派，通常会对上市造成重大负面影响。

上市审核部门关注其他人员独立性的典型案例见表8-3。

表 8-3 上市审核部门关注其他人员独立性的典型案例

序号	相关案例	审核关注问题
1	德冠新材 2021 年终止注册	发行人高级管理人员在控股股东、实际控制人及其控制的其他企业领薪。请发行人说明：①发行人高级管理人员在关联方领取薪酬的原因及对公司治理的影响，相关人员在其他企业的主要工作，能否保证专职于发行人的生产经营管理，相关企业是否存在代垫工资的情况；②公司人员是否具备独立性，是否满足《科创板首次公开发行股票注册管理办法（试行）》第十二条第（一）项、《科创板招股说明书准则》第六十二条第（二）项的规定
2	大丰农商 2022 年被否决	发行人接受江苏省联社监管，且核心系统由江苏省联社开发建设和运维管理。请发行人代表说明江苏省联社与发行人的关系，省联社对发行人董事会成员构成、高管任命、日常监管、运营管理、风险管理、重要信息系统开发建设和运维管理等的职责和管理情况，是否影响发行人的独立性和信息披露的公平性

第三节 财务独立性

一、财务独立性的概念

财务独立性是指发行人已建立独立的财务核算体系，能够独立做出财务决策，具有规范的财务会计制度和对分公司、子公司的财务管理制度；发行人未与控股股东、实际控制人及其控制的其他企业共用银行账户。

二、财务独立性实务典型问题

在实践中，部分拟上市企业存在财务人员相互兼职、与实际控制人或关联企业之间相互占用资金、相互担保与承担费用等财务独立性问题；拟上市企业存在集团公司（控股股东）的，通常还会受集团公司统一指导与监督财务核算工作，包括下发财务制度、委派财务人员、查看财务系统、监督财务核算、安排内部审计等，均需要尽早进行规范。

上市审核部门关注财务独立性的典型案例见表 8-4。

表 8-4　上市审核部门关注财务独立性的典型案例

序号	相关案例	审核关注问题
1	铜冠铜箔 2022 年上市	发行人无偿使用有色集团的 ERP 系统及相关系统、铜陵有色子公司铜冠智能的 OA 系统及相关系统。请发行人披露与控股股东、关联方共用 ERP、OA 等系统是否符合相关要求，控股股东是否可通过系统查询发行人的经营信息、财务状况、后台数据等，是否可调用、划拨发行人的资金
2	北农大 2022 年被否决	报告期内发行人及各子公司普遍存在财务人员混同、岗位分离失效的情形，如会计凭证制单人与审核人为同一人、记账人与审核人为同一人、出纳与会计岗位混同。请发行人结合上述情形说明会计基础是否规范，内部控制是否有效

第四节　机构独立性

一、机构独立性的概念

机构独立性是指发行人已建立健全内部经营管理机构，独立行使经营管理职权，与控股股东和实际控制人及其控制的其他企业间不存在机构混同的情形。

二、机构独立性实务典型问题

在实践中，很多拟上市企业与关联企业之间存在行政部、人事部、内审部、采购部、法务部等机构混同的情形，需要尽早独立设置相关部门。

上市审核部门关注机构独立性的典型案例见表 8-5。

表 8-5　上市审核部门关注机构独立性的典型案例

序号	相关案例	审核关注问题
1	义翘科技 2021 年上市	请发行人补充披露报告期内发行人与神州细胞业务系统、办公系统是否存在共用情形，核心技术、研发人员、业务人员是否存在共用情形，发行人关于机构独立及业务独立相关的控制措施
2	隆扬电子 2022 年上市	请发行人说明：2020 年 7 月前发行人财务负责人的情况；报告期内发行人与鼎炫控股、台衡精密等关联方的财务系统、业务系统（研发、采购、生产、销售等）、办公系统等是否存在共用情形，财务负责人及财务人员是否存在共用情形，发行人财务及机构是否独立

第五节 业务独立性

一、业务独立性的概念

业务独立性是指发行人的业务应当独立于控股股东、实际控制人及其控制的其他企业,与控股股东、实际控制人及其控制的其他企业间不存在对发行人构成重大不利影响的同业竞争,不存在严重影响独立性或者显失公平的关联交易。

二、同业竞争

(一)同业竞争的相关概念

同业竞争是指拟上市企业与控股股东、实际控制人及其控制的其他企业所从事的业务相同或相似,双方构成或可能构成直接或间接的竞争关系。

各板块对同业竞争有不同的规范强度要求,从新三板、北交所,到科创板、创业板与主板,规范要求逐渐提高;实施注册制后,科创板、创业板与主板已逐渐趋于一致。

另外,"竞业禁止"与"同业不竞争"是与"同业竞争"相似或相关的两个概念,详见本章后文介绍。

(二)各板块对同业竞争的规范要求

1. 科创板、创业板、主板

根据《首次公开发行股票注册管理办法》,发行人业务独立,与控股股东、实际控制人及其控制的其他企业间不存在对发行人构成重大不利影响的同业竞争。

2. 北交所

根据《公开发行证券的公司信息披露内容与格式准则第46号——北京证券交易所公司招股说明书》,发行人应披露是否存在与控股股东、实际控制人及其控制的其他企业从事相同、相似业务的情况,如存在的,应当对不存在对发行人构成重大不利影响的同业竞争作出合理解释,并披露发行人防范利益输送、利益冲突及保持独立性的具体安排。

根据《北京证券交易所向不特定合格投资者公开发行股票并上市业务规则适用指引第 1 号》，发行人与控股股东、实际控制人及其控制的其他企业间如存在同业竞争情形，认定同业竞争是否对发行人构成重大不利影响时，保荐机构及发行人律师应结合竞争方与发行人的经营地域、产品或服务的定位，同业竞争是否会导致发行人与竞争方之间的非公平竞争、是否会导致发行人与竞争方之间存在利益输送、是否会导致发行人与竞争方之间相互或者单方让渡商业机会情形，对未来发展的潜在影响等方面，核查并出具明确意见。

3. 新三板

根据《全国中小企业股份转让系统公开转让说明书内容与格式指引（试行）》，申请挂牌公司应披露是否存在与控股股东、实际控制人及其控制的其他企业从事相同、相似业务的情况。对存在相同、相似业务的，应对是否存在同业竞争做出合理解释。

根据《全国中小企业股份转让系统股票挂牌审查业务规则适用指引第 1 号》，申请挂牌公司控股股东、实际控制人及其控制的其他企业从事与公司主营业务相同或相似业务的，公司、主办券商及律师不能简单以产品销售地域不同、产品档次不同等认定不构成同业竞争。公司、主办券商及律师应当结合相关企业的历史沿革、资产、人员、主营业务（包括但不限于产品服务的具体特点、技术、商标商号、客户、供应商等）等方面与公司的关系，业务是否有替代性、竞争性，是否有利益冲突，是否在同一市场范围内销售等，论证是否对公司构成竞争。

上市审核部门关注同业竞争的典型案例见表 8-6。

表 8-6　上市审核部门关注同业竞争的典型案例

序号	相关案例	审核关注问题
1	天士生物 2021 年终止	发行人的部分产品与控股股东、实控人控制企业的中药、化学药产品存在适应症相同的情形。因法律要求，天士力医药的干细胞相关业务无法转让给发行人。报告期内，发行人与天士力医药存在供应商、客户重合的情形。请发行人：①结合前述情况，进一步论述发行人与控股股东、实控人控制的其他企业不构成重大不利影响的同业竞争依据是否充分；②说明是否将生物药的相关业务要素全部集中于发行人体内，业务划分是否清晰、彻底

（续）

序号	相关案例	审核关注问题
2	扬瑞新材 2021年被否决	报告期内，陈勇控制的山东博瑞特及子公司与发行人存在较多客户重叠的情形。请发行人说明是否存在陈勇或关联方替发行人承担成本、费用，以及其他利益输送的情形
3	珊溪水利 2022年被否决	发行人与温州市泽雅水库管理站按固定比例向温州市自来水公司供应原水，两者实际控制人均为温州市国资委。请发行人代表说明：①温州市泽雅水库的原水业务是否存在挤占发行人市场份额的情况，是否存在利益冲突，两者不存在同业竞争的理由、依据是否充分；②未来是否存在进一步收购资产及业务的安排，温州市国资委以及相关单位是否有有效解决同业竞争的计划

（三）竞业禁止

根据《公司法》，董事、高级管理人员不得有下列行为：未经股东会或者股东大会同意，利用职务便利为自己或者他人谋取属于公司的商业机会，自营或者为他人经营与所任职公司同类的业务。董事、高级管理人员违反前款规定所得的收入应当归公司所有。

竞业禁止与同业竞争是相似但不同的概念。前者针对的是公司的董事和高级管理人员，后者针对的是公司的控股股东与实际控制人。

当然，如果拟上市企业的实际控制人担任公司董事长，其在拟上市企业之外投资与拟上市企业同类业务的企业，会同时构成同业竞争与竞业禁止。

上市审核部门关注竞业禁止的典型案例见表8-7。

表8-7 上市审核部门关注竞业禁止的典型案例

序号	相关案例	审核关注问题
1	华泰永创 2021年被否决	发行人的多名董监高及核心人员曾在同行业公司任职。请发行人说明上述人员和原单位之间是否存在知识产权、竞业禁止、保密义务等相关的纠纷或潜在纠纷
2	扬瑞新材 2021年被否决	陈勇曾于1998年—2012年在苏州PPG包装涂料有限公司（以下简称"苏州PPG"）工作，2008年—2012年升任PPG中国区市场总监。发行人于2006年7月成立，当年即与PPG的重要客户奥瑞金开始业务合作关系并持续十余年。在2014年与苏州PPG的前次诉讼中，陈勇曾经否认股份代持事实。请发行人说明：①发行人成立当年即与奥瑞金开始长期业务合作的原因与商业合理性；②上述合作是否侵害了苏州PPG的商业利益

（四）同业不竞争

同业不竞争通常指企业与其关联企业所从事的业务相同或相似，但由于销售区域或销售对象差异等原因，而不发生业务竞争及利益冲突的状况。

在实践中，由于国内发电统一上网，发电企业之间可以视为同业不竞争。

但如果拟上市企业将产业不断细分，解释为同业不竞争，通常较难获得上市审核部门的认可。

上市审核部门关注同业不竞争的典型案例见表 8-8。

表 8-8 上市审核部门关注同业不竞争的典型案例

序号	相关案例	审核关注问题
1	华阳变速 2021 年上市	华丰吉顺、华阳制动、湖北神帆等关联方与发行人同属于汽车配件产业链，发行人与部分关联方企业生产经营所在地均为湖北十堰，且发行人董监高存在持有关联方股份、在关联方兼职等情形，并披露关联方企业"均与发行人存在明显差异，属于同业不竞争，不构成同业竞争"，但未充分说明理由依据。①认定理由论证不充分。请发行人结合实际经营业务、经营范围、经营区域、产品类型、市场定位等，详细对比分析发行人与关联方的具体差异，充分披露认定关联方与发行人"存在明显差异""不构成同业竞争"的理由依据。②是否存在利益输送或特殊利益安排。请发行人结合关联方企业在资产、人员、业务、技术、客户、供应商、采购销售渠道、主要股东等方面与发行人的关系，以及实际控制人对发行人及其关联方企业的经营安排、发展规划，分析并充分披露是否存在共用人员、技术、生产厂房、生产设备或合署办公等情形，是否存在客户或供应商重合、共享采购销售渠道、协同获取订单、单方或相互让渡商业机会等情形，是否存在为发行人分担成本费用、利益输送或通过特殊安排调节发行人业绩的情形，是否存在同业竞争或潜在同业竞争风险，是否存在影响发行人独立性的情形，是否存在将发行人及关联方企业或资产"打包"挂牌或上市的计划安排，如是，请充分揭示风险并做重大事项提示

三、关联交易

（一）各板块对关联交易的规范要求

1.《首次公开发行股票注册管理办法》（主板、科创板、创业板）

发行人业务及人员、财务、机构独立，与控股股东、实际控制人及其控制的其他企业间不存在严重影响独立性或者显失公平的关联交易。

2.《公开发行证券的公司信息披露内容与格式准则第46号——北京证券交易所公司招股说明书》(北交所)

发行人应当根据《公司法》、企业会计准则及中国证监会有关规定进行关联方认定,充分披露关联方、关联关系和关联交易。

3.《全国中小企业股份转让系统公开转让说明书内容与格式指引(试行)》(新三板)

申请挂牌公司应根据《公司法》和企业会计准则的相关规定披露关联方、关联关系、关联交易,并说明相应的决策权限、决策程序、定价机制、交易的合规性和公允性、减少和规范关联交易的具体安排等。

4.《监管规则适用指引——发行类第4号》(主板、科创板、创业板、北交所)

(1)关于关联方认定。发行人应当按照《公司法》、企业会计准则和中国证监会、证券交易所的相关规定认定并披露关联方。

(2)关于关联交易的必要性、合理性和公允性。发行人应披露关联交易的交易内容、交易金额、交易背景以及相关交易与发行人主营业务之间的关系;还应结合可比市场公允价格、第三方市场价格、关联方与其他交易方的价格等,说明并摘要披露关联交易的公允性,是否存在对发行人或关联方的利益输送。

对于控股股东、实际控制人与发行人之间关联交易对应的营业收入、成本费用或利润总额占发行人相应指标的比例较高(如达到30%)的,发行人应结合相关关联方的财务状况和经营情况、关联交易产生的营业收入、利润总额合理性等,充分说明并摘要披露关联交易是否影响发行人的经营独立性,是否构成对控股股东或实际控制人的依赖,是否存在通过关联交易调节发行人收入利润或成本费用、对发行人利益输送的情形。

上市审核部门关注关联交易的典型案例见表8-9。

表 8-9 上市审核部门关注关联交易的典型案例

序号	相关案例	审核关注问题
1	垦丰种业 2021年被否决	发行人报告期存在通过实际控制人下属农场代收农户销售种子款项目占营业收入比例较高的情形。请发行人代表说明：①发行人是否存在经营上的实质性障碍，是否构成关联方代收货款的原因及商业合理性。发行人直接收取农户货款是否具有实质性验证性，相关销售循环内部控制是否健全、有效，如何确保收回款与销售收入的匹配性及可验证性，相关销售循环内部控制是否健全、有效，如何确保收回款的公允性。③代收比例逐年增加的原因及合理性。发行人的经营独立性是否严重依赖关联方，是否存在利益输送行为
2	天地环保 2021年被否决	报告期间固废处理业务公司向关联方采购粉煤灰及脱硫石膏等固体废弃物金额占同类交易的比例为98.03%、99.21%和98.82%；脱硫特许经营全部为关联电厂服务且报告期间综合解决方案关联销售电厂委托关联电厂经营。大气污染治理综合解决方案关联销售占同类合同比例为92.01%、74.25%和73.98%；发行人未采取有效措施规范和减少关联交易。相关业务的毛利率高于同类非关联业务或其他可比公司相应的毛利率。请保荐代表人对上述交易的公允性及发行人相关业务的独立性发表明确意见
3	华泰永创 2021年被否决	发行人报告期内关联交易种类较多，金额较大；此外，发行人报告期内多次向实际控制人控股的公司拆出大额资金，且事先未履行相应决策程序。请发行人说明：①发行人的业务独立性；②关联交易的必要性及价格公允性；③是否采取有效措施规范和减少关联交易；④与关联方资金拆借相关的内部控制制度是否被有效执行
4	江河纸业 2022年被否决	请发行人代表说明：①报告期内向关联方销售与采购的必要性及合理性，定价依据及公允性，是否存在关联方销售产品的合理性，定价的公允性；②通过南京海卓、深圳西奈公司销售产品为利益输送，是否存在关联方利益输送情形；相关毛利率与非关联方相比存在较大差异的原因及合理性；③关联方为发行人银行借款提供无偿担保，2021年对其销售大幅减少的原因及对发行人业绩的影响；④关联方为发行人银行借款提供无偿担保，进行关联方资金拆借的原因、必要性及真实性，是否存在资金体外循环构成或情形
5	珊溪水利 2022年被否决	发行人向关联方温州市自来水有限公司销售水占营业收入比例较大。请发行人代表说明：①发行人与控股股东及其关联方之间交易的必要性和合理性、定价的公允性；②发行人采购及销售系统存在关联方，发行人的业务是否严重依赖关联方；③发行人采取的减少与控股股东及其关联方发生关联交易的具体措施是否得到有效执行

（二）关联方的范围

不同法律法规对关联方（关联关系）有不同的定义（范围要求）。

其中，《公司法》与企业会计准则的定义较为宽泛，参照执行存在一定困难。各板块具体要求较为细致，存在一定差异。

相对而言，《上海证券交易所科创板股票上市规则》因为在规定"直接持有上市公司 5% 以上股份的法人或其他组织"时仅扩展到其直接或者间接控制上市公司的法人或其他组织，在规定关联自然人"担任董事、高级管理人员的法人或其他组织"时排除了独立董事，更加合理。

1.《公司法》和企业会计准则对关联方的规定（见表 8-10）

表 8-10 《公司法》和企业会计准则对关联方的规定

《公司法》	企业会计准则
关联关系，是指公司控股股东、实际控制人、董事、监事、高级管理人员与其直接或者间接控制的企业之间的关系，以及可能导致公司利益转移的其他关系。但是，国家控股的企业之间不仅因为同受国家控股而具有关联关系	下列各方构成企业的关联方： 1）该企业的母公司 2）该企业的子公司 3）与该企业受同一母公司控制的其他企业 4）对该企业实施共同控制的投资方 5）对该企业施加重大影响的投资方 6）该企业的合营企业 7）该企业的联营企业 8）该企业的主要投资者个人及与其关系密切的家庭成员。主要投资者个人是指能够控制、共同控制一个企业或者对一个企业施加重大影响的个人投资者 9）该企业或其母公司的关键管理人员及与其关系密切的家庭成员。关键管理人员是指有权力并负责计划、指挥和控制企业活动的人员。与主要投资者个人或关键管理人员关系密切的家庭成员是指在处理与企业的交易时可能影响该个人或受该个人影响的家庭成员 10）该企业的主要投资者个人、关键管理人员或与其关系密切的家庭成员控制、共同控制或施加重大影响的其他企业 仅仅同受国家控制而不存在其他关联方关系的企业，不构成关联方

2.《上海证券交易所科创板股票上市规则》对关联方的规定

根据《上海证券交易所科创板股票上市规则》，上市公司的关联人是指具有下列情形之一的自然人、法人或其他组织，见表 8-11。

表 8-11 《上海证券交易所科创板股票上市规则》对关联方的规定

序号	对关联方的规定
1	直接或者间接控制上市公司的自然人、法人或其他组织
2	直接或间接持有上市公司 5% 以上股份的自然人
3	上市公司董事、监事或高级管理人员
4	与本项第 1 目、第 2 目和第 3 目所述关联自然人关系密切的家庭成员，包括配偶、年满 18 周岁的子女及其配偶、父母及配偶的父母、兄弟姐妹及其配偶、配偶的兄弟姐妹、子女配偶的父母
5	直接持有上市公司 5% 以上股份的法人或其他组织
6	直接或间接控制上市公司的法人或其他组织的董事、监事、高级管理人员或其他主要负责人
7	由本项第 1 目至第 6 目所列关联法人或关联自然人直接或者间接控制的，或者由前述关联自然人（独立董事除外）担任董事、高级管理人员的法人或其他组织，但上市公司及其控股子公司除外
8	间接持有上市公司 5% 以上股份的法人或其他组织
9	中国证监会、本所或者上市公司根据实质重于形式原则认定的其他与上市公司有特殊关系，可能导致上市公司利益对其倾斜的自然人、法人或其他组织
\multicolumn{2}{|l|}{在交易发生之日前 12 个月内，或相关交易协议生效或安排实施后 12 个月内，具有前述所列情形之一的法人、其他组织或自然人，视同上市公司的关联方}
\multicolumn{2}{|l|}{上市公司与本项第 1 目所列法人或其他组织直接或间接控制的法人或其他组织受同一国有资产监督管理机构控制的，不因此而形成关联关系，但该法人或其他组织的法定代表人、总经理、负责人或者半数以上董事兼任上市公司董事、监事或者高级管理人员的除外}

上市审核部门关注关联方范围的典型案例见表 8-12。

表 8-12 上市审核部门关注关联方范围的典型案例

序号	相关案例	审核关注问题
1	蓝科环保 2021 年终止	公司董事、副总经理兼财务总监徐少辉的妻子张艳丽持有上海帕斯砜材料科技有限公司 0.83% 的股权，上海帕斯砜材料科技有限公司持有公司客户威海帕斯砜新材料有限公司 42.86% 的股权，为其第一大股东。威海帕斯砜新材料有限公司报告期内为发行人前五大客户。杨广平于 2017 年 3 月卸任惠生工程（中国）副总裁，并开始担任蓝科环保副总经理，报告期内公司将与惠生工程（中国）于 2017 年 1 月—2018 年 3 月期间发生的交易认定为关联交易，自 2018 年 4 月起，惠生工程（中国）不再认定为公司关联方。请发行人说明未将发行人与威海帕斯砜新材料有限公司之间的交易、发行人与惠生工程（中国）之间的交易认定为关联交易，是否符合《公司法》、企业会计准则和中国证监会有关规定

（续）

序号	相关案例	审核关注问题
2	扬瑞新材 2021年被否决	报告期内，发行人第二大股东郑丽珍持有发行人18.20%的股份，其丈夫陈彬任昇兴集团子公司昇兴昆明总经理，其姐夫林建伶曾任昇兴北京、昇兴山东经理，现任昇兴安徽的三片罐总经理。昇兴集团是发行人的前五大客户之一。请发行人说明：①郑丽珍、陈彬、林建伶与昇兴集团及其董事长林永贤之间的关系，以及是否存在利益输送或其他特殊的利益安排；②发行人未按"实质重于形式"的要求将昇兴集团认定为关联方并披露的原因

（三）潜在关联方的特征

根据《会计监管风险提示第2号——通过未披露关联方实施的舞弊风险》，潜在关联方具有以下特征：

1）交易对方曾经与公司或其主要控制人、关键管理人员等存在关联关系。

2）交易对方的注册地址或办公地址与公司或其集团成员在同一地点或接近。

3）交易对方的网站地址或其IP地址、邮箱域名等与公司或其集团成员的相同或接近。

4）交易对方的名称与公司或其集团成员的名称相似。

5）交易对方的主要控制人、关键管理人员或购销等关键环节的员工姓名结构与公司管理层相近。

6）交易对方和公司之间的交易与其经营范围不相关。

7）互联网难以检索到交易对方的相关资料。

8）交易对方长期拖欠公司款项，但公司仍继续与其交易。

9）交易对方是当年新增的重要客户或重要供应商。

上市审核部门关注潜在关联方的典型案例见表8-13。

表 8-13　上市审核部门关注潜在关联方的典型案例

序号	相关案例	审核关注问题
1	绿岛风 2021 年上市	发行人有四家经销商受前员工控制。请发行人代表说明上述经销商及其股东、实际控制人与发行人及其股东、实际控制人、董监高是否存在关联关系或其他利益安排
2	科拓股份 2022 年被否决	发行人 2018 年前五大客户之一的重庆一枝花科技有限公司持股 40% 的股东兼董事万朝云系发行人控股孙公司重庆速泊的财务负责人,发行人当年向上述客户的销售额为 664.34 万元。发行人 2019 年前五大客户之一的沈阳健安通讯技术有限公司长期使用发行人"科拓""速泊"商号并存在发行人员工为其办理工商变更登记、其实际控制人郭作有与发行人实际控制人存在大额资金往来的情形,2019 年—2021 年,发行人对沈阳健安通讯技术有限公司相关主体的销售、采购金额分别合计为 1 888.36 万元、365.23 万元。请发行人说明是否与上述公司存在商品或服务购销关系以外的关系,相关信息披露是否准确、完整
3	康普化学 2022 年上市	报告期内,发行人供应商中、久远化工、旭冠商贸、烽徽化工、德净化工、渝鑫化实业和金悦化工注册地址均在重庆市长寿区桃花大道,且发行人存在部分供应商如浩宏实业、荣诚化工、乐远化工、常州洪珠等成立当年即与发行人合作的情形,其中,常州洪珠成为发行人报告期前五大供应商之一。请发行人说明部分供应商注册地址相近以及部分供应商成立当年即与发行人合作的合理性;前述供应商的基本情况、股权结构、经营规模、合作历史,供应商的注册地址、邮箱、注册电话等是否与发行人及其关联方相同或相近,是否潜在关联方,是否存在关联关系或其他利益安排

（四）通过已知关联方查找潜在关联方

（1）实施关联方问卷调查,获取拟上市企业及其实际控制人、董监高及其他关键管理人员提供的关联方清单及声明。

（2）调阅拟上市企业关联法人的工商登记资料。不仅关注工商登记资料中股东、董监高等主要信息,还需要关注办理工商变更的人员是否公司的员工,工商登记资料中预留的电话号码是否与发行人的电话号码相同或相似。

（3）以拟上市企业的实际控制人及其他关键人员为关键字,到拟上市企业所在地的市场监督管理局检索。

（4）对于拟上市企业的实际控制人等重要自然人或可疑自然人,可以通过调阅户口簿或走访其户籍所在地的公安部门查询调查等。

（5）调阅拟上市企业的实际控制人、董监高及其他关键管理人员个人的征信报告。关注上述自然人是否存在对外担保，是否存在大额银行借款，并关注上述资金用途和资金流向。若征信报告存在其他异常信息，需要以异常信息为线索进行充分尽职调查，以识别未发现的关联方。

（6）以拟上市企业的实际控制人、董监高及其他关键管理人员为关键字进行互联网搜索，查找是否存在异常投资或任职信息。

通过已知关联方查找潜在关联方的典型案例见表8-14。

表8-14 通过已知关联方查找潜在关联方的典型案例

序号	相关案例	事实情况
1	易点天下 2022年上市	利用可获得的公开资料（国家企业信用信息公示系统等）等对细分行业前五大客户及报告期各年度主要新增客户进行背景调查，了解客户的基本信息和经营范围，询问发行人与以上客户开展合作的规模、业务变动情况，通过公开资料查看了客户的股东、董事、高管的信息，并将其与关联方清单、公司报告期内的员工名册进行交叉核对，查看是否存在潜在关联方关系或关联方交易

（五）关联方非关联化核查的要点

1) 非关联化后，原关联方与拟上市企业持续的交易情况及价格公允性。

2) 拟上市企业是否为了规避相关规定而剥离资产。

3) 拟上市企业已经剥离的资产最近三年是否存在违法违规。

4) 非关联化的真实性、合法性和合理性，是否存在委托持股情形。

5) 非关联化对拟上市企业独立性、改制方案完整性以及生产经营的影响。

上市审核部门关注关联方非关联化的典型案例见表8-15。

表8-15 上市审核部门关注关联方非关联化的典型案例

序号	相关案例	审核关注问题
1	利仁科技 2022年上市	发行人报告期内，部分网上经销商为实际控制人2015年已转让股权的公司。请发行人代表说明：①实际控制人2015年转让相关公司股权的真实性，是否存在股权代持等情况；②发行人为上述公司代垫平台费用的合理性；③报告期内发行人对上述公司应收账款金额较大的原因，是否符合发行人信用政策，相关公司是否与发行人实际控制人关联方存在大额资金往来

第九章 劳动用工

第一节 职工薪酬

一、职工薪酬与同行业、同地区的比较

上市审核部门会关注拟上市企业的平均薪酬水平与同行业、同地区的比较情况，防止公司通过压低职工薪酬虚增业绩。

上市审核部门关注职工薪酬同行业比较的典型案例见表 9-1。

表 9-1 上市审核部门关注职工薪酬同行业比较的典型案例

序号	相关案例	审核关注问题
1	才府玻璃 2021 年被否决	请发行人代表说明发行人管理人员人数和平均薪酬，以及管理费用占比低于同行业可比公司的原因及合理性
2	天松医疗 2023 年被否决	报告期内，发行人的销售费用率和研发费用率远低于同行业可比公司，销售人员和研发人员的平均工资远低于同行业可比公司。请发行人：①说明报告期内各项社保、公积金、福利费的费率及缴纳情况，扣除上述各项工资附加后销售和研发人员的实际工资水平。②结合研发人员薪酬的最高值、最低值、中位数等相关数据，进一步说明研发人员薪酬占比低于同行业公司水平的合理性和真实性，以及研发人员的研发能力与发行人的业务发展规划是否匹配，产品的技术先进性及保障未来收入增长的措施等

二、职工薪酬的变动合理性

上市审核部门会关注拟上市企业的薪酬总额、人均薪酬，以及高级管理人员或研发人员薪酬变动的合理性。

上市审核部门关注职工薪酬变动合理性的典型案例见表 9-2。

表 9-2　上市审核部门关注职工薪酬变动合理性的典型案例

序号	相关案例	审核关注问题
1	中科仪 2021 年终止	请发行人结合销售、管理、研发人员的平均数量、人均薪酬、人员结构等，分析各项期间费用中职工薪酬的变动原因
2	老鹰股份 2021 年终止注册	请发行人：①结合杭州地区的平均工资情况，补充披露发行人专职教师平均薪酬逐年下降的原因及合理性；②结合上年同期各类教师的课时长度及薪酬水平、课时费标准等情况，补充披露发行人专职教师、兼职教师及实习助教的月平均薪酬在 2020 年 1 月—9 月大幅下降的原因及合理性

三、职工薪酬与其他项目的匹配关系

上市审核部门会关注职工薪酬与生产成本、管理费用、销售费用、资产、负债等项目的匹配关系。

上市审核部门关注职工薪酬与其他项目匹配关系的典型案例见表 9-3。

表 9-3　关注职工薪酬与其他项目匹配关系的典型案例

序号	相关案例	审核关注问题
1	华立科技 2021 年上市	请发行人披露报告期内各年度的人工成本总额，及其与相关资产、成本、费用项目之间的关系

第二节　社会保障

一、社会保障的相关 IPO 要求

根据《监管规则适用指引——发行类第 4 号》，发行人报告期内存在应缴未缴社会保险和住房公积金情形的，应当在招股说明书中披露应缴未缴的具体情况及形成原因，如补缴对发行人的持续经营可能造成的影响，揭示相关风险，并披露应对方案。

二、社会保障的缴纳人员范围

通常情况下,与拟上市企业签订正式劳动合同的城镇户口员工均需缴纳社会保险。

在实践中,实习生、试用期员工、退休返聘员工、其他单位或其他地区已缴纳员工、外籍员工以及已经缴纳新农合的农民工未缴纳社会保险,通常不会构成上市障碍。

三、社会保障的缴纳基数

理论上,社会保险应该以工资总额作为基数缴纳。但在实践中,拟上市企业以最低工资标准或者以基本工资缴纳社会保险,通常均不会构成上市障碍。

四、社会保障的规范时间

通常情况下,拟上市企业能够在上市申报期期末规范缴纳社会保障,即不构成上市障碍。但建议企业尽量提前规范执行社会保障制度,以降低对上市的负面影响。

上市审核部门关注社会保障的典型案例见表9-4。

表9-4 上市审核部门关注社会保障的典型案例

序号	相关案例	审核关注问题
1	劲旅环境 2022年上市	发行人聘用了大量劳务用工人员。请发行人代表说明:①大量聘用劳务用工的合理性和合规性,是否存在规避劳动保障责任和社保缴纳义务的情形,聘用的已达退休年龄员工的比例远高于同行业可比公司的原因及合理性;②是否建立健全了符合员工年龄结构和工作特点的安全生产制度和保障措施,是否存在欠薪情况;③发行人为劳务用工人员购买的商业保险的覆盖范围,能否有效保障其合法利益;④结合一线保洁员的人均工资等情况,说明发行人是否存在不符合《劳动法》及《关于进一步保障环卫行业职工合法权益的意见》的情形
2	凌玮科技 2023年上市	报告期内,发行人存在较多数量员工未缴纳住房公积金和社会保险的情况。例如,2017年12月末缴纳住房公积金的人数为235人,2017年12月末缴纳住房公积金的人数为222人;报告期各期末缴纳医疗保险的人数分别为239、222、241、226人。请发行人说明发行人存在较多数量员工未缴纳住房公积金和社会保险的原因,相关内部控制制度是否健全,是否存在受到行政处罚的风险,是否构成重大违法行为

第三节 三项经费

企业的三项经费包括职工工会经费、职工福利费和职工教育经费。

一、职工工会经费

根据《中国工会章程》，工会经费的来源包括：会员交纳的会费；企业、事业单位、机关和其他社会组织按全部职工工资总额的2%向工会拨缴的经费或者建会筹备金；工会所属的企业、事业单位上缴的收入等。未成立工会的企业、事业单位、机关和其他社会组织，按工资总额的2%向上级工会拨缴工会建会筹备金。工会经费主要用于为职工服务和开展工会活动。

二、职工福利费

根据《关于企业加强职工福利费财务管理的通知》，职工福利费的范围包括：为职工卫生保健、生活等发放或支付的各项现金补贴和非货币性福利；企业尚未分离的内设集体福利部门所发生的设备、设施和人员费用；职工困难补助，或者企业统筹建立和管理的专门用于帮助、救济困难职工的基金支出；离退休人员统筹外费用；按规定发生的其他职工福利费，包括丧葬补助费、抚恤费、职工异地安家费等。

三、职工教育经费

根据《国务院关于大力推进职业教育改革与发展的决定》，一般企业按照职工工资总额的1.5%足额提取教育培训经费，从业人员技术要求高、培训任务重、经济效益较好的企业可按2.5%提取，列入成本开支。要保证经费专项用于职工特别是一线职工的教育和培训，严禁挪作他用。

关于三项经费的典型案例见表9-5。

表 9-5 关于三项经费的典型案例

序号	相关案例	事实情况
1	优利德 2021年上市	尽管公司未根据法律法规规定拨缴工会经费，但报告期内公司实际职工活动支出金额达125.65万元，同时公司已于2020年7月向松山湖总工会补缴了前期工会经费，并取得了松山湖总工会的说明确认，松山湖总工会未接到优利德工会会员关于工会经费事项的投诉举报，截至确认出具之日，公司不存在欠缴工会经费的情况，且公司已自2020年7月起开始正常拨缴工会经费。企业需按照法律法规规定提取职工教育经费。报告期内，公司实际支出职工教育经费27.27万元，合理开展了员工的技能培训及再教育活动；报告期内，公司未损害员工合法权益，也未受到任何行政处罚，公司2020年6月以前未足额提取职工教育经费不会对公司的生产经营产生重大不利影响
2	中远通 2022年过会	公司的人员奖金、搬迁通勤补助、人才保障房空置费等职工福利费用减少是由于公司在正常经营过程中业绩波动与厂房搬迁，变动原因合理

第四节　劳动纠纷

如果拟上市企业与员工存在劳动纠纷，上市审核部门会重点关注公司的法律风险和潜在损失问题。如果拟上市企业与员工存在劳动纠纷的数量较多，还会被上市审核部门关注企业社会责任问题，从而对上市造成重大负面影响。

上市审核部门关注劳动纠纷的典型案例见表9-6。

表 9-6　上市审核部门关注劳动纠纷的典型案例

序号	相关案例	审核关注问题
1	乐普诊断 2021年终止	2020年9月25日，北京市一中院就公司前员工姜艳与公司因劳动争议［(2020)京01民终5380号］一案，做出终审判决，裁定发行人应于规定期限内支付姜艳工资差额及违法解除劳动合同赔偿金。请发行人补充说明上述劳动争议案判决后的执行情况，报告期内是否存在其他与劳动争议相关的纠纷或潜在纠纷
2	益中亘泰 2021年终止	发行人存在劳务外包用工、非全日制用工、退休返聘用工。发行人在报告期内的劳动争议纠纷共有65起，其中追索劳动报酬及其他费用纠纷为33起。请发行人补充披露劳动争议纠纷较多的原因及合理性，说明劳动争议纠纷的形成原因，员工管理是否合规、经营是否稳定

第五节　劳务派遣

一、劳务派遣的相关概念

劳务派遣系由劳务派遣机构与派遣劳动者订立劳动合同，把劳动者派向实际用工单位，再由实际用工单位向派遣机构支付服务费用的用工方式。

劳务派遣的最大特点就是劳动关系与用工关系分离——被派遣劳动者与劳务派遣机构有劳动关系但无用工关系，与实际用工单位有用工关系但无劳动关系。

二、《劳务派遣暂行规定》的相关要求

第三条　用工单位只能在临时性、辅助性或者替代性的工作岗位上使用被派遣劳动者。

前款规定的临时性工作岗位是指存续时间不超过6个月的岗位；辅助性工作岗位是指为主营业务岗位提供服务的非主营业务岗位；替代性工作岗位是指用工单位的劳动者因脱产学习、休假等原因无法工作的一定期间内，可以由其他劳动者替代工作的岗位。

第四条　用工单位应当严格控制劳务派遣用工数量，使用的被派遣劳动者数量不得超过其用工总量的10%。

前款所称用工总量是指用工单位订立劳动合同人数与使用的被派遣劳动者人数之和。

三、上市审核部门关注的劳务派遣相关问题

上市审核部门重点关注拟上市企业使用劳务派遣是否符合行业惯例、劳务派遣人员工作性质与比例、劳务派遣单位业务资质以及相关人员的社会保险缴纳情况等。

上市审核部门关注劳务派遣的典型案例见表9-7。

表 9-7　上市审核部门关注劳务派遣的典型案例

序号	相关案例	审核关注问题
1	欧圣电气 2022 年上市	报告期各期末，发行人劳务派遣用工的人数占用工总数的比例分别为 15.84%、15.80% 和 9.04%。2018 年及 2019 年，发行人的劳务派遣人员时薪低于一线生产正式员工时薪，差异率分别为 −7.28% 和 −10.22%；2020 年，发行人劳务派遣人员时薪高于一线生产正式员工时薪，差异率为 6.79%。请发行人补充披露报告期各期末均存在较高比例劳务派遣用工的原因和必要性，是否与同行业可比公司及当地企业一致，以及在 2020 年劳务派遣用工平均时薪已高于一线正式员工平均时薪的情况下仍存在较高比例劳务派遣用工的原因和合理性
2	紫建电子 2022 年上市	发行人 2018 年、2019 年存在使用劳务派遣人员情况，劳务派遣月平均人数分别为 15 人、23 人。请发行人以列表形式补充披露报告期各期末劳务派遣人员的情况，包括劳务派遣人数、用工总人数、劳务派遣用工占比、岗位分布，并说明是否符合《劳务派遣暂行规定》等相关规定

第六节　劳务外包

一、劳务外包的相关概念

劳务外包是指发包方将其部分工作内容交由承包方完成，发包方按照约定向承包方支付劳务外包费用的行为。

常见的劳务外包内容包括仓储物流、辅助岗位、人力资源、工程施工等。

二、劳务外包与劳务派遣的差异

（一）法律适用

劳务派遣适用《中华人民共和国劳动合同法》，更多体现对劳动者的关照，比如用工单位在具备法定的退回条件时，方可向劳务派遣单位退回被派遣劳动者。

劳务外包则适用《中华人民共和国民法典》，更多尊重当事人意思自治。

(二) 涉及的法律关系

劳务派遣涉及三重法律关系，即实际用工单位与劳务派遣机构之间的劳务派遣合同关系、劳务派遣机构与派遣员工之间的劳动合同关系、实际用工单位与派遣员工之间的实际用工关系。

劳务外包涉及两重法律关系，即发包方与承包方之间的承揽合同关系、承包方与其外包员工之间的劳动合同关系。发包方与外包员工之间不存在劳动、劳务或其他用工关系。

(三) 员工的管理主体

劳务派遣中，派遣员工主要由实际用工单位直接管理，用工单位的各种规章制度直接适用于派遣用工。

劳务外包中，外包员工由承包方直接管理，发包方不得直接对其进行管理，发包方的各种规章制度也并不当然适用于外包员工。

(四) 用工范围

根据《劳务派遣暂行规定》，用工单位只能在临时性、辅助性或者替代性的工作岗位上使用被派遣劳动者，且被派遣劳动者的数量不得超过其用工总量的 10%。

劳务外包则通常对应的是企业的一个完整职能，如业务、生产、部门等，法律法规没有明确的用工比例限制。

(五) 经营资质要求

劳务派遣单位需要获得劳务派遣资质。

劳务外包单位需要具备实施相应业务的能力或资质，而非劳务派遣资质。

三、上市审核部门关注的劳务外包相关问题

上市审核部门重点关注拟上市企业使用劳务外包是否符合行业惯例，劳务外包单位的基本情况、经营合法合规性、与拟上市企业的关联关系、是否专门为拟上市企业服务，劳务外包协议的主要内容，劳务外包人员与公司员工的薪酬对比情况及差异原因，拟上市企业是否存在通过劳务外包

变相规避劳务派遣的行为等。

上市审核部门关注劳务外包的典型案例见表 9-8。

表 9-8　上市审核部门关注劳务外包的典型案例

序号	相关案例	审核关注问题
1	上海拓璞 2021 年终止	发行人于 2019 年 4 月与上海绅保保安服务有限公司（以下简称"上海绅保"）签订《保安服务协议》，约定由上海绅保向发行人提供门卫值守、厂区巡视、来客登记等安全保卫工作，合同期限为 2019 年 4 月 15 日至 2020 年 4 月 15 日。原协议到期后，发行人与上海绅保重新签订《保安服务合同》，合同期限为 2020 年 4 月 15 日至 2021 年 4 月 15 日。请发行人说明：①该劳务公司的经营合规性情况，如是否具备必要的专业资质，业务实施及人员管理是否符合相关法律法规规定等；②劳务公司与发行人的控股股东、董监高、核心技术人员是否存在关联关系及其他利益安排的情形；③劳务外包的主要合同条款；④劳务外包公司是否专门为发行人服务
2	中翰生物 2023 年终止	为增加产品产量以按时满足客户需求，发行人在报告期内的业务高峰期进行了劳务外包和业务外包，报告期各期金额分别为 0.00 万元、32.72 万元、3 631.11 万元。请发行人说明：劳务外包、业务外包、外协厂商的主要区别；劳务/业务外包的合同签署情况、定价依据、价格公允性，与公司员工的薪酬对比情况及差异原因；结合劳务/业务外包的主要内容、同行业可比公司的外包占比，说明外包对发行人生产经营的作用，是否符合行业惯例

第十章

土地问题

第一节 土地的类别与权利

一、土地类别

(一)按照权属划分

《中华人民共和国土地管理法》相关规定如下:

第九条 城市市区的土地属于国家所有。

农村和城市郊区的土地,除由法律规定属于国家所有的以外,属于农民集体所有;宅基地和自留地、自留山,属于农民集体所有。

(二)按照用途划分

《中华人民共和国土地管理法》相关规定如下:

第四条 国家实行土地用途管制制度。

国家编制土地利用总体规划,规定土地用途,将土地分为农用地、建设用地和未利用地。严格限制农用地转为建设用地,控制建设用地总量,对耕地实行特殊保护。

前款所称农用地是指直接用于农业生产的土地，包括耕地、林地、草地、农田水利用地、养殖水面等；建设用地是指建造建筑物、构筑物的土地，包括城乡住宅和公共设施用地、工矿用地、交通水利设施用地、旅游用地、军事设施用地等；未利用地是指农用地和建设用地以外的土地。

上市审核部门关注土地类别的典型案例见表 10-1。

表 10-1 上市审核部门关注土地类别的典型案例

序号	相关案例	审核关注问题
1	园林股份 2021 年上市	请发行人进一步说明：发行人子公司租赁农村集体土地的性质，是耕地还是基本农田；具体的耕作用途（比如多少亩[①]用于种子培育、多少亩用于桂花林木种植等）；基本农田（耕地）用于桂花新品种的培育等用途，是否改变了土地性质和土地用途，是否属于《基本农田保护条例》第十六条规定的"占用基本农田发展林果业"；是否构成了《基本农田保护条例》第十五条规定的"改变或者占用"情形，是否事先经过了有权部门批准
2	赛伦生物 2022 年上市	发行人存在租赁温泉村农用地的情形。请发行人结合所在地的法律、法规及相关规范性文件，说明发行人租赁农用地是否已履行必备的程序，是否合法合规

① 1 亩 = 666.6 平方米。

二、土地权利

土地权利包括土地所有权、土地使用权和土地他项权利。

1）土地所有权的主体是国家或农民集体，其他组织或个人不能享有。

2）土地使用权是指在法律规定的范围内对国有或农民集体所有的土地占有、利用和收益的权利。

3）土地他项权利是指上述权利之外的土地权利，包括抵押权、租赁权等。

上市审核部门关注土地权利的典型案例见表 10-2。

表 10-2　上市审核部门关注土地权利的典型案例

序号	相关案例	审核关注问题
1	星辉环材 2022 年上市	发行人位于汕头保税区的新建房屋正在申请办理不动产权证书，拥有的地块处于抵押状态。请发行人补充披露：①相关未取得产权证书房屋的基本信息，不动产权证的办理进展，产权证书的办理是否存在障碍或风险；②发行人抵押土地上建筑物的主要用途，是否涉及与发行人主营业务相关的房屋、设备，土地抵押事项对发行人主营业务的影响

第二节　土地的流转方式

一、国有土地流转

（一）国有土地使用权出让

根据《中华人民共和国城镇国有土地使用权出让和转让暂行条例》，土地使用权出让是指国家以土地所有者的身份将土地使用权在一定年限内让与土地使用者，并由土地使用者向国家支付土地使用权出让金的行为。

土地使用权出让最高年限按下列用途确定：①居住用地 70 年；②工业用地 50 年；③教育、科技、文化、卫生、体育用地 50 年；④商业、旅游、娱乐用地 40 年；⑤综合或者其他用地 50 年。

土地使用权出让可以采取下列方式：①协议；②招标；③拍卖。

（二）国有土地使用权转让

根据《中华人民共和国城镇国有土地使用权出让和转让暂行条例》，土地使用权转让是指土地使用者将土地使用权再转移的行为，包括出售、交换和赠与。未按土地使用权出让合同规定的期限和条件投资开发、利用土地的，土地使用权不得转让。

（三）国有土地使用权出租

根据《中华人民共和国城镇国有土地使用权出让和转让暂行条例》，土地使用权出租是指土地使用者作为出租人将土地使用权随同地上建筑物、其他附着物租赁给承租人使用，由承租人向出租人支付租金的行为。

未按土地使用权出让合同规定的期限和条件投资开发、利用土地的,土地使用权不得出租。

(四) 国有土地使用权出资(入股)

根据曾经的《国有企业改革中划拨土地使用权管理暂行规定》,国家以土地使用权作价出资(入股),是指国家以一定年期的国有土地使用权作价,作为出资投入改组后的新设企业,该土地使用权由新设企业持有,可以依照土地管理法律、法规关于出让土地使用权的规定转让、出租、抵押。

(五) 国有土地使用权划拨

根据《中华人民共和国城镇国有土地使用权出让和转让暂行条例》,划拨土地使用权划拨是指土地使用者通过各种方式依法无偿取得的土地使用权。

根据《中华人民共和国土地管理法》,下列建设用地,经县级以上人民政府依法批准,可以以划拨方式取得:①国家机关用地和军事用地;②城市基础设施用地和公益事业用地;③国家重点扶持的能源、交通、水利等基础设施用地;④法律、行政法规规定的其他用地。

上市审核部门关注国有土地流转的典型案例见表10-3。

表10-3 上市审核部门关注国有土地流转的典型案例

序号	相关案例	审核关注问题
1	中兰环保 2021年上市	发行人无土地使用权,相关土地使用权人授权发行人使用5处划拨用地,用于填埋气发电项目、渗滤液投资运营项目。请发行人结合土地管理法律法规,补充披露发行人使用划拨用地的法律依据,是否已经依法履行相应程序,土地使用权人对发行人的用地授权是否合法、有效
2	盛帮股份 2022年上市	①2019年8月,发行人拥有的土地及对应厂房被政府征收,2020年4月和5月发行人签署《房屋搬迁补偿协议》,并累计收到拆迁补偿总价款6 398.47万元。②2018年1月,发行人与政府签订《产能建设项目投资协议书》,拟选址成都市双流区西航港开发区工业地进行投资建设。发行人拟通过土地招拍挂程序取得目标地块,并将原有厂房搬迁的产能并入新建项目。请发行人结合拟将原有厂房搬迁的产能并入新建项目情况,说明新建项目的土地取得进展情况,如无实质进展,请进一步说明发行人是否存在厂房(用地)紧张等相关风险,应对措施及其有效性

二、农民集体所有土地征收

《中华人民共和国土地管理法》相关规定如下：

第四十五条 为了公共利益的需要，有下列情形之一，确需征收农民集体所有的土地的，可以依法实施征收：①军事和外交需要用地的；②由政府组织实施的能源、交通、水利、通信、邮政等基础设施建设需要用地的；③由政府组织实施的科技、教育、文化、卫生、体育、生态环境和资源保护、防灾减灾、文物保护、社区综合服务、社会福利、市政公用、优抚安置、英烈保护等公共事业需要用地的；④由政府组织实施的扶贫搬迁、保障性安居工程建设需要用地的；⑤在土地利用总体规划确定的城镇建设用地范围内，经省级以上人民政府批准由县级以上地方人民政府组织实施的成片开发建设需要用地的；⑥法律规定为公共利益需要可以征收农民集体所有的土地的其他情形。

前款规定的建设活动，应当符合国民经济和社会发展规划、土地利用总体规划、城乡规划和专项规划；第④项、第⑤项规定的建设活动，还应当纳入国民经济和社会发展年度计划；第⑤项规定的成片开发并应当符合国务院自然资源主管部门规定的标准。

第四十六条 征收下列土地的，由国务院批准：①永久基本农田；②永久基本农田以外的耕地超过35公顷的；③其他土地超过70公顷的。

征收前款规定以外的土地的，由省、自治区、直辖市人民政府批准。

三、农民集体所有土地流转

（一）《中华人民共和国土地管理法》关于农民集体所有土地流转的规定

第十三条 农民集体所有和国家所有依法由农民集体使用的耕地、林地、草地，以及其他依法用于农业的土地，采取农村集体经济组织内部的家庭承包方式承包，不宜采取家庭承包方式的荒山、荒沟、荒丘、荒滩等，可以采取招标、拍卖、公开协商等方式承包，从事种植业、林业、畜牧业、渔业生产。家庭承包的耕地的承包期为30年，草地的承包期为30～50年，林地的承包期为30～70年；耕地承包期届满后再延长30年，草地、林地承包期届满后依法相应延长。

第六十三条 土地利用总体规划、城乡规划确定为工业、商业等经营性用途，并经依法登记的集体经营性建设用地，土地所有权人可以通过出让、出租等方式交由单位或者个人使用，并应当签订书面合同，载明土地界址、面积、动工期限、使用期限、土地用途、规划条件和双方其他权利义务。

前款规定的集体经营性建设用地出让、出租等，应当经本集体经济组织成员的村民会议 2/3 以上成员或者 2/3 以上村民代表的同意。

通过出让等方式取得的集体经营性建设用地使用权可以转让、互换、出资、赠与或者抵押，但法律、行政法规另有规定或者土地所有权人、土地使用权人签订的书面合同另有约定的除外。

(二)《中华人民共和国农村土地承包法》关于农民集体所有土地流转的规定

第三十四条 经发包方同意，承包方可以将全部或者部分的土地承包经营权转让给本集体经济组织的其他农户，由该农户同发包方确立新的承包关系，原承包方与发包方在该土地上的承包关系即行终止。

第三十五条 土地承包经营权互换、转让的，当事人可以向登记机构申请登记。未经登记，不得对抗善意第三人。

第三十六条 承包方可以自主决定依法采取出租（转包）、入股或者其他方式向他人流转土地经营权，并向发包方备案。

第五十条 荒山、荒沟、荒丘、荒滩等可以直接通过招标、拍卖、公开协商等方式实行承包经营，也可以将土地经营权折股分给本集体经济组织成员后，再实行承包经营或者股份合作经营。

承包荒山、荒沟、荒丘、荒滩的，应当遵守有关法律、行政法规的规定，防止水土流失，保护生态环境。

第五十二条 发包方将农村土地发包给本集体经济组织以外的单位或者个人承包，应当事先经本集体经济组织成员的村民会议 2/3 以上成员或者 2/3 以上村民代表的同意，并报乡（镇）人民政府批准。

由本集体经济组织以外的单位或者个人承包的，应当对承包方的资信情况和经营能力进行审查后，再签订承包合同。

第五十三条 通过招标、拍卖、公开协商等方式承包农村土地，经依法登记取得权属证书的，可以依法采取出租、入股、抵押或者其他方式流转土地经营权。

上市审核部门关注农民集体所有土地流转的典型案例见表 10-4。

表 10-4 上市审核部门关注农民集体土地流转的典型案例

序号	相关案例	审核关注问题
1	维峰电子 2022 年上市	请发行人：说明昆山维康相关集体建设用地土地使用权的取得时间及取得过程，相关取得和使用是否符合《土地管理法》等法律法规的规定，是否依法办理了必要的审批手续，有关房产是否为合法建筑，是否可能受到行政处罚，是否构成重大违法行为；相关土地面积占比及产生的收入、毛利、利润情况，对发行人的重要性；是否存在其他使用或租赁特殊性质的土地的情形

第三节 与土地相关的财务核算与税务问题

一、与土地相关的财务核算

根据企业会计准则等相关规定，与土地相关的初始入账与后续财务核算要求见表 10-5。

表 10-5 与土地相关的财务核算要求

用途	初始入账	后续财务核算
购入自用的土地	无形资产	在不动产权证书期限内进行摊销 房产建造期间的土地摊销通常情况下计入管理费用
购入用于房地产开发的土地	存货	转入销售成本
购入无法区分土地与房产价值的建筑物	固定资产	在建筑物可使用期限内计提折旧
用于出租的土地	投资性房地产	有确凿证据表明公允价值能够持续可靠取得的，可以对投资性房地产采用公允价值模式进行后续计量；否则采用成本法计量，在不动产权证书期限内进行摊销
持有并准备增值后对外转让的土地		

上市审核部门关注土地财务核算的典型案例见表 10-6。

表 10-6　上市审核部门关注土地财务核算的典型案例

序号	相关案例	审核关注问题
1	中科环保 2022年上市	请发行人说明土地使用权的明细、获取方式、入账成本、后续核算情况
2	朗坤环境 2022年过会	请发行人说明土地使用权的明细情况、获取方式、入账成本、后续核算情况，是否符合企业会计准则的规定

二、与土地相关的税务问题

（一）土地增值税

根据《中华人民共和国土地增值税暂行条例》，土地增值税按照纳税人转让房地产所取得的增值额和规定的税率计算征收。纳税人转让房地产所取得的收入减除本条例规定扣除项目金额后的余额，为增值额。纳税人转让房地产所取得的收入，包括货币收入、实物收入和其他收入。

计算增值额的扣除项目：①取得土地使用权所支付的金额；②开发土地的成本、费用；③新建房及配套设施的成本、费用，或者旧房及建筑物的评估价格；④与转让房地产有关的税金；⑤财政部规定的其他扣除项目。

土地增值税实行四级超率累进税率：增值额未超过扣除项目金额50%的部分，税率为30%；增值额超过扣除项目金额50%、未超过扣除项目金额100%的部分，税率为40%；增值额超过扣除项目金额100%、未超过扣除项目金额200%的部分，税率为50%；增值额超过扣除项目金额200%的部分，税率为60%。

（二）契税

根据《中华人民共和国契税法》，在中华人民共和国境内转移土地、房屋权属，承受的单位和个人为契税的纳税人，应当依照本法规定缴纳契税。

转移土地、房屋权属，是指下列行为：①土地使用权出让；②土地使用权转让，包括出售、赠与、互换；③房屋买卖、赠与、互换。

土地使用权转让，不包括土地承包经营权和土地经营权的转移。以作价投资（入股）、偿还债务、划转、奖励等方式转移土地、房屋权属的，应当依照本法规定征收契税。

契税税率为 3%～5%。契税的具体适用税率，由省、自治区、直辖市人民政府在前款规定的税率幅度内提出，报同级人民代表大会常务委员会决定，并报全国人民代表大会常务委员会和国务院备案。

（三）与土地相关的税收筹划

为了控制土地转让的土地增值税与契税，拟上市企业可以通过转让股权的方式转让土地——拟上市企业先以土地投资新设公司，再转让该新设公司的股权。此种操作方式一般会被上市审核部门关注，但不会构成上市的实质性障碍。

上市审核部门关注土地税收筹划的典型案例见表 10-7。

表 10-7 上市审核部门关注土地税收筹划的典型案例

序号	相关案例	审核关注问题
1	康鹏科技 2021 年被否决	发行人转让万溯众创 100% 股权的直接目的是转让相关不动产。请发行人代表说明该次交易是否需要缴纳土地增值税，是否存在被追缴风险
2	奥扬科技 2022 年终止注册	2017 年 9 月 6 日，潍坊日东环保装备有限公司以土地、房产出资设立奥捷特种装备，注册资本为 3 000 万元，持有其 100% 股权。2017 年 12 月 28 日，发行人以 3 555 万元的价款收购奥捷特种装备持有的 100% 的股权，奥捷特种装备成为发行人的全资子公司。发行人以收购奥捷特种装备 100% 股权形式，实质为购买对应的土地房产。请发行人结合收购的土地、房产情况和具体用途，以及奥捷特种装备的基本情况，包括实际控制人、主营业务、业务规模、收购前主要资产和财务数据、与发行人及其关联方的关系等，补充说明发行人通过收购奥捷特种装备获取土地、房产的背景及合理性，奥捷特种装备的注销过程是否合法合规，是否存在补缴税款风险

第四节 土地的相关 IPO 要求

一、日常经营用地的相关要求

根据《监管规则适用指引——发行类第 4 号》，发行人存在使用或租赁使用集体建设用地、划拨地、农用地、耕地、基本农田及其上建造的房产等情形的，保荐机构和发行人律师应对其取得和使用是否符合《土地管理法》等法律法规的规定、是否依法办理了必要的审批或租赁备案手续、有关房产是否为合法建筑、是否可能被行政处罚、是否构成重大违法行为出具明确意见，说明具体理由和依据。

上述土地为发行人自有或虽为租赁但房产为自建的，如存在不规范情形且短期内无法整改，保荐机构和发行人律师应结合该土地或房产的面积占发行人全部土地或房产面积的比例、使用上述土地或房产产生的营业收入、毛利、利润情况，评估其对于发行人的重要性。如面积占比较低、对生产经营影响不大，应披露将来如因土地问题被处罚的责任承担主体、搬迁的费用及承担主体、有无下一步解决措施等，并对该等事项做重大风险提示。

发行人生产经营用的主要房产系租赁上述土地上所建房产的，如存在不规范情形，原则上不构成发行上市障碍。保荐机构和发行人律师应就其是否对发行人持续经营构成重大影响发表明确意见。发行人应披露如因土地问题被处罚的责任承担主体、搬迁的费用及承担主体、有无下一步解决措施等，并对该等事项做重大风险提示。

上市审核部门关注日常经营用地的典型案例见表10-8。

表10-8　上市审核部门关注日常经营用地的典型案例

序号	相关案例	审核关注问题
1	炬申股份 2021年上市	发行人子公司炬申仓储所租赁并用作主要经营场所的"沥边"地段土地性质为国有划拨用地，发行人自有或租赁的部分土地使用权和房产存在瑕疵。请发行人代表：①结合国家及地方关于划拨用地的相关规定，说明发行人子公司炬申仓储租赁划拨用地的合法性，是否符合国有划拨土地用途并履行必要的审批程序，是否存在租赁合同无效或被解除的风险；②结合瑕疵土地及房产的取得或租赁过程以及存在瑕疵的原因，说明相关土地及房产是否存在重大法律风险或潜在法律纠纷，是否构成本次发行上市的实质障碍；③结合瑕疵土地和房产运用情况，说明瑕疵土地和房产是否发行人的重要经营场所，相关瑕疵是否对发行人持续经营产生重大不利影响，以及发行人拟采取的应对和整改措施，相关风险揭示是否充分
2	江河纸业 2022年被否决	请发行人代表说明使用或租赁集体建设用地、划拨地及其上建造的房产是否符合《土地管理法》等法律法规的规定，是否依法办理了必要的审批或租赁备案手续，有关房产是否为合法建筑，是否存在被行政处罚的风险

二、募投用地的相关要求

根据《监管规则适用指引——发行类第 4 号》，发行人募投用地尚未取得的，需披露募投用地的计划、取得土地的具体安排、进度等。保荐机构、发行人律师需对募投用地是否符合土地政策、城市规划、募投用地落实的风险等进行核查并发表明确意见。

上市审核部门关注募投用地的典型案例见表 10-9。

表 10-9　上市审核部门关注募投用地的典型案例

序号	相关案例	审核关注问题
1	星球石墨 2021 年上市	发行人募投项目用地在取得农转用批文、供地后，可按规定办理土地证书。招股说明书披露，发行人本次募集资金的投向涉及较大金额的房产、设备等固定资产以及土地使用权等无形资产的购置。发行人未在回复中说明募集资金用于购置土地使用权的具体情况。请发行人补充披露相关土地证书办理进度，并说明本次募集资金用于购置土地使用权的具体情况及计划
2	华新环保 2022 年上市	发行人子公司云南华再生产经营用地位于云南省东川再就业特区天生桥特色产业园区。2011 年 1 月发行人已按约定向昆明市东川区人民政府缴纳土地款，但由于历史原因，土地的使用权证至今尚未办理完毕。该片土地也是募投项目之一"冰箱线物理拆解、分类收集改扩建项目"的实施地点。请发行人说明：在发行人已缴纳土地款的情况下，云南华再生产经营用地未能办理相关产权证书的具体原因，相关证书办理进展情况，是否存在实质障碍；如未能在审核阶段成功办理产权证书，是否需对募集资金项目进行调整以及拟采取的应对措施

第五节　与土地相关的实务典型问题

一、土地用途

拟上市企业需要按照不动产权证书列明的用途使用土地，否则需要申请变更不动产权证书列明的用途，并取得自然资源和规划局出具的无重大违法违规证明。

上市审核部门关注土地用途的典型案例见表 10-10。

表 10-10　上市审核部门关注土地用途的典型案例

序号	相关案例	审核关注问题
1	金智教育 2022 年终止注册	发行人拥有一宗土地使用权，用途为科教用地（科技研发），系与南京博雅首发置业有限公司联合竞拍，双方按份共有；发行人所使用的办公场所均为租赁房产。请发行人说明：①联合竞拍土地的原因，上述土地未来的计划用途；②发行人房屋租赁是否存在权属纠纷，租赁用途与房屋用途是否一致，是否办理了租赁备案手续，相关租赁合同是否合法有效，是否存在不能续租的风险以及对发行人生产经营的影响
2	茂莱光学 2023 年上市	发行人正在使用的在茂莱仪器位于江宁开发区铺岗街 398 号土地使用权上的建设的配电房、门卫、食堂正在补办产权证书。发行人租用位于南京市江宁开发区秣陵街道吉印大道 2595 号的 4 幢和 5 幢仓库，原计划使用该租赁房产新建生产线作为生产车间，但根据该租赁房产的产权证书，其房屋证载规划用途为商业，土地用途为批发零售用地，发行人拟使用的用途与证载用途不一致。发行人在取得土地用途变更前，不会使用该等房产用于生产。请发行人补充披露产权证书办理进度及土地用途变更进度，并说明若前述土地用途变更无法如期完成或发行人无法继续使用该物业，对发行人生产经营的影响及应对措施

二、违规用地处罚

如果拟上市企业因为违规使用土地导致行政处罚，上市审核部门会关注行政处罚的原因及影响，拟上市企业的整改措施，是否构成重大违法违规，以及是否具有其他潜在风险等。

上市审核部门关注违规用地导致行政处罚的典型案例见表 10-11。

表 10-11　上市审核部门关注违规用地导致行政处罚的典型案例

序号	相关案例	审核关注问题
1	通灵股份 2021 年上市	中科百博（发行人全资子公司）2020 年取得土地产权证，其曾于 2018 年 4 月因非法占地受到寿县国土资源局的行政处罚。请发行人补充披露：①中科百博 2020 年取得产权证的基本情况；②中科百博 2018 年 4 月受行政处罚的具体缘由，是否存在"未批先建"的情形，对发行人的影响，相关整改措施

三、土地使用权抵押

如果拟上市企业存在土地使用权抵押的情况,上市审核部门会关注土地使用权抵押的基本情况,以及对拟上市企业生产经营的潜在影响。

上市审核部门关注土地使用权抵押的典型案例见表10-12。

表10-12　上市审核部门关注土地使用权抵押的典型案例

序号	相关案例	审核关注问题
1	百克生物 2021年上市	发行人自有房产"长房权字第1090002674号"工业用地被抵押,面积为17 495.45平方米。请发行人:①说明上述土地抵押的具体情况,包括但不限于担保的主债权、抵押期限、实现抵押的情形等;②结合发行人的资产、现金流情况,说明是否存在较大偿债风险;③结合该处房产的用途,说明抵押权的实现是否会对发行人的生产经营产生较大不利影响
2	美信科技 2022年过会	2021年3月,发行人将位于东莞市企石镇江边村的18 351.96平方米土地使用权抵押给中国银行东莞分行。请发行人说明土地使用权抵押的具体情况,包括被担保债权情况、担保合同约定的抵押权实现情形、抵押权人是否有可能行使抵押权及其对发行人生产经营的影响

第十一章

募投项目设计

第一节 募投项目设计的基本原则

一、符合国家战略

拟上市企业募投项目应当符合国家产业政策以及固定资产投资、环境保护、土地管理和其他法律法规的规定。

上市审核部门关注募投项目是否符合国家战略的典型案例见表11-1。

表11-1 上市审核部门关注募投项目是否符合国家战略的典型案例

序号	相关案例	审核关注问题
1	风光股份 2021年上市	发行人为实施烯烃抗氧剂催化剂项目，于2016年设立武汉澳辉。由于未能如期取得环评批复，武汉澳辉的土地及在建工程由武汉市青山区土地整理储备事务中心收回。武汉澳辉已于2020年1月注销。发行人拟在榆林市实施烯烃抗氧剂催化剂项目，该项目为发行人本次募投项目，已通过榆林市环评。请发行人披露前次未能取得武汉市环评批复但本次通过榆林市环评批复的原因，结合发改委《产业结构调整指导目录（2019年本）》，披露发行人募投项目是否属于限制类产业、重污染行业，会否影响募投项目的最终实施及产能扩张

二、符合行业发展趋势

拟上市企业募投项目应当符合行业发展趋势，包括产品、原材料、技术、工艺、设备、劳动用工、上下游产业链等的发展前景。

论述募投项目符合行业发展趋势的典型案例见表 11-2。

表 11-2　论述募投项目符合行业发展趋势的典型案例

序号	相关案例	事实情况
1	诺禾致源 2021 年上市	在第二代测序技术的推动下，基因测序的应用领域迅速拓宽，市场规模快速增长。根据 BCC Research，全球基因测序市场于 2018 年达到 107 亿美元，预计未来几年依旧会保持快速增长，2023 年将达到 244 亿美元，2018 年—2023 年复合增长率为 18%。其中，基因测序服务市场规模将由 2018 年的 55 亿美元增长到 2023 年的 140 亿美元，复合增长率为 20.4%。中国基因测序市场规模于 2017 年达到 12 亿美元，预计 2022 年将达到 29 亿美元，复合增长率为 19%。其中，基因测序服务市场规模将于 2017 年的 6.18 亿美元增长到 2022 年的 18 亿美元，复合增长率为 24.4%

三、符合企业发展战略

拟上市企业募投项目应该与企业中长期发展目标保持一致，从而保证企业最终实现其发展战略。

论述募投项目符合企业发展战略的典型案例见表 11-3。

表 11-3　论述募投项目符合企业发展战略的典型案例

序号	相关案例	事实情况
1	晶华微 2022 年上市	本项目的建设符合公司在工控及仪表产品方向的发展战略。公司在工控领域的产品研发追求工业级标准，一直秉持着高精确度、高稳定性、低误码率的研发宗旨。而本项目的实施将使公司进一步扩大在国内工控市场的影响力，打破行业国外垄断，在未来实现与更多中高端客户群体的合作

第二节　募投项目设计的要点

一、关注募投项目实施的迫切性

1）实施募投项目是实现企业发展战略的基础。

2）企业亟须实施募投项目。

3）企业自有资金难以支撑募投项目的实施。

论述募投项目实施迫切性的典型案例见表 11-4。

表 11-4 论述募投项目实施迫切性的典型案例

序号	相关案例	事实情况
1	晓鸣股份 2021 年上市	公司作为专注于蛋鸡制种业务的企业，在继续稳定原有的市场占有率的同时，持续开拓新的市场。公司业务规模快速增长，2017 年—2019 年公司商品代雏鸡销售数量分别达到 0.81 亿羽、1.07 亿羽和 1.20 亿羽，年均增长率达到 21.32%，已发展成为全国性的蛋鸡养殖龙头企业，2019 年被评为"农业产业化国家重点龙头企业"。随着国内环保政策趋严，动物防疫和"禁抗、减抗、限抗"标准逐步提高，规模化养殖优势越发明显，公司业务进一步扩张，公司实际产能利用率已接近饱和。募集资金投资项目将新建在宁夏回族自治区闽宁地区和内蒙古自治区阿拉善地区两大良种蛋鸡养殖生产基地，项目建成后可显著提高公司产能，有效保障公司未来的产品生产和市场扩张

二、关注项目实施时机的选择

1）募投项目所需要的批准文件已经或者预期能够办理完毕。

2）募投项目相关产品已经或预期能够取得必要的市场准入资质，如生产许可证、产品认证等。

3）拟上市企业已经掌握生产募投项目相关产品的核心技术。

4）募投项目预期能够在合理的时间内完成。

5）竞争对手的动向不会对拟上市企业的募投项目造成重大不利影响。

上市审核部门关注募投项目实施时机的典型案例见表 11-5。

三、关注募投项目投资的有效性

1）拟上市企业的产能利用充分，不存在产能较大闲置的情况。

2）拟上市企业新增固定资产投资规模与企业实际需求相匹配。

3）拟上市企业的募投项目将会带来其生产效率的显著提高。

上市审核部门关注募投项目投资有效性的典型案例见表 11-6。

表 11-5 上市审核部门关注募投项目实施时机的典型案例

序号	相关案例	审核关注问题
1	中超股份 2021年终止	公司本次发行上市募集资金拟投资于年产 3 万吨高白超细氢氧化镁阻燃剂项目等 4 个项目及补充流动资金。报告期内，公司未形成高白超细氢氧化镁阻燃剂相关收入。公司发明专利共 10 项，包含"表面改性氢氧化镁收入的具体情况、相关表述如不准确请予调整；②上述年产 3 万吨高白超细氢氧化镁阻燃剂项目是否具有相应技术储备，市场开拓，原材料和设备采购是否具有重大不确定性，是否存在募投项目落地风险；③其他募投项目 2018 年备案文件是否已过有效期
2	大全能源 2021年上市	发行人现有产品主要应用于光伏行业。募投项目规划建设年产 1 000 吨高纯半导体材料项目和年产 35 000 吨多晶硅项目。请发行人说明：①高纯半导体材料制备工艺与多晶硅制备工艺的技术差异，发行人从生产光伏太阳能级多晶硅转变为生产高纯半导体材料，是否具有相应的技术储备；②募投项目环评批复文件进展

表 11-6 上市审核部门关注募投项目投资有效性的典型案例

序号	相关案例	审核关注问题
1	天松医疗 2023年被否决	报告期内，发行人的主营业务收入分别为 11 515.56 万元、9 568.92 万元、10 500.64 万元和 5 239.73 万元，最近一期期末发行人三年以上库龄存货占比 29.13%，其中库存商品三年以上库龄占比 35.48%，呈上升趋势，并且远高于同行业可比公司，同时发行人存货周转率低于行业可比公司。请发行人结合报告期内的收入变动情况、存货周期情况、市场需求和开拓、产品规划和技术来源等，进一步说明募投项目的合理性和可行性，量化分析募投项目对发行人经营业绩的影响

四、投资风险的可控性

1）募投项目投资规模与拟上市企业的经营管理能力和资产运营能力相匹配。

2）拟上市企业预期销售收入稳定、可持续。

上市审核部门关注投资风险可控性的典型案例见表 11-7。

表 11-7　上市审核部门关注投资风险可控性的典型案例

序号	相关案例	审核关注问题
1	海天瑞声 2021 年上市	截至 2019 年年底，发行人资产总额为 4.04 亿元，持有的货币资金和交易性金融资产分别为 1.63 亿元和 1.56 亿元。发行人本次募集资金拟投向自主研发数据产品扩建项目，拟投入募集资金 7.6 亿余元，远大于公司资产总额。请发行人结合同行业公司资产收入情况、公司资金用途，说明公司募集资金总额的合理性，发行人是否具有足够的经营管理能力和资产运营能力
2	信安世纪 2021 年上市	截至 2019 年年底，发行人资产总额为 5.5 亿元。发行人本次募集资金总额为 6.8 亿余元，远大于公司资产总额。请发行人结合同行业公司资产收入情况、公司资金用途，说明公司募集资金总额的合理性，发行人是否具有足够的经营管理能力和资产运营能力

五、募投项目的可行性

1）拟上市企业已经掌握募投项目的产业化技术。

2）拟上市企业已有足够的管理人员、专业技术人员来保证募投项目的顺利实施。

3）拟上市企业能保证募投项目所需核心零部件的采购。

4）拟上市企业有足够的能力采购募投项目所需要的重要原材料。

论述募投项目可行性的典型案例见表 11-8。

表 11-8　论述募投项目可行性的典型案例

序号	相关案例	事实情况
1	莱尔科技 2021 年上市	国内超高清产业云计算、大数据、人工智能等新兴业务快速发展，产业政策红利不断，下游行业需求激增。本项目生产的用于 4K、8K 电视以及用于服务器的 32G 服务器传输线缆契合超高清发展规划以及 5G、云计算发展带来的发展机遇，同时，公司强大的技术实力、人才团队为项目产品的品质提供了有力保障，多年的稳定扩张及市场积累也为产能消化提供了支持

第三节　募投项目设计需要规避的问题

一、募投方向

1）募集资金不宜投资全新产品。

2）募集资金尽量避免投向境外。

3）募投项目不应与拟上市企业的关联企业产生同业竞争。

4）募集资金不能用于收购拟上市企业的关联方资产。

5）募投项目不宜导致拟上市企业的业务模式发生重大变化。

上市审核部门关注募投项目可能带来业务模式变化的典型案例见表11-9。

表 11-9　上市审核部门关注募投项目可能带来业务模式变化的典型案例

序号	相关案例	审核关注问题
1	天松医疗 2023年被否决	发行人披露未来仍将以经销商模式为主。请发行人补充说明在该模式下大幅扩大营销中心面积的必要性和合理性；详细说明营销中心的功能面积分布，未来三年营销团队的人员规划，新建营销中心能否得到有效利用，是否将空置或者转作其他用途

二、募集资金金额

1）整体募集资金规模不宜过大。

2）通常不宜过多"补充流动资金"。

三、募投项目的经济指标

1）募投项目的预算应当明确、细化、稳健。

2）募投项目的市场前景分析应当与拟上市企业所属行业的发展趋势一致。

3）募投项目的盈利预测应当谨慎、客观。

4）募投项目应当充分考虑新增固定资产（折旧）对拟上市企业净利润的影响。

上市审核部门关注募投项目经济指标的典型案例见表11-10。

表 11-10 上市审核部门关注募投项目经济指标的典型案例

序号	相关案例	审核关注问题
1	宏力达 2020 年上市	发行人决定在募投项目建成后，将现有位于泉州市丰泽区高新产业园区的厂房予以退租，将相关设备予以清理和处置，以泉州生产基地建设项目的产能替换发行人位于泉州市丰泽区高新产业园区的产能。请发行人结合位于泉州市丰泽区高新产业园区的厂房内相关设备届时的清理和处置费用，量化分析对财务状况的影响

第四节 募集资金总额与分配

一、募集资金总额

拟上市企业的募集资金总额与其上市前一年的净利润、公开发行股票的市盈率以及公开发行股票的比例（公开发行股份占发行后总股本的比例）相关：

募集资金总额 = 拟上市企业上市前一年的净利润 ×
公开发行股票的市盈率 × 公开发行股票的比例

上市审核部门关注募集资金总额的典型案例见表 11-11。

表 11-11 上市审核部门关注募集资金总额的典型案例

序号	相关案例	审核关注问题
1	维嘉科技 2022 年被否决	请发行人结合拟募集资金规模是公司 2021 年 9 月月末净资产的 3 倍以上、第三方机构对行业未来发展趋势的预测、公司产能扩充特点、公司客户特点等，进一步说明拟募集资金规模的合理性

二、募集资金分配

在实践中，制造业拟上市企业的募集资金主要用于扩大产能、研发中心建设、营销网络建设、对外并购、补充流动资金等；非制造业拟上市企业的募集资金则主要用于新项目投入、营销网络建设、补充流动资金等。

上市审核部门关注募集资金分配的典型案例见表 11-12。

表 11-12　上市审核部门关注募集资金分配的典型案例

序号	相关案例	审核关注问题
1	金宏气体 2020 年上市	发行人通过本次发行股票募集资金补充发展与科技储备资金 60 000.00 万元，其中用于新产品研发 3 300.00 万元、新生产基地项目 37 842.84 万元、并购项目 10 000.00 万元、补充营运资金 9 000.00 万元。请发行人严格按照《公开发行证券的公司信息披露内容与格式准则第 41 号——科创板公司招股说明书》第九节"募集资金运用与未来发展规划"第八十五条、第八十六条的规定，补充披露补充发展与科技储备资金的详细用途及项目决策和审批进展
2	至信药业 2021 年终止	报告期内，发行人完成了遵义饮片厂房建设，对应固定资产增加值为 7 523.76 万元，同时，此次募集资金投向中存在"中药饮片（遵义）产能建设项目"。请发行人披露遵义饮片厂房的主要用途、产能规模、目前使用情况，以及遵义饮片厂房与"中药饮片（遵义）产能建设项目"存在的差异

第五节　募投项目手续相关事项

为了降低上市审核的不确定性，建议拟上市企业的募投项目用地手续、项目立项、环境评价、安全评价、资质证照等均应在上市申报前完成。

上市审核部门关注募投项目手续的典型案例见表 11-13。

表 11-13　上市审核部门关注募投项目手续的典型案例

序号	相关案例	审核关注问题
1	威迈斯 2020 年被否决	发行人募投项目"龙岗宝龙新能源汽车电源产业基地建设项目"与深圳市龙岗区发展和改革局项目公示存在差异。请发行人代表说明：①上述募投项目在招股说明书中披露的情况与环评单位公示产生差异的原因及合理性；②该募投项目的开工时间、进度安排、建设进展情况
2	东威科技 2021 年上市	发行人子公司广德东威已经安徽广德经济开发区管委会签订项目投资协议，确定 100 亩土地用地计划，开发区管委会将协助企业尽快履行土地挂牌出让程序。请发行人说明募投项目用地的拿地计划，取得土地的具体安排、进度等，是否符合土地政策、城市规划，是否存在募投用地落实风险

第六节　募投项目设计实务典型问题

一、募集资金的必要性

拟上市企业的募集资金必要性会被上市审核部门关注，特别是在拟上市企业持有大量现金和/或申报期内曾经实施过大额现金分红的情况下。

在实践中，募集资金的必要性通常不会构成上市的实质性障碍。

上市审核部门关注募集资金必要性的典型案例见表 11-14。

表 11-14　上市审核部门关注募集资金必要性的典型案例

序号	相关案例	审核关注问题
1	孚能科技 2020 年上市	请发行人说明公司账上 55 亿元货币资金的使用计划，详细说明本次募集资金投资项目的合规性、合理性、必要性和可行性，提供项目所需资金的分析与测算依据；尤其是大量补充流动资金的必要性，及其管理运营安排，说明对公司生产经营的影响和对提升公司核心竞争力的作用
2	铁建重工 2021 年上市	发行人 2019 年现金分红 37 亿元，截至 2019 年 12 月 31 日，发行人银行存款超过 23 亿元，本次发行上市募集资金拟使用 30 亿元补充流动资金。请发行人进一步披露本次发行上市募集资金按轻重缓急使用的具体安排，是否优先保障研发与应用项目、生产基地建设项目实施而非补充流动资金，并进一步分析、披露本次发行上市募集资金大量用于补充流动资金的必要性

二、募投项目的实施主体

募投项目的实施主体可以为拟上市企业（上市主体本身）、拟上市企业全资子公司或者拟上市企业控股子公司。

不同募投项目实施主体的典型案例见表 11-15。

表 11-15　不同募投项目实施主体的典型案例

序号	相关案例	事实情况
1	三旺通信 2020 年上市	工业互联网设备扩产项目的实施主体为全资子公司三旺奇通
2	珈创生物 2021 年被否决	检测能力提升与服务体系建设项目、研发中心建设项目和企业管理与技术服务信息化项目的实施主体为公司
3	亚洲硅业 2022 年终止	60 000t/a 电子级多晶硅一期项目的实施主体为控股子公司亚硅半导体（持股 60%），通过对亚硅半导体增资或借款的方式用于本项目

三、募投项目的其他相关事项

拟上市企业在租赁土地厂房的情况下,上市审核部门会关注租赁改为投资建设的影响;拟上市企业在部分募投项目已经完成的情况下,上市审核部门会关注募投项目的运行及收益情况等。

上市审核部门关注其他募投项目相关事项的典型案例见表 11-16。

表 11-16　上市审核部门关注其他募投项目相关事项的典型案例

序号	相关案例	审核关注问题
1	炬芯科技 2021 年上市	由于发行人无自有房屋,为满足研发、办公等房屋需求,报告期内发行人及子公司炬力微电子、熠芯微电子分别向关联方炬力集成租赁房屋,子公司炬一科技向关联方炬创芯租赁房屋。请发行人说明募集资金投入项目是否会导致业务模式发生变化,本次募投项目新增固定资产折旧摊销额预计对发行人未来业绩的影响,相关风险揭示是否充分
2	杰创智能 2022 年上市	截至 2020 年 6 月 30 日,发行人在建工程为 4 441.42 万元,为杰创智能总部及研发生产基地,预计 2021 年年底完工。请发行人补充披露目前募投项目的进展情况,是否按期执行,项目实施是否存在期限要求,项目在 2021 年前完工的可行性及资金来源

股份制改造

第一节 股份制改造的相关概念

一、企业改制的概念

企业改制可分为部分改制和整体改制。

（1）整体改制：企业以全部资产进行重组，整体改建为符合现代企业制度要求的、规范的企业。

（2）部分改制：企业以部分资产进行重组，新设符合现代企业制度要求的、规范的企业，原企业继续保留。

二、股份制改造的概念

股份制改造（以下简称"股改"）是指其他类型的企业按照《公司法》等法律规定，改造为股份有限公司的行为。其中依法将有限责任公司变更为股份有限公司的行为称为整体变更。

所以，理论上企业改制、整体改制、股改、整体变更为从大到小的包含关系。

在实践中,绝大部分的企业股改系有限责任公司整体变更为股份有限公司的行为。所以,如无特别说明,本书中的股改均指整体变更行为。

企业改制与股改的典型案例见表12-1。

表12-1 企业改制与股改的典型案例

序号	相关案例	事实情况
1	蓝箭电子 2021年终止注册	发行人前身蓝箭有限前身系无线电四厂。无线电四厂成立于1973年,其经济性质为全民所有制;1998年,无线电四厂采取增资扩股的方式转制为蓝箭有限
2	中复神鹰 2022年上市	2020年10月26日,神鹰有限召开股东会,全体股东一致同意将神鹰有限以整体变更的方式发起设立为股份有限公司

三、整体变更的法律地位

根据《公司法》,股份有限公司的设立可以采取发起设立或者募集设立的方式。

有限责任公司整体变更为股份有限公司的行为属于"发起设立"还是第三种设立方式存在争议。在实践中,"整体变更"通常被视为发起设立的一种特殊情形,操作时需要签署发起人协议。

四、有限责任公司与股份有限公司的区别(见表12-2)

表12-2 有限责任公司与股份有限公司的区别

序号	项目	有限责任公司	股份有限公司
1	公司名称	有限公司或者有限责任公司	股份公司或者股份有限公司
2	股东人数	1~50人	非上市公司:2~200人 上市公司:可以大于200人
3	股东权力	可以查阅公司会计账簿	可以查阅公司财务报告
4	董事人数	不设立董事会:1人 设立董事会:3~13人	必须设立董事会:5~19人
5	监事人数	不设立监事会:1人 设立监事会:3人以上	必须设立监事会:3人以上
6	分红	可以通过章程自由约定	需要保证同股同权
7	股东(大)会	法律未强制召开频率	每年至少召开一次
8	董事会	法律未强制召开频率	每年至少召开两次
9	监事会	每年至少召开一次	每6个月至少召开一次
10	股权转让	股东之间可以自由转让股权,对外转让需要其他股东过半数同意	除了法律法规相关的股份限售要求之外,股份自由转让

五、直接设立股份公司的利弊

（一）直接设立股份公司的益处

1）直接设立股份公司可以节省后续进行股改的成本与时间。
2）股份公司的股份转让更加自由与灵活，便于进行股权交易与融资。
3）股份公司便于公司打造完善的法人治理结构和实现规范运作。
4）股份公司预示着公司更加规范、更具规模，更能获得各方的认可和支持。

（二）直接设立股份公司的弊端

1）股份公司对公司治理和规范要求较高，可能会降低公司的决策效率和灵活性。
2）上市审核部门将股份公司视作准上市公司，对其不规范行为的容忍度更低。
3）股份公司的股份可以自由转让，可能被转让给不利于公司发展的第三方。

股改后加强公司治理的典型案例见表 12-3。

表 12-3　股改后加强公司治理的典型案例

序号	相关案例	事实情况
1	中汽股份 2022 年上市	自股份公司成立以来，公司根据《公司法》《证券法》《上市公司章程指引》等相关法律法规的要求及中国证监会、深交所对深交所创业板上市公司的要求，已逐步建立、健全有效的在深交所创业板上市的股份有限公司的治理结构和内控制度。股东大会、董事会、监事会及相关职能部门按照有关法律法规和公司内部制度规范运行，形成了职责明确、相互制衡、规范有效的公司治理机制，不存在重大违法违规的情形。报告期内发行人不存在重大公司治理缺陷。后续公司将继续严格按照相关法律法规的更新变化情况，及时修订、完善相关制度体系，确保公司内部控制制度符合创业板有关要求

第二节　股改的条件

拟上市企业启动股改之前需要完成注册资本实缴、股权结构调整、财务规范和并购重组等基础工作，并确定2～200名发起人股东、5～19名董事会成员、3名以上的监事会成员。

注册制实施后，上市审核部门已经允许存在未弥补亏损的企业进行股改（比如翱捷科技、百诚医药、创耀科技、国能日新等），但通常会关注公司股改的合法合规性、信息披露的合理性、持续经营能力等问题。

第三节　股改的程序

一、狭义的股改程序

公司聘请会计师事务所与评估机构分别对公司进行审计与评估，公司内部决议后向市场监督管理局申请变更为股份有限公司。

二、广义的股改程序

1）公司明确业务发展规划与资本运作计划。

2）公司聘请中介机构对公司进行全面的尽职调查并确定股改方案。

3）公司按照股改方案进行并购重组、股权调整，完善公司治理与财务规范。

4）公司确定股份公司的董事、监事与高级管理人员。

5）公司制定股份公司的各项规章制度。

6）公司确定股改基准日，聘请会计师事务所与评估机构对公司进行审计与评估。

7）公司内部决议后向市场监督管理局申请变更为股份有限公司。

8）股改后，公司进行资质证照的名称变更，并执行股份公司的各项规章制度。

股改之所以重要，是因为股改基准日前需要完成并购重组、股权调整、完善公司治理与财务规范等基础工作，操作程序通常比较复杂且周期漫长。

三、股改的后续

1）有限责任公司的所有资产与负债将由股份公司承继。

2）有限责任公司所有的资质证照需要更名为股份公司。

3）股份公司按照法律法规和制度要求进行规范运作。

第四节　股改实务典型问题

一、股权代持与还原

存在股权代持的拟上市企业，需要根据不同情况选择以下处理方式。

1）如果股权代持还原后，公司股东人数在 50 人以内，可以按照实际股东完成（有限责任公司的）工商变更，再进行股改。

2）如果股权代持还原后，公司股东人数超过 50 人但未超过 200 人，可以在获得当地市场监督管理局认可后，在股改的同时直接登记为实际股东。

3）如果股权代持还原后，公司股东人数超过 200 人，可以用工商登记的股东作为股份公司发起人，完成股改后报证监会非上市公众公司监管部审核，或者通过股权转让将股东人数清理至 200 人以下，再按照上述两种方式处理。

股改之前存在股权代持的典型案例见表 12-4。

表 12-4　股改之前存在股权代持的典型案例

序号	相关案例	事实情况
1	新化股份 2019 年上市	发行人及其前身存在委托持股和实际股东超过 200 人的情况。发行人于 2008 年整体变更设立股份公司，其发起人股东新化投资存在委托持股及实际股东超过 200 人的情形，发行人于 2015 年完成确权及解除委托持股。2016 年 7 月 21 日，中国证监会出具了《关于核准浙江新化化工股份有限公司股票在全国中小企业股份转让系统公开转让的批复》（证监许可〔2016〕1656 号），核准发行人在股转系统公开转让并纳入非上市公众公司监管
2	德石股份 2022 年上市	2017 年整体变更为股份有限公司前，发行人再次对全部股东的股权进行梳理，对股权代持关系进行了清理，实际股东与工商登记股东均签署了《股权委托解除协议》，并在工商登记过程中通过股权转让的方式将股权还原全实际持有人名下
3	睿联技术 2023 年过会	2020 年 8 月，李秋霞将代持股权还原并转让给谢冉辉的配偶廖小霞，车大琴将代持股权还原给苏娜；2020 年 12 月，王雪将代持股权还原给王芮。2021 年 1 月 25 日，睿联有限整体变更设立股份有限公司

二、股改的范围

(一) 股改范围的确定原则

原则上,实际控制人控制的与拟上市企业相似或相关的业务与资产均需要整体上市——与拟上市企业存在同业竞争、关联交易或者拟上市企业与实际控制人合资经营的企业等均需要进行合理的处理。

(二) 相关资产的处理方式

相关资产的处理方式包括转让给拟上市企业、转让给独立第三方、清算注销等。其中,转让给独立第三方通常会引起上市审核部门的重点关注。

股改之前处理相关资产的典型案例见表12-5。

表 12-5　股改之前处理相关资产的典型案例

序号	相关案例	事实情况
1	芯愿景 以2019年5月31日作为股改基准日	2018年8月,发行人以评估值为依据向实际控制人丁柯、蒋卫军和张军收购其持有的天津芯愿景30%的股权;2019年5月,发行人将其持有的汉奇科技51%的股权分别转让予胡斌夫妇

三、账外资产的处理

通常情况下,拟上市企业的账外资产需要由公司作价购入,并完善购买协议、发票、竣工决算资料等原始资料。

账外资产中的原材料和产成品可以分别通过结转成本和对外销售的方式进行处理,但均要注意操作的合法合规性及财务指标变动的合理性。

四、无证房产

如果拟上市企业拥有的房产在正常办理不动产权证书,不影响其股改。

如果相关房产系违章建筑,通常不能纳入股改的范围,并需要额外考虑拆迁费用对拟上市企业截至股改基准日净资产的影响。

五、划拨土地

如果拟上市企业拥有的划拨土地符合《中华人民共和国土地管理法》限定的划拨土地用途（国家机关用地和军事用地；城市基础设施用地和公益事业用地；国家重点扶持的能源、交通、水利等基础设施用地等），可以经县级以上人民政府批准后继续保留，否则需要在股改前完成土地出让手续。

六、股权调整

1）股改基准日之前，拟上市企业可以进行增资或者股权转让。

2）股改的同时，拟上市企业可以进行股权转让；增资则视同募集设立股份公司，需要证监会批准。

3）自股改基准日至股份公司营业执照取得期间（以下简称"股改期间"），拟上市企业可以进行股权转让，但不能进行增资。

股改的同时进行股权转让的典型案例见表 12-6。

表 12-6 股改的同时进行股权转让的典型案例

序号	相关案例	事实情况
1	西高院 2022 年过会	2007 年沈变所有限进行股份制改造，同时恒基伟业、安石投资将持有的股权转让给沈成心等自然人，该等股权转让已履行相应的内部决议、协议签署、工商变更等手续，股权受让方支付了相应款项

七、存在异议股东

股改需要股份公司的全体发起人共同签署发起人协议。如果拟上市企业股东存在异议，需要提前与其协商一致和/或回购其股权。

如果无法与异议股东协商一致和/或回购其股权，可以以拟上市企业的母公司、子公司或者其他相关企业作为上市主体，整合相关资产后进行股改。

八、股改基准日的选择

拟上市企业需要尽量避免选择年末作为股改基准日，防止后续发现前期会计差错，需要进行更正（追溯调整）时影响股改基准日的净资产金额，从而可能导致拟上市企业需要重新进行股改。

另外，股改基准日一般为月末，在实践中也有少数为非月末的案例。

股改基准日为非月末的典型案例见表 12-7。

表 12-7 股改基准日为非月末的典型案例

序号	相关案例	事实情况
1	卡尔股份 2021 年终止	2009 年 11 月 25 日，威海永然会计师事务所有限公司出具了《审计报告》（威永会核字〔2009〕第 134 号），确认截至 2009 年 11 月 24 日，北电通信经审计的账面净资产为人民币 26 947 314.64 元。公司在股改基准日未分配利润为负

九、股改的净资产基数

（一）整体要求

股改系以母公司作为单独的法律主体，所以应该以拟上市企业母公司经审计（而非评估）的净资产为基数。如果拟上市企业的子公司存在亏损，母公司的财务报表需要考虑是否应该计提长期股权投资减值准备。

明确股改净资产基数的典型案例见表 12-8。

表 12-8 明确股改净资产基数的典型案例

序号	相关案例	事实情况
1	兰卫医学 2021 年上市	以兰卫有限经审计的截至 2015 年 5 月 31 日母公司净资产 89 972 801.90 万元按 1.0109：1 的比例折合股本 89 000 000 股，整体变更设立股份有限公司

（二）盈余公积

根据《公司法》，法定公积金转为资本时，所留存的该项公积金不得少于转增前公司注册资本的 25%。

但在实践中，有限责任公司整体变更为股份有限公司通常未被视作前述的"法定公积金转为资本"行为，因而只有少数拟上市企业在整体变更时保留了盈余公积。

股改时保留盈余公积的典型案例见表 12-9。

表 12-9　股改时保留盈余公积的典型案例

序号	相关案例	事实情况
1	柘中股份 2010 年上市	折股后的股份公司总股本为 100 000 000 股，折股后剩余净资产 5 381 997.92 元中，4 838 199.79 元计入变更后股份公司的盈余公积，其余 543 798.13 元计入变更后股份公司的资本公积
2	环旭电子 2012 年上市	折成股本总额 416 056 920.00 元，未折合为实收资本的部分，除 34 111 171.35 元计入盈余公积外，其余 307 000 542.07 元计入资本公积

（三）专项储备

根据《〈企业会计准则第 30 号——财务报表列报〉应用指南》，高危行业企业按国家规定提取安全生产费，计入资产负债表所有者权益项下的"专项储备"。

截至股改基准日，拟上市企业存在专项储备余额的，整体变更时需要保留。

股改时保留专项储备的典型案例见表 12-10。

表 12-10　股改时保留专项储备的典型案例

序号	相关案例	事实情况
1	盛剑环境 2021 年上市	发行人是以盛剑有限截至 2017 年 10 月 31 日经审计的净资产 9 471.66 万元为基础，扣除专项储备后折合公司股本 3 158.00 万元，整体变更设立的股份公司
2	腾远钴业 2022 年上市	发行人将截至 2016 年 6 月 30 日经审计的净资产 360 622 847.06 元扣除专项储备 5 257 815.52 元，折合为股本 76 000 000.00 元，剩余部分 279 365 031.54 元计入资本公积

十、股改的净资产基数小于注册资本

如果拟上市企业股改的净资产基数（实收资本、资本公积、未分配利润、盈余公积之和）小于其注册资本，需要根据不同原因进行如下处理。

1）如果拟上市企业的注册资本尚未缴足，需要先缴足或者减资（后缴足）。

2）如果拟上市企业存在累计亏损，需要延期进行股改或者股改时减资。

股改的净资产基数小于注册资本的典型案例见表 12-11。

表 12-11 股改的净资产基数小于注册资本的典型案例

序号	相关案例	事实情况
1	中微公司 2019 年上市	截至股改基准日，发行人母公司报表净资产为 181 899.79 万元，主要构成为：实收资本 245 569.07 万元、资本公积 190 320.00 万元、未分配利润 -254 042.57 万元。2018 年 8 月 31 日，中微有限董事会决议通过将中微有限改制为股份公司，改制完成后，发行人以母公司经审计净资产 181 899.79 万元整体变更为股份公司，变更后股本为 45 000.00 万元、资本公积为 136 899.79 万元

十一、股本规模

拟上市企业设计股改后的股本规模，通常需要考虑以下因素。

1）部分行业的资质证照存在最低注册资本限制。

2）部分行业招投标存在最低注册资本要求。

3）根据《关于股权奖励和转增股本个人所得税征管问题的公告》，转增股本需要代扣代缴个人所得税。因而，对自然人股东而言，股本的大小决定了税负的高低。

4）科创板、创业板、北交所 IPO 上市要求"公开发行后，公司股本总额不少于 3 000 万元"，主板 IPO 上市要求"公开发行后，公司股本总额不少于 5 000 万元"。

5）公司的股本规模通常需要与公司的盈利情况相匹配，从而保证公司的每股收益和股票价格维持在相对合理的水平。

设计股改之后股本规模的典型案例见表 12-12。

表 12-12 设计股改之后股本规模的典型案例

序号	相关案例	事实情况
1	瑞能半导 2021 年终止	本次减资前，发行人的注册资本为 13 650.057 4 万美元。若按照现行人民币美元汇率进行换算，直接进行股改将导致发行人股本总数接近 9 亿元人民币。若按本次首发上市发行 25% 的股份计算，发行人上市后股份总数将超过 12 亿股，相较公司的经营规模，股本数量偏大。若发行人上市后股本数量与实际经营规模不匹配，则可能影响发行人在资本市场的声誉和形象，不利于维护中小投资者的利益。为了避免上述情况的发生，发行人全体股东于股改时进行了同比例减资，以使发行人具有与实际经营规模较为匹配的股本规模

十二、股改瑕疵及补救措施

1）如果拟上市企业股改时未经审计，通常需要在变更为有限责任公司后重新进行股改。

2）如果拟上市企业股改时未经评估，需要聘请评估机构补充评估。

3）如果拟上市企业股改时净资产的评估值小于审计值，需要根据实际情况修改审计报告（审计报告未体现评估报告反映的资产减值情况）或者评估报告（评估报告采用的评估方法不当）。

4）如果拟上市企业股改时按照净资产评估值折股并调账，其业绩不可连续计算，需要等待三年后方可进行上市申报。

5）如果拟上市企业股改时存在会计差错，需要进行追溯调整。

如果追溯调整增加股改基准日的净资产，或者调整减少的净资产在公司资本公积和股改期间拟上市企业产生的净利润范围内，可以召开股东大会调整或者追认。

如果追溯调整减少股改基准日的净资产超出公司资本公积和股改期间拟上市企业产生的净利润范围，需要在变更为有限责任公司后重新进行股改。

存在股改瑕疵及补救措施的典型案例见表 12-13。

表 12-13 存在股改瑕疵及补救措施的典型案例

序号	相关案例	事实情况
1	卡尔股份 2021 年终止	（公司前身）北电通信整体变更前注册资本为 3 000 万元，资本公积、盈余公积均为 0 元，未分配利润为 -3 052 685.36 元，整体变更后股本仍为 3 000 万元，整体变更过程中未进行会计处理。北电通信整体变更时未分配利润为负，通过后续经营盈利，变更时亏损已于 2010 年 5 月弥补，2016 年 3 月股东补缴金额计入了资本公积
2	载德科技 2021 年终止	2020 年 12 月 1 日，载德科技召开 2020 年第四次临时股东大会，审议通过了《关于追溯调整公司整体变更时净资产情况的议案》，因前期会计差错更正事项，减少公司 2019 年 8 月 31 日的净资产 2 378.30 万元，调整后的净资产为 19 063.57 万元，其中折为股本 4 500.00 万股，计入资本公积 14 563.57 万元

十三、国有或集体企业改制

根据《监管规则适用指引——发行类第 4 号》，改制或取得资产过程中法律依据不明确、相关程序存在瑕疵或与有关法律法规存在明显冲突，原则上发行人应在招股说明书中披露有权部门关于改制或取得资产程序的合法性、是否造成国有或集体资产流失的意见。发行人应在招股说明书中披露相关中介机构的核查意见。

上市审核部门关注国有或集体企业改制的典型案例见表 12-14。

表 12-14　上市审核部门关注国有或集体企业改制的典型案例

序号	相关案例	审核关注问题
1	华光新材 2020 年上市	华光有限前身为杭州华光焊接材料厂，设立时企业性质为集体企业。根据律师工作报告，杭州华光焊接材料厂改制设立华光有限时未进行企业整体资产评估，不符合当时有效的集体资产管理有关规定。发行人已在招股说明书中披露浙江省人民政府办公厅出具的相关意见。请发行人披露：①改制瑕疵的具体情况；②相关中介机构的核查意见。请发行人补充提供浙江省人民政府办公厅出具的相关意见
2	华峰测控 2020 年上市	华峰技术改制为有限责任公司，其改制过程中法律依据较为明确，保荐机构及发行人律师认为，相关轻微不规范之处不会对本次发行产生重大不利影响及实质性障碍。请发行人说明华峰技术改制为有限责任公司存在哪些不规范之处。请严格按照《审核问答》的要求，在招股说明书中披露有权部门关于改制程序的合法性、是否造成国有资产流失的意见

十四、报告有效期

（一）审计报告

相关法律法规未对股改的审计报告明确限定有效期。

超过股改基准日 6 个月完成股改的典型案例见表 12-15。

表 12-15　超过股改基准日 6 个月完成股改的典型案例

序号	相关案例	事实情况
1	瑞纳智能 2021 年上市	发行人前身瑞纳有限 2017 年 11 月 10 日以截至 2017 年 3 月 31 日经审计的净资产人民币 10 650.69 万元为基准，折合注册资本为 5 250 万元，整体变更为股份有限公司

（二）评估报告

根据《资产评估准则——评估报告》，评估报告应当明确评估报告的使用有效期。通常，只有当评估基准日与经济行为实现日相距不超过一年时，才可以使用评估报告。

（三）验资报告

根据《关于进一步规范企业验资工作的通知》，企业办理设立登记或注册资本变更登记，应当在会计师事务所出具验资报告之日起90日内向企业登记主管机关提出申请，超过90日提出申请的，应当重新委托会计师事务所进行验资。

十五、股改的税负

（一）法人股东

根据《中华人民共和国企业所得税法》，企业的下列收入为免税收入：符合条件的居民企业之间的股息、红利等权益性投资收益。

（二）自然人股东

根据《关于股权奖励和转增股本个人所得税征管问题的公告》，非上市及未在全国中小企业股份转让系统挂牌的中小高新技术企业以未分配利润、盈余公积、资本公积向个人股东转增股本，并符合《财政部 国家税务总局关于将国家自主创新示范区有关税收试点政策推广到全国范围实施的通知》（财税〔2015〕116号）文件有关规定的，纳税人可分期缴纳个人所得税；非上市及未在全国中小企业股份转让系统挂牌的其他企业转增股本，应及时代扣代缴个人所得税。

（三）合伙企业股东

根据《关于合伙企业合伙人所得税问题的通知》，合伙企业以每一个合伙人为纳税义务人。合伙企业合伙人是自然人的，缴纳个人所得税；合伙人是法人和其他组织的，缴纳企业所得税。合伙企业生产经营所得和其他所得采取"先分后税"的原则。

因此，拟上市企业股改时，股东为居民企业的，无须缴纳企业所得税，合伙企业股东的合伙人为居民企业的，需要缴纳企业所得税；股东或者合伙企业股东的合伙人为自然人的，需要缴纳个人所得税——符合相关规定的企业，可以向税务局申请分期缴纳个人所得税。

上市审核部门关注股改税务问题的典型案例见表12-16。

表12-16 上市审核部门关注股改税务问题的典型案例

序号	相关案例	审核关注问题
1	华龙讯达 2017年被否决	华龙有限整体变更为股份公司的过程中，发行人实际控制人胡丽华、龙小昂以盈余公积和未分配利润转增股本合计金额为27 833 147.00元，按照适用税率20%计算，发行人应当为实际控制人股东胡丽华、龙小昂代扣缴个人所得税合计5 566 629.40元。截至招股说明书签署日已经超过五年。请发行人代表说明上述个人所得税是否缴纳，如未缴纳，是否符合《财政部 国家税务总局关于个人非货币性资产投资有关个人所得税政策的通知》(财税〔2015〕41号)的规定，发行人实际控制人是否存在违反相关税收征管法规的风险
2	纵横股份 2021年上市	①永信大鹏为合伙企业，根据相关规定，合伙企业不缴纳所得税，而由每一个合伙人就其所得自行缴纳所得税，发行人实际控制人为其执行事务合伙人；②永信大鹏出具了确认文件，并取得了相关税务机关的《涉税信息查询结果告知书》，不存在重大税收违法违规事项；③自然人发起人已按照相关规定办理了个人所得税分期缴纳备案。请发行人说明永信大鹏的合伙人是否按照相关法律法规的规定向主管税务机关办理申报纳税或者个人所得税分期备案，是否符合相关法律法规的规定
3	亚辉龙 2021年上市	截至2015年3月31日，亚辉龙有限经审计的净资产为7 852.97万元。各发起人将其享有的截至2015年3月31日亚辉龙有限净资产扣除个人所得税后总计人民币7 502.38万元折合为4 750.00万股，余额计入资本公积。请发行人说明股改时将经审计的净资产扣除个人所得税后进行折股的依据，该操作方式是否符合相关规定，是否有上市公司在股改时以相同方式折股的案例

十六、股改后规范运行

股改后，拟上市企业需要制定《股东大会议事规则》《董事会议事规则》《监事会议事规则》《总经理工作细则》等系列制度并遵照执行，公司董监高需要忠实、勤勉履职，保证公司规范运行。

股改后规范运行的典型案例见表 12-17。

表 12-17　股改后规范运行的典型案例

序号	相关案例	事实情况
1	炬芯科技 2021 年上市	为防止股东及其关联方占用或者转移公司资金、资产及其他资源的行为发生，公司在股改后制定了《公司章程》《炬芯科技股份有限公司股东大会议事规则》《炬芯科技股份有限公司董事会议事规则》《炬芯科技股份有限公司监事会议事规则》《炬芯科技股份有限公司关联交易决策制度》《炬芯科技股份有限公司对外担保制度》《炬芯科技股份有限公司防范控股股东及关联方占用公司资金制度》等一系列制度，对公司关联交易、对外担保、处置资产等相关事项的审批权限，以及关联股东及董事回避表决、防范控股股东及其关联方资金占用等事项做出了明确规定。上述制度的执行将有效防止关联方资金占用和违规担保情况的发生

第十三章

上市辅导工作

第一节 上市辅导的概念与相关法规

一、上市辅导的概念

（1）法定意义的上市辅导：辅导机构（指按照《保荐管理办法》开展辅导工作的保荐机构，下同）与拟上市企业签署《上市辅导协议》，到证监局进行辅导备案，对拟上市企业进行上市指导与培训，按期向证监局报送辅导工作进展情况报告，直至获得证监局辅导验收的过程。

关于法定意义的上市辅导的典型案例见表13-1。

（2）通俗的上市辅导：证券公司与拟上市企业先后签署《财务顾问协议》《上市辅导协议》等协议，在对拟上市企业进行全面尽职调查的基础上，指导拟上市企业调整股权结构、实施并购重组、完善公司治理、进行财务规范等以持续满足IPO上市规范要求的全过程。

关于上市相关协议的典型案例见表13-2。

表 13-1　关于法定意义的上市辅导的典型案例

序号	相关案例	事实情况
1	瑞纳智能 2021 年上市	2020 年 3 月 10 日，瑞纳智能召开 2020 年第一次临时股东大会，审议通过《关于聘任公司审计机构的议案》，经综合评估，公司改聘容诚会计师事务所（特殊普通合伙）为公司上市财务辅导机构，负责公司财务报告审计工作
2	纽泰格 2022 年上市	公司在中介机构的辅导下，对关联交易事项逐步进行了规范。中介机构针对公司关联交易存在不规范的情形进行重点辅导，协助公司新制定或修订了《公司章程》《股东大会议事规则》《独立董事工作制度》《关联交易管理制度》，并持续督导公司对不可避免的关联交易严格履行相关的决策制度，并事先取得独立董事的认可

表 13-2　关于上市相关协议的典型案例

序号	相关案例	事实情况
1	达嘉维康 2021 年上市	保荐机构、发行人律师履行了以下核查程序：查阅了发行人新三板挂牌期间的公告文件、摘牌后与保荐机构签署的财务顾问协议、辅导协议、保荐协议

二、关于辅导要求的法规依据

(一)《证券发行上市保荐业务管理办法》

保荐机构在推荐发行人首次公开发行股票并上市和推荐发行人向不特定合格投资者公开发行股票并在北交所上市前，应当对发行人进行辅导。辅导内容包括：对发行人的董事、监事和高级管理人员、持有 5% 以上股份的股东和实际控制人（或者其法定代表人）进行系统的法规知识、证券市场知识培训，使其全面掌握发行上市、规范运作等方面的有关法律法规和规则，知悉信息披露和履行承诺等方面的责任和义务，树立进入证券市场的诚信意识、自律意识和法制意识，以及中国证监会规定的其他事项。

(二)《首次公开发行股票并上市辅导监管规定》

辅导机构对拟申请首次公开发行股票并上市的公司（以下简称"辅导对象"）开展辅导工作，辅导对象、证券服务机构及相关从业人员配合辅导机构开展辅导工作，以及中国证券监督管理委员会及其派出机构对辅导工作进行监督管理，适用本规定。

（三）各地证监局关于上市辅导的相关规定

各地证监局通常有上市辅导的具体规定，明确辖区内拟上市企业的上市辅导时间、流程、内容、培训、验收、持续监管等事项。

关于辅导要求的典型案例见表13-3。

表13-3 关于辅导要求的典型案例

序号	相关案例	事实情况
1	多瑞医药 2021年上市	保荐机构会同申报会计师、发行人律师加强发行人辅导工作，对发行人全体股东（或股东代表）及董事、监事、高级管理人员进行针对性辅导，讲解上市公司规范运作的法规、规则和制度，加强相关人员进入证券市场的诚信意识、自律意识和法制意识。发行人董事、监事及高级管理人员已通过上市辅导培训强化学习、掌握上市公司治理规范，并完成考核，以确保切实履行防止控股股东及关联方占用公司资金行为的职责

第二节 辅导工作的目标、分工与辅导对象

一、辅导工作的目标

1）促进辅导对象具备成为上市公众公司应有的公司治理结构、会计基础工作、内部控制制度。

2）促进辅导对象充分了解多层次资本市场各板块的特点和属性。

3）督促辅导对象及相关人员全面掌握发行上市、规范运作等方面的法律法规和规则。

4）督促辅导对象及相关人员知悉信息披露和履行承诺等方面的责任和义务。

5）督促辅导对象及相关人员树立进入证券市场的诚信、自律和法制意识。

关于辅导工作目标的典型案例见表13-4。

表 13-4 关于辅导工作目标的典型案例

序号	相关案例	事实情况
1	中金辐照 2021 年上市	为了促进公司建立良好的公司治理制度，形成独立运营和持续发展的能力，督促公司的董事、监事、高级管理人员、持有 5% 以上（含 5%）股份的股东和实际控制人（或其法定代表人）全面理解发行上市有关法律法规、证券市场规范运作和信息披露的要求，树立进入证券市场的诚信意识、法制意识，具备进入证券市场的基本条件，中信建投证券针对中金辐照的实际情况制订了详细的辅导计划

二、辅导工作的分工

上市辅导过程中，证券公司通常会邀请会计师事务所与律师事务所共同对拟上市企业进行辅导。

其中，会计师事务所主要进行财务问题辅导；律师事务所主要进行法律问题辅导；证券公司则主要结合法规和案例对上市整体流程和规范进行辅导，并负责进行辅导工作备案、报送辅导工作进展报告、协调辅导验收等工作。

关于辅导工作分工的典型案例见表 13-5。

表 13-5 关于辅导工作分工的典型案例

序号	相关案例	事实情况
1	逸豪新材 2022 年上市	辅导期间内，辅导人员会同律师、会计师与公司有关人员召开了多次中介机构协调会，明确了逸豪新材上市过程中需要解决或整改的问题，并进行了及时处理。辅导机构及会计师组织公司财务人员进行了企业会计准则学习，使公司的财务制度得以有效实施。辅导机构还协同发行人律师对公司及其当地主管部门进行了实地走访，核查内容包括相关资产权属情况与经营合法合规情况

三、辅导对象

辅导对象包括发行人的董事、监事和高级管理人员、持有 5% 以上（含 5%，下同）股份的股东和实际控制人（或者其法定代表人）。

比如，野马电池（605378）上市前接受辅导的具体人员见表 13-6。

表 13-6　野马电池上市前接受辅导的具体人员

序号	姓名	任职	序号	姓名	任职
1	陈一军	董事长	9	唐琴红	独立董事
2	余谷峰	董事、总经理	10	陈水标	副总经理
3	陈科军	董事、副总经理	11	胡陈波	总工程师
4	余谷涌	董事、副总经理	12	庞亚莉	财务总监
5	余元康	董事	13	朱翔	董事会秘书
6	陈恩乐	董事	14	陈瑜	监事会主席
7	王金良	独立董事	15	沈美芬	监事
8	费震宇	独立董事	16	徐光平	职工监事

第三节　辅导工作的内容

一、与上市辅导相关的法律法规

与上市辅导相关的主要法律法规见表 13-7。

表 13-7　与上市辅导相关的主要法律法规

序号	发布机关	法律法规
1	全国人民代表大会	《中华人民共和国公司法》
2		《中华人民共和国证券法》
3		《中华人民共和国刑法》
4		《中华人民共和国民法典》
5	财政部	《企业会计准则》
6		《企业会计准则解释》
7	证监会	《首次公开发行股票注册管理办法》或《北京证券交易所向不特定合格投资者公开发行股票注册管理办法》
8		《证券发行上市保荐业务管理办法》
9		《证券发行与承销管理办法》
10		《首次公开发行股票并上市辅导监管规定》
11		《上市公司治理准则》
12		《上市公司章程指引》
13		《上市公司独立董事管理办法》
14		《监管规则适用指引——关于申请首发上市企业股东信息披露》
15		《监管规则适用指引——发行类第 2 号》
16		《监管规则适用指引——发行类第 3 号》
17		《监管规则适用指引——发行类第 4 号》
18		《监管规则适用指引——发行类第 5 号》
19		《科创属性评价指引（试行）》
20	交易所	相关板块的股票上市规则、股票发行上市审核规则等

二、辅导工作的整体内容

辅导工作涵盖了拟上市企业的主体资格、独立性、内部控制、财务会计、企业发展规划与募投项目，包括组织辅导对象相关人员学习相关法律法规并对辅导结果进行综合评估等。

关于辅导工作整体内容的典型案例见表 13-8。

表 13-8　关于辅导工作整体内容的典型案例

序号	相关案例	事实情况
1	灿勤科技 2021 年上市	发行人于 2020 年 1 月 15 日完成上市企业辅导信息备案，接受中信建投、立信中联及国浩律师共同合作进行的上市辅导工作。辅导期内，中信建投、立信中联及国浩律师对发行人的实际控制人、董事、监事及高级管理人员进行了证券知识辅导培训，辅导内容包括对相关人员进行全面的法律知识学习培训，加强其对发行上市的有关法律、法规和规则的理解，并使其理解信息。辅导培训完成后，相关人员接受并通过了中国证监会江苏监管局组织的证券知识辅导验收，具备了相关的证券专业知识

三、辅导工作的具体内容

（一）主体资格

1）辅导机构应核查辅导对象在公司设立、改制重组、股权设置和转让、增资扩股、资产评估、资本验证等方面是否合法、有效，产权关系是否明晰，股权结构是否符合有关规定。

2）辅导机构应核查辅导对象是否按规定妥善处置了商标、专利、土地、房屋等的法律权属问题。

（二）独立性

1）辅导机构应督促辅导对象实现独立运营，做到资产完整、人员独立、机构独立、财务独立、业务独立，主营业务突出，形成核心竞争力。

2）辅导机构应督促辅导对象规范其与控股股东及其他关联方的关系。

（三）内部控制

辅导机构应督促辅导对象建立和完善规范的内部决策和控制制度，形成有效的财务、投资以及内部约束和激励制度。

上市审核过程中关注内部控制的典型案例见表 13-9。

表 13-9 上市审核过程中关注内部控制的典型案例

序号	相关案例	审核关注问题
1	江河纸业 2022 年被否决	请发行人代表说明：①报告期内财务管理中走账、转贷、非真实交易票据融资、利用个人账户收付款等行为，是否对发行人的经营情况、财务状况构成重大不利影响；②在少林客车担保借款尚未到还款期的情况下，计提大额预计负债的依据是否充分，是否存在调节报告期利润的情形，2022 年 5 月相关债权被荥阳市城投资产管理有限公司收购的商业合理性；③广源纸业股权代持是否对发行人及相关方前期涉及的刑事案件存在重大影响；④相关内控制度是否健全且有效运行

（四）财务会计

辅导机构应督促辅导对象建立健全公司财务会计管理体系，杜绝会计虚假。

关于财务不规范及整改情况的典型案例见表 13-10。

表 13-10 关于财务不规范及整改情况的典型案例

序号	相关案例	事实情况
1	邵阳液压 2021 年上市	发行人的前期差错更正发生在申报前的上市辅导和规范阶段，系对不规范或不谨慎的会计处理事项进行审计调整，符合《企业会计准则第 28 号——会计政策、会计估计变更和会计差错更正》和相关审计准则的规定，能够合理保证发行人提交首发申请时的申报财务报表能够公允地反映发行人的财务状况、经营成果和现金流量
2	载德科技 2021 年终止	中介机构进场前，发行人的实际控制人、部分股东由于个人资金需求，向载德科技拆借资金，该等情况在拟上市民营企业中相对容易发生，客观反映了公司治理意识相对薄弱。在上市辅导机构进场之后，中介机构已对发行人的主要股东、实际控制人、董事、监事、高管进行了关于《证券法》《公司法》及证监会、证交所相关规定的培训，发行人的主要股东、实际控制人、董事、监事、高管已具备较强的公司治理意识，发行人在中介机构的辅导下已对财务内控制度进行了全面整改、完善

（五）企业发展规划与募投项目

辅导机构应督促辅导对象形成明确的业务发展目标和未来发展计划，并制定可行的募集资金投向及其他投资项目的规划。

（六）法规学习与培训

辅导机构应督促辅导对象相关人员进行全面的法规知识学习，聘请机构内部或外部的专业人员进行必要的授课，确信其理解了发行上市的有关法律法规和规则，理解了作为公众公司在规范运作、信息披露和履行承诺等方面的责任和义务。

第四节　辅导工作的流程

一、辅导工作的整体流程

拟上市企业聘请辅导机构、辅导机构到证监局进行辅导备案，指导企业规范运作，向辅导对象相关人员授课，向证监局报送辅导工作进展情况报告，组织辅导对象相关人员参加辅导考试，向证监局提交辅导验收文件，证监局对拟上市企业进行辅导验收并出具工作完成函。

关于辅导工作整体流程的典型案例见表 13-11。

表 13-11　关于辅导工作整体流程的典型案例

序号	相关案例	事实情况
1	胜通能源 2022 年上市	2020 年 10 月 23 日，国元证券向山东证监局报送了胜通能源辅导备案登记材料 2020 年 12 月 25 日，国元证券向山东证监局报送了第一期辅导工作备案报告等相关文件 2021 年 2 月 26 日，国元证券向山东证监局报送了第二期辅导工作备案报告等相关文件 2021 年 4 月 26 日，国元证券向山东证监局报送了第二期辅导工作备案报告等相关文件 2021 年 6 月 4 日，国元证券向山东证监局提交了首次公开发行股票并在主板上市辅导工作总结报告

二、辅导工作流程的关键事项

（一）聘请辅导机构

拟上市企业聘请辅导机构需要考虑证券公司整体的品牌、项目数量、独立性、违规处罚等情况，还需要特别考虑具体辅导团队和项目组的专业能力与职业素养。

（二）辅导工作备案

根据《首次公开发行股票并上市辅导监管规定》，辅导机构与辅导对象签订辅导协议后五个工作日内，辅导机构应当向中国证监会派出机构进行辅导备案。

中国证监会派出机构应当在收到齐备的辅导备案材料后五个工作日内完成备案，并在辅导备案后及时披露辅导机构、辅导对象、辅导备案时间、辅导状态。

（三）辅导监管系统

中国证监会建立辅导监管系统，以满足辅导材料提交、辅导公文出具、信息共享等工作需要，并通过中国证监会政务服务平台向社会公开辅导监管信息。

（四）具体辅导实施

辅导机构需要通过持续尽职调查发现辅导对象存在的问题，协助辅导对象解决问题并指导其完善内控制度与规范运作，然后结合发现的问题与上市相关要求，不断对辅导对象相关人员进行培训。

关于具体辅导实施的典型案例见表 13-12。

表 13-12　关于具体辅导实施的典型案例

序号	相关案例	事实情况
1	经纬恒润 2022 年上市	（1）内部控制体系。经纬恒润改制设立为股份公司至今，已经建立了广泛的内部控制制度，但在执行过程中仍有可以完善和提高的空间。中信证券经过与公司管理层的讨论，协助公司整理并完善了内部控制体系，更为有效地深入到经营管理的各个环节。目前，公司内部控制体系运行状况良好 （2）募集资金投资项目的确定。公司近年来业务发展迅速，营收增速较快。根据公司实际情况，结合国内外市场的发展状况，并咨询行业专家意见，中信证券协助发行人确定本次 IPO 项目的募投项目为经纬恒润南通汽车电子生产基地项目、经纬恒润天津研发中心建设项目、经纬恒润数字化能力提升项目和补充流动资金 4 个项目

（五）辅导验收文件

1）辅导情况报告，包括重点辅导工作开展情况、辅导过程中发现的问题及改进情况等。

2）辅导机构内核会议记录（或会议决议）及关注事项说明。

3）辅导对象近三年及一期财务报表及审计报告、经（保荐机构）内核会议审定的招股说明书。

4）辅导工作相关底稿。

5）辅导机构根据辅导工作中遇到的问题提交律师、会计师等出具的初步意见及需要的其他材料。

（六）辅导验收事项

1）辅导机构辅导计划和实施方案的执行情况。

2）辅导机构督促辅导对象规范公司治理结构、会计基础工作、内部控制制度的情况，指导辅导对象对存在的问题进行规范的情况。

3）辅导机构引导辅导对象树立参与资本市场必备的敬畏市场、诚实守信、严格自律、遵守法律、回报社会的意识的情况。

4）辅导机构督促辅导对象及相关人员掌握发行上市、规范运作等方面的法律法规和规则，知悉信息披露和履行承诺等方面的责任、义务及法律后果的情况。

5）辅导机构引导辅导对象充分了解多层次资本市场各板块的特点和属性，掌握拟上市板块的定位和相关监管要求的情况。

（七）辅导验收方式

1）审阅辅导验收文件。

2）现场走访辅导对象、查阅公司资料、约谈有关人员等。

3）检查或抽查保荐业务工作底稿。

4）组织辅导对象的相关人员参加证券市场知识测试。

5）其他必要方式。

（八）辅导验收考试

1）辅导对象相关人员应当参加派出机构组织的证券市场知识测试，

取得的相关成绩作为辅导验收的参考。

2）辅导对象相关人员已经取得独立董事、董事会秘书资格的，可以申请豁免参加证券市场知识测试。

3）证券市场知识测试应当贯彻标准统一、形式简化原则。

4）派出机构应当为参加测试人员在测试时间、测试地点等方面提供便利，并不得收取测试费用。

（九）辅导验收中要求规范的情形

1）辅导机构未能勤勉尽责、诚实守信，未能按照有关法律法规和规范性文件的要求开展工作。

2）辅导机构未督促辅导对象形成良好的公司治理结构、规范的会计基础工作、有效的内部控制制度。

（十）辅导验收工作完成函的有效性

1）验收工作完成函有效期为12个月；辅导对象未在验收工作完成函有效期内提交首次公开发行股票并上市申请的，需要重新履行辅导及辅导验收程序。

2）辅导对象在验收工作完成函有效期内变更拟上市板块的，辅导机构在对更换板块进行差异化辅导后，即可重新提交辅导验收申请材料。

3）在验收工作完成函有效期内变更辅导机构的，如变更后的辅导机构认可变更前辅导机构的辅导工作，向派出机构提交申请并取得同意后，原辅导验收仍然有效。

（十一）持续监管

辅导对象在报送上市申请文件至发行上市期间，辅导机构需要关注下列事项，并及时向证监局报告。

1）辅导对象发生与辅导工作总结报告有关的重大变化事项。

2）辅导对象的控股股东或实际控制人发生变化。

3）辅导对象的主营业务发生变化。

4）辅导对象 1/3 以上的董监高发生变更。
5）其他需要关注的事项。

第五节 上市辅导工作实务典型问题

一、辅导常见问题

（一）辅导备案程序相关问题

（1）材料制作方面：辅导工作进展情况报告与辅导情况报告等文件内容不严谨、内容模板化等。

（2）程序执行方面：辅导机构未及时公示辅导信息、未按要求向证监局报送辅导工作进展情况报告或上市审核情况等。

（二）辅导组织实施相关问题

（1）辅导过程流于形式：辅导培训工作不扎实、辅导机构规范指导不深入等。

（2）辅导组织工作不力：辅导人员配置不到位、专业服务能力欠缺、辅导工作进程安排不合理等。

（三）辅导实际效果相关问题

（1）辅导对象治理水平不理想："三会"程序执行不到位，独立董事、监事会、内部审计等基本制度未切实发挥作用等。

（2）辅导对象相关人员对资本市场的认识欠缺：辅导对象相关人员对辅导工作重视程度不够、诚信规范运作意识不强、对资本市场制度和规则不熟悉等。

（四）辅导工作产生问题的根源

辅导工作产生问题的根源有辅导对象相关人员不够重视、辅导人员工作不够勤勉、部分相关人员诚信缺失等。

因为辅导存在问题首次辅导验收未通过的典型案例见表 13-13。

表 13-13　因为辅导存在问题首次辅导验收未通过的典型案例

序号	相关案例	事实情况
1	三孚新科 2021 年上市	2020 年 3 月 24 日至 2020 年 3 月 25 日，广东证监局对三孚新科进行了首次辅导验收。此次辅导验收暴露出三孚新科内部控制制度的设计及执行方面存在缺陷、三孚新科在辅导效果检验过程中的态度不够严肃等问题。广东证监局针对民生证券在辅导三孚新科过程中出现的问题下发了《关于责成对广州三孚新材料科技股份有限公司 IPO 辅导工作有关问题进行整改的通知》，责令民生证券对此次辅导中暴露的问题进行整改，并决定首次辅导验收不通过

二、辅导启动时间

根据《首次公开发行股票并上市辅导监管规定》，辅导期原则上不少于 3 个月。

在实践中，拟上市企业通常在上市申报期初，与证券公司签署《财务顾问协议》，启动规范运作；在上市申报前半年左右，与辅导机构签署《上市辅导协议》，并到证监局备案，启动法定意义的上市辅导。

三、辅导培训

为了提高辅导培训的效果，辅导机构需要结合上市实践案例、辅导对象的具体问题、资本市场的最新变化等展开培训。

同时，辅导机构需要注意当地证监局对辅导培训的时间和内容等的差异化要求。

四、辅导与证券公司直投

根据《证券公司私募投资基金子公司管理规范》，按照签订有关协议或者实质开展相关业务两个时点孰早的原则，在该时点后私募基金子公司及其下设基金管理机构管理的私募基金不得对该企业进行投资。

关于辅导与证券公司直投的典型案例见表 13-14。

表 13-14　关于辅导与证券公司直投的典型案例

序号	相关案例	事实情况
1	和达科技 2021 年上市	2017 年 8 月，发行人启动 IPO，东兴证券投行部项目执行人员陆续进场并开展相关工作，于 2017 年 9 月 19 日与发行人签署《浙江和达科技股份有限公司与东兴证券股份有限公司关于辅导及首次公开发行股票并上市之合作框架协议》，并在经过充分考察、调研后于 2017 年 11 月 8 日提出项目正式立项申请。2019 年 9 月 25 日，东兴证券与发行人签署《浙江和达科技股份有限公司与东兴证券股份有限公司关于首次公开发行人民币普通股（A 股）之辅导协议》并实质开展业务。东兴博元投资发行人的时间早于东兴证券与发行人签订首次公开发行股票相关辅导协议的时间，亦早于东兴证券实质开展辅导业务时间，符合《证券公司私募投资基金子公司管理规范》的相关规定

五、终止辅导

如果拟上市企业计划终止上市辅导，需要与辅导机构签订终止辅导协议，并向证监局报备。

关于终止辅导的典型案例见表 13-15。

表 13-15　关于终止辅导的典型案例

序号	相关案例	事实情况
1	卓英社 2021 年终止辅导	2021 年 1 月，中泰证券与卓英社签订了《关于青岛卓英社科技有限公司首次公开发行人民币普通股（A 股）并上市辅导协议之终止协议》，协议中约定终止中泰证券对卓英社的上市辅导进程

新三板挂牌与转板

第一节 新三板挂牌与转板的概念

（1）新三板挂牌：股份公司申请股票在全国中小企业股份转让系统挂牌公开转让的行为。

（2）通俗的转板：新三板挂牌（或摘牌）企业实现 A 股上市的行为。

（3）法定意义的转板：北交所上市公司转板至沪深交易所的行为。

新三板挂牌是一般企业北交所 IPO 上市的前置条件，同时，有些主板、科创板、创业板上市公司源自新三板挂牌企业。

第二节 新三板挂牌的流程与问题

一、新三板挂牌的流程与时间

如果拟挂牌企业过去一年（满足表 1-1 条件的特殊企业）或两年（一般企业）可以作为申报期，通常从聘请中介机构到完成新三板挂牌的时间为 10 个月左右。

新三板挂牌的流程与时间见表 14-1。

表 14-1 新三板挂牌的流程与时间

序号	流　　程	时间
1	拟挂牌企业聘请中介机构进行尽职调查，在中介机构的指导下调整股权结构、实施并购重组、完善公司治理、进行财务规范	1～2个月
2	中介机构协助拟挂牌企业确定股改方案，会计师事务所与评估机构分别对企业进行审计与评估，企业内部决议后向市场监督管理局申请变更为股份有限公司	1～2个月
3	会计师出具申报审计报告，律师出具申报法律意见书，主办券商制作完成挂牌申请文件，通过主办券商内核后完成申报	2～3个月
4	全国股转公司对申报文件进行审核与反馈，主办券商组织其他中介机构进行问题回复，取得挂牌同意函，完成新三板挂牌	3～4个月

根据《全国中小企业股份转让系统股票公开转让并挂牌审核指引——区域性股权市场创新型企业申报与审核（试行）》，符合特定条件的区域性股权市场挂牌企业可以适用绿色通道或者公示审核机制，从而缩短新三板挂牌操作时间。

其中，绿色通道审核机制是指审核机构设立专门小组对接区域性股权市场运营机构，提供申报前与审核中咨询服务，安排专人负责挂牌申请文件的受理与审核工作，精简问询内容，缩短审核时限，提高审核效率；公示审核机制是指全国股转公司受理挂牌申请文件后，将申请人公开披露文件在全国股转公司官方网站公示，公示期间未接到异议的，审核机构原则上不再发出问询并履行全国股转公司内部程序，全国股转公司作出同意公开转让并挂牌的审核决定。

二、新三板挂牌的特殊问题

新三板挂牌的整体规范性要求低于 IPO 上市。但鉴于北交所成立后，很多企业新三板挂牌的目的是后续上市，企业需要根据自身的具体情况、问题整改的承受能力以及上市周期，提前筹划规范问题的方法和强度。

（一）产生持续影响的问题

历史沿革、实际控制人认定等对企业产生持续影响的问题，建议企业新三板挂牌时按照 IPO 上市要求进行严格规范，以免给后续上市带来重大负面影响。

在实践中，部分新三板挂牌企业转板上市时会更正其之前认定的实际控制人，典型案例见表 14-2。

表 14-2 新三板挂牌企业更正实际控制人的典型案例

序号	相关案例	事实情况
1	新赣江 2022 年上市	2022 年 4 月，公司发布《关于公司实际控制人认定情况的专项说明》，追加实际控制人张爱江之子女张明、张佳、张咪及张佳的配偶严棋鹏为公司共同实际控制人
2	凯华材料 2022 年上市	2021 年 6 月，公司发布《关于实际控制人补充认定说明的公告》，公司原认定实际控制人为任志成，现认定公司的共同实际控制人为任志成、任开阔、刘建慧

（二）产生期间影响的问题

对于诸如财务规范、资金流水、信息披露等通常只在特定期间产生影响的问题，企业可以根据上市周期考虑规范的强度。

如果新三板挂牌的申报期与 IPO 上市的申报期重合，新三板挂牌需要按照上市要求进行规范；否则，企业可以考虑暂时只按照新三板挂牌的要求进行规范。

（三）可以逐步规范的问题

新三板挂牌对同业竞争、关联交易、社会保障等问题的要求低于 IPO 上市，企业可以根据 IPO 上市周期逐步规范上述问题。

第三节 转板的流程与问题

一、通俗的转板

（一）操作流程

1. 新三板不摘牌的情形

拟上市的新三板挂牌企业先暂停交易，之后进行 IPO 申报，IPO 审核期间持续公告 IPO 进展，IPO 过会后申请新三板摘牌，公开发行股票后实现上市。

2. 新三板摘牌的情形

拟上市的新三板挂牌企业履行法定程序后摘牌，之后进行 IPO 申报，IPO 过会后公开发行股票，实现上市。

（二）两种方式比较

（1）新三板不摘牌的情形（如高铁电气、行动教育等）：上市失败后可以继续保留新三板的公众公司地位，但上市期间需要进行持续信息披露。

（2）新三板摘牌的情形（如华恒生物、视科新材等）：上市期间无须进行持续信息披露，但一旦上市失败就丧失了（新三板）公众公司地位。

（三）通俗转板的 IPO 要求

根据《监管规则适用指引——发行类第 4 号》，发行人曾为或现为新三板挂牌公司的，应说明并简要披露其在挂牌或上市过程中以及挂牌或上市期间在信息披露、股权交易、董事会或股东大会决策等方面的合法合规性，披露摘牌或退市程序的合法合规性（如有），是否存在受到处罚的情形。

上市审核部门关注通俗转板的典型案例见表 14-3。

表 14-3 上市审核部门关注通俗转板的典型案例

序号	相关案例	审核关注问题
1	鑫甬生物 2021 年不予注册	2015 年 8 月 4 日发行人在全国中小企业股份转让系统挂牌，2016 年 12 月 15 日起终止挂牌。其间，发行人因通过关联方进行银行转贷形成非经营性资金占用且未按规定及时履行相应的审议程序和信息披露义务，以及未在公开转让说明书中披露发行人为关联方提供银行贷款最高额连带责任保证事项，而两次受到违规处理。另外，发行人称本次招股说明书因报告期不一致及所依据披露规则不同而与新三板信息披露文件存在差异。请发行人补充披露：①发行人两次违规处理的具体内容及后续整改措施，分析并披露发行人内部控制制度是否有效，并请说明上述违规是否属于重大违法违规，是否构成本次发行上市的法律障碍；②新三板挂牌期间信息披露、股权交易、董事会或股东大会决策等方面是否受到其他行政处罚或监管措施；③以对照表形式详细披露本次申报材料与新三板公开披露材料的差异情况，并分析差异原因

（续）

序号	相关案例	审核关注问题
2	宁新新材 2022年终止	发行人股票自2016年11月8日起在股转系统挂牌公开转让。发行人未按照本所审核关注要点的提示进行披露。请发行人：①根据中国证监会《首发业务若干问题解答（2020年6月修订）》中问题22的要求，披露发行人在挂牌过程中以及期间在信息披露、股权交易董事会或股东大会决策等方面的合法合规性，摘牌程序的合法合规性；②说明本次申报财务数据、前五大客户销售收入数据及前五大供应商采购数据等与新三板挂牌期间信息披露是否差异，如存在，请披露主要差异情况，是否存在会计调整事项，如存在，请说明调整的原因及合理性

（四）定向发行股票

如果拟上市企业在新三板挂牌期间曾经实施定向发行股票进行融资，上市审核部门会关注企业定向发行股票的原因、程序合规性、信息披露情况、募集资金用途以及投资者的出资来源等。

上市审核部门关注定向发行股票的典型案例见表14-4。

表14-4　上市审核部门关注定向发行股票的典型案例

序号	相关案例	审核关注问题
1	艾为电子 2021年上市	请发行人说明：①三次股票定向发行的审议决策程序、信息披露履行情况、募集资金使用、管理的合法合规性，逐笔说明募集资金的具体用途，并提供对应的供应商或银行等的名称、银行凭证等；②上述对象认购资金来源的具体分类和途径，包括但不限于资金融出方名称、金额及占比、融资成本、融资期限及其他重要条款，以及后续的还款计划，是否涉及资金借贷，是否存在偿付大额债务或承担担保责任情形，是否存在影响董事任职的相关情形，是否已足额支付认购资金并提供银行凭证；③发行人与认购对象、认购对象之间是否存在特殊权利条款或其他特殊利益安排

二、法定意义的转板

（一）法规依据

法定意义转板的相关法规见表14-5。

表 14-5 法定意义转板的相关法规

序号	颁布部门	法规
1	证监会	《中国证监会关于北京证券交易所上市公司转板的指导意见》
2	上交所	《北京证券交易所上市公司向上海证券交易所科创板转板办法（试行）》
3	深交所	《深圳证券交易所关于北京证券交易所上市公司向创业板转板办法（试行）》
4	北交所	《北京证券交易所上市公司持续监管指引第 7 号——转板》

（二）转板条件

1）转板公司已在北交所（含精选层）连续上市满一年。

2）转板公司符合目标板块的定位。

3）转板公司符合目标板块注册管理办法规定的发行条件与上市规则规定的上市标准。

4）转板公司及其控股股东、实际控制人不存在最近三年受到中国证监会行政处罚，因涉嫌违法违规被中国证监会立案调查且尚未有明确结论意见，或者最近 12 个月受到全国中小企业股份转让系统有限责任公司、北交所公开谴责等情形。

5）转板公司的股本总额不低于 3 000 万元。

6）转板公司的股东人数不少于 1 000 人。

7）转板公司社会公众持有的公司股份达到公司股份总数的 25% 以上；公司股本总额超过 4 亿元的，社会公众持股的比例达到 10% 以上。

8）转板公司董事会审议通过转板相关事宜决议公告日前 60 个交易日（不包括股票停牌日）通过竞价交易方式实现的股票累计成交量不低于 1 000 万股。

（三）转板的理念与程序

1. 转板的理念

转板属于股票上市地的变更，不涉及股票公开发行，依法无须经中国证监会注册，由上交所、深交所依据上市规则进行审核并做出决定。

2. 转板的程序

企业履行内部决策程序后提出转板申请，上交所、深交所审核并做出是否同意上市的决定，企业在北交所终止上市后，在上交所或深交所上市交易。

（四）转板的常见问题

在实践中，上市审核部门通常关注拟转板企业的持续经营能力、财务规范、合规经营等问题，以及是否符合拟转入板块的定位。

法定意义转板的典型案例见表14-6。截至2023年3月底，申请转板的三家企业已全部完成转板。

表14-6 法定意义转板的典型案例

序号	相关案例	事实情况/审核关注问题
1	观典防务 2022年上市	2021年11月申报转板，2022年1月过会，2022年5月科创板上市。上交所重点关注了核心技术及对应收入、营业收入、研发活动、在建工程、实际控制人一致行动人等问题
2	泰祥股份 2022年上市	2021年11月申报转板，2022年3月过会，2022年8月创业板上市。深交所重点关注了成长性与创业板定位、技术先进性、业绩波动、客户及产品集中度等问题
3	翰博高新 2022年上市	2021年11月申报转板，2022年3月过会，2022年8月创业板上市。深交所重点关注了创业板定位和技术迭代风险、销售收入与主要客户京东方、外销收入与模式、对赌协议、诉讼仲裁、资金流水等问题

第十五章 借壳上市

第一节 借壳上市的相关概念与类别

一、借壳上市的相关概念

（一）借壳上市

（1）通俗的借壳上市：收购人获取上市公司控制权并注入资产的行为。

（2）法定意义的借壳上市（即重组上市）：上市公司自控制权发生变更之日起36个月内，向收购人及其关联人购买资产，导致上市公司发生根本变化的情形。

（二）收购人

根据《上市公司收购管理办法》，收购人可以通过取得股份的方式成为一个上市公司的控股股东，可以通过投资关系、协议、其他安排的途径成为一个上市公司的实际控制人，也可以同时采取上述方式和途径取得上市公司控制权。

(三) 标的资产与标的公司

标的资产是指上市公司拟购买的资产（借壳上市过程中，标的资产即收购人及其关联人拟向上市公司注入的资产）。标的资产对应的经营实体通常为股份有限公司或者有限责任公司，称为标的公司。

二、借壳上市的类别

在实践中，借壳上市可以归纳为以下三种方式：

（1）直接借壳上市：上市公司收购人以换股的方式将标的资产注入上市公司的同时取得上市公司控制权。

（2）买壳后借壳上市：上市公司收购人先以现金取得上市公司控制权，再择机注入自身相关资产。

（3）混合模式：上市公司收购人以现金和换股注入标的资产两种方式，最终取得上市公司控制权。

第二节 借壳上市的审核标准

一、借壳上市的触发标准

根据《上市公司重大资产重组管理办法》，上市公司自控制权发生变更之日起 36 个月内，向收购人及其关联人购买资产，导致上市公司发生以下根本变化情形之一的（见表 15-1），构成借壳上市。

表 15-1 借壳上市的触发标准

对象	项目	期间	比例
购买的资产	资产总额	最近一个会计年度经审计的合并财务会计报告	100%
	资产净额		
	营业收入		
	发行股份	首次向收购人及其关联人购买资产的董事会决议前一个交易日的股份	
虽未达到上述标准，但可能导致上市公司主营业务发生根本变化			
中国证监会认定的可能导致上市公司发生根本变化的其他情形			

二、借壳上市需要满足的条件

（一）借壳上市的一般条件

1. 总体要求

借壳上市需要符合国家产业政策和法律法规，不会导致上市公司不符合股票上市条件，有利于增强上市公司的持续盈利能力，保持上市公司的独立性和法人治理结构。

2. 对上市公司的要求

1）上市公司及其最近三年内的控股股东、实际控制人不存在因涉嫌犯罪正被司法机关立案侦查或涉嫌违法违规正被中国证监会立案调查的情形。但是，涉嫌犯罪或违法违规的行为已经终止满三年，交易方案能够消除该行为可能造成的不良后果，且不影响对相关行为人追究责任的除外。

2）上市公司及其控股股东、实际控制人最近 12 个月内未受到证券交易所公开谴责，不存在其他重大失信行为。

3）上市公司最近一年及一期财务会计报告被会计师事务所出具无保留意见审计报告；被出具保留意见、否定意见或者无法表示意见的审计报告的，须经会计师事务所专项核查确认，该保留意见、否定意见或者无法表示意见所涉及事项的重大影响已经消除或者将通过本次交易予以消除。

3. 对标的资产的要求

1）标的资产对应的经营实体为股份有限公司或者有限责任公司。

2）标的资产符合《首次公开发行股票注册管理办法》规定的其他发行条件、相关板块定位，以及证券交易所规定的具体条件。

3）标的资产定价公允、权属清晰。

4）标的资产属于金融、创业投资等特定行业的，由中国证监会另行规定。

（二）主板借壳上市特别要求

根据《上海证券交易所上市公司重大资产重组审核规则》《深圳证券

交易所上市公司重大资产重组审核规则》，拟主板借壳上市的资产应当符合下列所有条件：

最近三年净利润均为正，且最近三年净利润累计不低于人民币1.5亿元，最近一年净利润不低于人民币6 000万元，最近三年经营活动产生的现金流量净额累计不低于人民币1亿元或者营业收入累计不低于人民币10亿元。

（三）科创板借壳上市特别要求

根据《上海证券交易所上市公司重大资产重组审核规则》，拟科创板借壳上市的资产应当符合下列条件之一：

1）最近两年净利润均为正且累计不低于5 000万元。

2）最近一年营业收入不低于3亿元，且最近三年经营活动产生的现金流量净额累计不低于1亿元。

（四）创业板借壳上市的特别要求

根据《深圳证券交易所上市公司重大资产重组审核规则》，拟创业板借壳上市的资产应当符合下列条件之一：

1）最近两年净利润均为正，且累计净利润不低于人民币5 000万元。

2）最近一年净利润为正且营业收入不低于人民币1亿元。

3）最近一年营业收入不低于人民币3亿元，且最近三年经营活动产生的现金流量净额累计不低于人民币1亿元。

（五）北交所借壳上市的特别要求

根据《北京证券交易所上市公司重大资产重组审核规则》，拟北交所借壳上市的资产应当符合下列条件之一：

1）最近两年净利润均不低于1 500万元且加权平均净资产收益率平均不低于8%，或者最近一年净利润不低于2 500万元且加权平均净资产收益率不低于8%。

2）最近两年营业收入平均不低于1亿元，且最近一年营业收入增长率不低于30%，最近一年经营活动产生的现金流量净额为正。

第三节　借壳上市的操作程序

一、借壳上市的整体流程

通常情况下，直接借壳上市的整体流程如下：

1）收购人寻找合适的上市公司。
2）收购人与上市公司及其实际控制人磋商谈判、签署合作框架协议。
3）上市公司股票停牌。
4）上市公司召开董事会并披露相关文件。
5）上市公司召开股东大会。
6）上市公司履行重大资产重组（借壳上市）的审核流程。
7）收购人将标的资产过户给上市公司，上市公司向收购人发行股票或/和支付现金并配套募集资金（如需）。
8）上市公司及标的资产保持规范运作，独立财务顾问对上市公司进行持续督导。

在买壳后借壳上市或者混合模式下，会增加收购人向上市公司原股东支付现金的环节；导致上市公司控制权变更的，还需要单独履行收购上市公司的审核程序。

二、借壳上市的审核流程

1）上市公司聘请会计师事务所和评估机构分别对标的资产进行审计与评估，并出具审计报告与评估报告。
2）上市公司聘请独立财务顾问制作重大资产重组（借壳上市）申请文件，通过独立财务顾问内核程序后，向证券交易所提交申请文件。
3）证券交易所对重大资产重组（借壳上市）申请文件进行审核并反馈问题。
4）独立财务顾问组织各方对反馈问题进行回复，并修订申请文件。
5）证券交易所重组委过会后向证监会提交注册，证监会同意注册。

第四节 借壳上市实务典型问题

一、借壳操作决策

1）在全面注册制下，借壳上市与 IPO 上市审核标准逐渐一致。启动借壳上市之前，标的公司需要审慎论证借壳上市操作的必要性与可行性。

2）对接到意向上市公司后，收购人需要委派中介机构对上市公司进行全面尽职调查，确认其是否有财务造假、潜在的负债、对外担保或其他违法违规行为。

二、不同标的公司性质可能面临的问题

（一）有限责任公司

如果标的公司为有限责任公司，需要提前考虑其财务规范情况、公司治理程度以及其他股东优先购买权等问题。

（二）股份有限公司

如果标的公司为一般股份有限公司，需要考虑其股份限售期。发起人持有的公司股份，自股份公司成立之日起一年内不得转让；公司董监高在任职期间每年转让的股份不得超过其所持有公司股份总数的 25%，离职后半年内，不得转让其所持有的公司股份。

如果标的公司为新三板挂牌企业，除了考虑一般股份公司的股份限售期外，还要额外考虑全国股转公司对挂牌企业的股份限售要求。挂牌公司控股股东及实际控制人在挂牌前直接或间接持有的股票分三批解除转让限制。另外，还需要考虑相关法律法规对收购新三板挂牌企业要求的停牌操作与持续信息披露等程序。

三、中介机构

通常情况下，上市公司需要聘请独立财务顾问、律师事务所、审计机构、评估机构，分别出具重组报告书的独立财务顾问报告和法律意见书、标的资产的审计报告和评估报告。

收购人需要聘请（收购）财务顾问与律师事务所，分别出具收购报告书的财务顾问报告与法律意见书。

四、标的资产的盈利预测

借壳上市过程中,上市审核部门会关注标的资产盈利预测的稳定性与可实现性,典型案例见表 15-2。

表 15-2　上市审核部门关注标的资产盈利预测的典型案例

序号	相关案例	审核关注问题
1	中公教育借壳亚夏汽车 2019 年实施完成	请申请人对标的资产盈利预测的可实现性进行补充披露
2	天下秀借壳慧金科技 2019 年实施完成	请申请人结合行业发展趋势和竞争格局,进一步披露标的资产的核心竞争力和持续盈利能力
3	中彦科技借壳 ST 昌九 2021 年实施完成	请申请人结合标的资产行业竞争格局和客户开拓能力等情况,进一步披露标的资产未来盈利能力的可持续性

五、借壳上市的交易作价

通常情况下,上市公司收购标的资产的交易作价,系根据标的资产的评估值确定。在实践中,也存在交易双方先初步确定交易作价以形成合作意向,再聘请评估机构对标的资产进行评估的情况。

上市审核部门关注借壳上市交易作价及款项支付的典型案例见表 15-3。

表 15-3　上市审核部门关注借壳上市交易作价及款项支付的典型案例

序号	相关案例	审核关注问题
1	领益科技借壳江粉磁材 2018 年实施完成	请申请人进一步说明标的资产 2016 年 10 月增资价格低于本次交易作价及未确认股份支付费用的合理性
2	罗欣药业借壳东音股份 2020 年实施完成	请申请人结合本次置出资产特征,补充披露置出资产估值的合理性及其对本次交易作价的影响
3	润泽科技借壳普丽盛 2023 年实施完成	标的资产以 2020 年 12 月 31 日为评估基准日,并选用收益法评估结果的 142 亿元作为最终评估结论,增值率 675.04%,交易价格与评估值一致,标的资产 2020 年市盈率为 39.33 倍。请发行人结合同行业上市公司情况、行业发展、竞争趋势,充分说明标的公司评估增值率的合理性
4	创新金属借壳华联综超 2022 年实施完成	请申请人进一步说明并披露应对置出资产对价支付风险的措施

六、借壳上市的业绩补偿与奖励

根据《监管规则适用指引——上市类第1号》,交易对方为上市公司控股股东、实际控制人或者其控制的关联人,应当以其获得的股份和现金进行业绩补偿。构成重组上市的,应当以拟购买资产的价格进行业绩补偿计算,且股份补偿不低于本次交易发行股份数量的90%。业绩补偿应当先以股份补偿,不足部分以现金补偿。业绩补偿期限不得少于重组实施完毕后的三年。

在上市公司重大资产重组方案中,对标的资产交易对方、管理层或核心技术人员设置业绩奖励安排时,应基于标的资产实际盈利数大于预测数的超额部分,奖励总额不应超过其超额业绩部分的100%,且不超过其交易作价的20%。

七、标的公司的稳定性

参考IPO上市规定,借壳上市要求标的公司实际控制人、主营业务、董事、高级管理人员最近三年(主板)或两年(科创板、创业板、北交所)保持稳定。

上市审核部门关注标的公司稳定性的典型案例见表15-4。

表15-4 上市审核部门关注标的公司稳定性的典型案例

序号	相关案例	审核关注问题
1	国望高科借壳东方市场2017年被否决	根据申请材料,标的资产在报告期内经营模式发生重大变化,且交易前后存在大量关联交易
2	三六零借壳江南嘉捷2018年实施完成	请申请人补充披露标的资产的董事在报告期内是否发生重大变化,请独立财务顾问、律师核查并发表明确意见
3	云旅科技借壳云南旅游2019年实施完成	标的资产最近三年董事、高级管理人员共发生五次变更。请你公司补充披露:标的资产最近三年董事和高级管理人员的变动情况及是否符合《首次公开发行股票并上市管理办法》第十二条"发行人最近3年内主营业务和董事、高级管理人员没有发生重大变化"的规定
4	万魔声学借壳共达电声2019年被否决	申请人关于标的资产近三年实际控制人未发生变更的披露不充分,不符合《首次公开发行股票并上市管理办法》第十二条和《上市公司重大资产重组管理办法》第十三条的有关规定

八、标的公司的独立性

参考 IPO 上市规定，借壳上市要求标的公司资产完整、人员独立、机构独立、财务独立、业务独立。

上市审核部门关注标的公司独立性的典型案例见表 15-5。

表 15-5　上市审核部门关注标的公司独立性的典型案例

序号	相关案例	审核关注问题
1	协鑫能科借壳霞客环保 2019 年实施完成	请申请人进一步补充说明标的公司与实际控制人及其一致行动人控制企业之间不存在同业竞争的相关依据
2	三门峡铝业借壳福达合金 2022 年被否决	申请人未充分说明和披露本次交易有利于保持上市公司独立性，不符合《上市公司重大资产重组管理办法》第十一条的相关规定
3	易普力借壳南岭民爆 2023 年实施完成	（1）本次交易前，易普力将宁夏天长民爆器材有限责任公司（以下简称"天长民爆"）、辽源卓力化工有限责任公司（以下简称"辽源卓力"）两家从事民用爆炸物品生产的企业剥离至葛洲坝。葛洲坝承诺后续对天长民爆、辽源卓力采取注销关停或在满足注入条件后五年内择机注入上市公司等方式消除同业竞争 （2）中国能源建设集团有限公司系交易完成后上市公司的间接控股股东，其下属葛洲坝等 12 家企业（以下简称"能建集团相关下属企业"）持有爆破作业或矿山工程施工总承包相关资质，所承接的矿山工程施工或爆破作业相关业务与上市公司主营业务存在一定重合，但相关业务量占比较低，仅涉及自身投资的矿山建设项目或承建的其他建筑工程总承包项目中少量配套的爆破环节，与上市公司不存在实质性同业竞争。请你公司：①按照《上市公司监管指引第 4 号——上市公司及其相关方承诺》的规定，进一步明确解决天长民爆、辽源卓力同业竞争问题相关承诺的履约时限；②结合能建集团相关下属企业爆破作业和矿山工程施工总承包业务的营业收入、净利润金额及占比，以及相当于标的资产、上市公司同期财务指标的比例，主要客户和业务模式与标的资产、上市公司的差异等，进一步披露认定能建集团相关下属企业与标的资产、上市公司不构成实质性同业竞争的合理性

九、标的公司的规范运作

借壳上市过程中，上市审核部门会关注标的公司的资产瑕疵、诉讼纠纷、行政处罚、内部控制、财务规范等相关问题。

上市审核部门关注标的公司规范运作的典型案例见表 15-6。

表 15-6　上市审核部门关注标的公司规范运作的典型案例

序号	相关案例	审核关注问题
1	能投能源借壳云南能投 2019 年实施完成	标的资产报告期内受到与土地、安全生产相关的多项行政处罚，请你公司补充披露上述违规行为是否属于《首次公开发行股票并上市管理办法》第十八条第（二）项所述的受到行政处罚且情节严重的行为以及判断依据
2	居然零售借壳武汉中商 2019 年实施完成	请申请人补充披露标的资产内部控制建立、运行的有效性，及其对标的资产独立性和财务报表核算准确性的影响；请申请人补充披露标的资产存在权属瑕疵物业的具体情况，及其对经营稳定性的影响
3	浙农集团借壳华通医药 2020 年实施完成	浙农股份及其子公司下属"衢州市金秋南路 18 号"等多宗土地、下属"衢州市金秋南路 18 号 8 幢"等房屋建筑物已被抵押。请你公司补充披露：①上述抵押担保对应的主债务情况，包括但不限于债务人、债务金额、担保责任到期日及解除安排；②抵押事项是否会导致重组后上市公司的资产权属存在重大不确定性，对上市公司的资产完整性和未来生产经营有无不利影响
4	外服集团借壳强生控股 2021 年实施完成	请申请人结合标的资产的业务模式、毛利率等，进一步补充披露相关收入核算是否符合企业会计准则的规定

十、标的公司的持续经营能力

借壳上市过程中，上市审核部门会要求上市公司结合标的公司所属行业的发展前景、竞争格局，标的公司的业务模式、现金流量、财务状况等情况分析其持续经营能力。

上市审核部门关注标的公司持续经营能力的典型案例见表 15-7。

表 15-7　上市审核部门关注标的公司持续经营能力的典型案例

序号	相关案例	审核关注问题
1	爱旭科技借壳新梅置业 2019 年实施完成	请结合整个行业的市场需求、产能扩张、竞争态势与标的公司的技术壁垒，进一步披露标的公司保持现有毛利率水平的可能性和未来业绩的可实现性
2	晶澳科技借壳天业通联 2019 年实施完成	请申请人补充披露《长期供应协议》的具体内容、会计处理的合规性及对标的公司未来经营业绩的影响；请申请人补充披露标的公司资产负债率较高对公司持续经营能力的影响，以及防范偿债风险的具体措施
3	浙建集团借壳多喜爱 2019 年被否决	标的资产的资产负债率较高，经营性现金流和投资性现金流持续大额为负，持续盈利能力和流动性存在不确定性，不符合《上市公司重大资产重组管理办法》第十一条和第四十三条的相关规定
4	天山铝业借壳新界泵业 2020 年实施完成	请申请人结合新冠疫情、行业发展周期、企业核心竞争力和产能利用率等因素，进一步补充披露标的资产未来盈利预测的可实现性
5	万邦德制药借壳万邦德新材 2020 年实施完成	请申请人结合标的资产的产品销售和研发情况，补充披露标的资产未来持续盈利能力的稳定性
6	宇通重工借壳宏盛科技 2020 年实施完成	请申请人结合标的资产的市场竞争格局、竞争优势、业务结构和销售模式的变化，补充说明未来盈利能力的稳定性

十一、借壳上市的配套募集资金

根据《监管规则适用指引——上市类第 1 号》《〈上市公司重大资产重组管理办法〉第十四条、第四十四条的适用意见——证券期货法律适用意见第 12 号》规定："上市公司发行股份购买资产同时募集配套资金，所配套资金比例不超过拟购买资产交易价格100%的，并由并购重组审核委员会予以审核。"其中，"拟购买资产交易价格"指本次交易中以发行股份方式购买资产的交易价格，不包括交易对方在本次交易停牌前 6 个月内及停牌期间以现金增资入股标的资产部分对应的交易价格，但上市公司董事会首次就重大资产重组做出决议前该等现金增资部分已设定明确、合理资金用途的除外。

考虑到募集资金的配套性，所募资金可以用于支付本次并购交易中的现金对价，支付本次并购交易税费、人员安置费用等并购整合费用和投入标的资产在建项目建设，也可以用于补充上市公司和标的资产流动资金、偿还债务。募集配套资金用于补充公司流动资金、偿还债务的比例不应超过交易作价的 25%，或者不超过募集配套资金总额的 50%。

上市审核部门关注借壳上市配套募集资金的典型案例见表 15-8。

表 15-8　上市审核部门关注借壳上市配套募集资金的典型案例

序号	相关案例	审核关注问题
1	开药集团借壳辅仁药业 2017 年实施完成	请申请人进一步说明本次募集配套资金的必要性

十二、IPO 被否企业参与借壳上市

根据《监管规则适用指引——上市类第 1 号》，企业申报 IPO 被证监会做出不予核准或注册决定后，拟作为标的资产参与上市公司重组交易，构成重组上市的，企业自中国证监会做出不予核准或注册决定之日起 6 个月后方可筹划重组上市；不构成重组上市的其他交易，上市公司及中介机构应重点披露 IPO 未获核准或注册的具体原因及整改情况、相关财务数据及经营情况与 IPO 申报时相比是否发生重大变动及原因等情况。

第十六章

分拆上市

第一节 分拆上市的相关概念

一、分拆上市的概念

1)法定意义的分拆上市:根据《上市公司分拆规则(试行)》,法定意义的分拆上市是指上市公司将部分业务或资产,以其直接或间接控制的子公司的形式,在境内或境外证券市场首次公开发行股票并上市或者实现重组上市的行为。

2)通俗的分拆上市:上市公司部分业务或资产再次实现上市的行为——不管该业务或资产是否依然由上市公司控制。

二、二次上市的概念

(1)法定意义的二次上市:已上市的公司公开发行部分股票在另外一家证券交易所上市的行为。

(2)通俗的二次上市还包括上市公司将部分曾经参与或使用过募集资金的业务或资产重新上市的行为。

第二节 "假"分拆

一、"假"分拆的概念

所谓"假"分拆，是指上市公司放弃相关资产的控制权后，相关资产实现单独上市的行为。

二、"假"分拆的操作流程

1）上市公司剥离相关资产。
2）相关资产规范运作一定年限（至少2年或3年）。
3）相关资产达到上市条件后提交上市申请。
4）相关资产的上市申请通过审核后完成上市。

三、剥离资产的方式

1）上市公司通过股权转让或/和引入外部投资放弃所属公司的控制权。
2）上市公司将所属公司、部分资产或业务转让给其他公司。

四、"假"分拆的IPO要求

根据《监管规则适用指引——发行类第4号》，上市审核关注的问题包括：

1）发行人取得上市公司资产的背景、所履行的决策程序、审批程序与信息披露情况，是否符合法律法规、交易双方公司章程以及证监会和证券交易所有关上市公司监管和信息披露的要求，资产转让是否存在诉讼、争议或潜在纠纷。

2）发行人及其关联方的董事、监事和高级管理人员在上市公司及其关联方的历史任职情况及合法合规性。

3）发行人来自上市公司的资产置入发行人的时间，在发行人资产中的占比情况，对发行人生产经营的作用。

上市审核部门关注"假分拆"的典型案例见表16-1。

表 16-1　上市审核部门关注"假分拆"的典型案例

序号	相关案例	审核关注问题
1	汇创达 2020 年上市	2015 年发行人从欣旺达剥离前处于亏损状态，剥离后收入和净利润均大幅上升。请发行人结合技术研发和储备、业务发展、客户开拓情况等，分析并披露 2015 年从欣旺达剥离后营业收入迅速增长的原因
2	同益中 2021 年上市	请发行人说明：①中纺投资出售同益中有限 97.5% 股权的价格、作价依据；②出售时同益中有限的经营情况、简要财务数据，出售后经营业绩的变化情况、变化原因，经营业绩是否出现明显好转，市场环境是否发生重大变化；③中纺投资进行资产重组时，对同益中有限这一资产的经营及业务发展等的信息披露情况，与本次披露是否存在重大差异；④重新回答首轮的"发行人来自上市公司的资产在发行人资产中的占比情况，对发行人生产经营的作用"这一问题；⑤结合前述情况分析全部资产来自上市公司置出资产后 4 个会计年度内再次申请上市的必要性和合理性

第三节　"真"分拆

一、"真"分拆的概念

上市公司将部分业务或资产，以其直接或间接控制的子公司的形式，在境内或境外证券市场首次公开发行股票并上市或者实现重组上市的行为。

二、分拆上市的前提条件

《上市公司分拆规则（试行）》对"真"分拆提出了具体要求。

上市公司分拆，应当同时符合以下条件：

1）上市公司股票境内上市已满 3 年。

2）上市公司最近 3 个会计年度连续盈利。

3）上市公司最近 3 个会计年度扣除按权益享有的拟分拆所属子公司的净利润后，归属于上市公司股东的净利润累计不低于人民币 6 亿元。

4）上市公司最近 1 个会计年度合并报表中按权益享有的拟分拆所属子公司的净利润不得超过归属于上市公司股东的净利润的 50%；上市公司最近 1 个会计年度合并报表中按权益享有的拟分拆所属子公司的净资产不得超过归属于上市公司股东的净资产的 30%。

上市公司所属子公司存在以下情形之一的，上市公司不得分拆：

1）主要业务或资产是上市公司最近3个会计年度内发行股份及募集资金投向的，但子公司最近3个会计年度使用募集资金合计不超过子公司净资产10%的除外。

2）主要业务或资产是上市公司最近3个会计年度内通过重大资产重组购买的。

3）主要业务或资产是上市公司首次公开发行股票并上市时的主要业务或资产。

4）主要从事金融业务的。

5）子公司董事、高级管理人员及其关联方持有拟分拆所属子公司股份，合计超过该子公司分拆上市前总股本的30%，但董事、高级管理人员及其关联方通过该上市公司间接持有的除外。

三、"真"分拆的操作流程

1）上市公司充分论证分拆上市的可行性。

2）上市公司制定分拆上市预案，聘请独立财务顾问、律师事务所、会计师事务所等证券服务机构出具意见。

3）上市公司召开董事会、股东大会审议分拆上市预案，取得证券交易所和证监局持续监管意见（已调整为监管内部授权、分工事项）。

4）拟分拆上市的子公司履行上市审核程序。

5）分拆上市当年剩余时间及其后1个完整会计年度，独立财务顾问持续督导上市公司维持独立上市地位。

上市审核部门曾经关注持续监管意见的典型案例见表16-2。

表16-2 上市审核部门曾经关注持续监管意见的典型案例

序号	相关案例	审核关注问题
1	华兰疫苗 2022年上市	请发行人说明华兰生物是否已取得证券交易所、上市公司所在地证监局就上市公司是否符合《上市公司分拆所属子公司境内上市试点若干规定》（简称《若干规定》）第一条规定的相关条件的持续监管意见
2	铜冠铜箔 2022年上市	请发行人说明铜陵有色是否已取得证券交易所、上市公司所在地证监局就是否符合《若干规定》第一条规定的相关条件的持续监管意见

四、"真"分拆的 IPO 要求

根据《监管规则适用指引——发行类第 4 号》，境内上市公司在境内分拆子公司上市，保荐机构和发行人律师应核查是否符合境内分拆上市的相关规定并发表意见；境外上市公司在境内分拆子公司上市，保荐机构和发行人律师应核查是否符合境外监管的相关规定并发表意见。

上市审核部门关注"真"分拆的典型案例见表 16-3。

表 16-3　上市审核部门关注"真"分拆的典型案例

序号	相关案例	审核关注问题
1	生益电子 2021 年上市	请发行人披露：①发行人是否满足《若干规定》规定的分拆条件；②生益科技是否已根据《若干规定》的相关要求，履行分拆的信息披露和决策程序要求，是否合法合规。 请发行人：①充分说明本次分拆是否有利于上市公司突出主业、增强独立性，是否符合同业竞争、关联交易的监管要求，且资产、财务、机构方面相互独立，高级管理人员、财务人员不存在交叉任职，独立性方面不存在其他严重缺陷；②说明生益科技是否已取得证券交易所、上市公司所在地证监局就上市公司是否符合《若干规定》第一条规定的相关条件的持续监管意见
2	铁建重工 2021 年上市	发行人控股股东铁建股份分别于 2008 年 3 月 10 日和 3 月 13 日于上交所和香港联交所上市（601186.SH；1186.HK），本次发行上市构成分拆上市，招股说明书未披露该事项相关信息。请发行人在招股说明书显要位置补充披露本次分拆上市是否符合《上市公司分拆所属子公司境内上市试点若干规定》（以下简称《分拆规定》）和香港联交所关于分拆上市的条件和程序规定

第四节　分拆上市实务典型问题

一、启动分拆上市前充分论证

相关各方筹划分拆上市类资本运作之前，需要充分论证其是否符合分拆上市相关规定以及对上市公司和中小股东的影响，涉嫌损害上市公司和中小股东利益的往往很难操作成功。典型案例见表 16-4。

表 16-4 上市审核部门关注分拆上市可行性的典型案例

序号	相关案例	审核关注问题
1	宇驰检测 2018 年被否决	发行人的客户和供应商中有多家公司的股东、高管曾在宇星科技任职，发行人年销售额 50 万元以上的客户中，与宇星科技重叠的客户有 18 家。请发行人代表说明：①报告期对曾任职于宇星科技的其他核心人员投资或任职的 10 家客户的销售收入逐期增加的原因及合理性，定价是否公允；②主营业务与宇星科技显著不同，但存在客户和供应商重叠的原因及合理性；③对 18 家重叠客户报告期销售金额持续增长的原因及合理性，业务获取的方式及定价是否公允；④是否存在共同开发或共享知识产权的情形，是否存在转移费用或成本的情形
2	瑞泰新材 2022 年上市	发行人 2021 年前三季度净利润增长较快。请发行人结合自身及江苏国泰 2021 年第四季度经营情况，说明预计 2021 年度是否满足《若干规定》中"上市公司最近 1 个会计年度合并报表中按权益享有的拟分拆所属子公司的净利润不得超过归属于上市公司股东的净利润的 50%"的要求

二、程序合规

分拆上市全过程，包括前期的资产剥离（如需），需要遵循法律法规要求的决策与信息披露程序。

上市审核部门关注分拆上市程序合规性的典型案例见表 16-5。

表 16-5 上市审核部门关注分拆上市程序合规性的典型案例

序号	相关案例	审核关注问题
1	润弘制药 2017 年被否决	请发行人代表进一步说明河南羚锐制药（上市公司，发行人原股东）将郑州羚锐股份（发行人前身）转让给中青港联时，未聘请评估机构对拟转让股份进行评估，独立董事未针对上述股份转让价格是否公允发表独立意见，上述股份转让事项未提交河南羚锐制药股东大会审议的具体原因及其合理性和合规性；上述股权转让是否存在纠纷、潜在纠纷和法律风险
2	德石股份 2022 年上市	上市公司杰瑞股份分拆发行人上市。请发行人补充披露杰瑞股份是否已根据《若干规定》的相关要求，履行分拆的信息披露和决策程序要求，是否合法合规

三、独立性要求

分拆上市需要充分论证拟分拆上市资产与上市公司之间的独立性，包括资产完整性、业务独立性、人员独立性、机构独立性、财务独立性。上市审核部门关注拟分拆上市资产独立性的典型案例见表 16-6。

表 16-6　上市审核部门关注拟分拆上市资产独立性的典型案例

序号	相关案例	审核关注问题
1	铜冠铜箔 2022 年上市	请发行人结合发行人关联方实际从事的业务情况及其与发行人实际从事业务的关系，铜冠新技术、铜冠电工等关联公司实际从事的业务与发行人是否属于同类业务及发生关联交易的原因，披露发行人是否存在同业竞争，相关产品是否存在用途、客户相同的情形，发行人关联方与发行人是否可共用生产设备，工艺是否存在明显差异，认定不存在同业竞争的理由是否充分
2	萤石网络 2022 年上市	请发行人说明在 5 年过渡期内，发行人继续使用海康威视的生产系统、研发系统和财务系统，如何确保发行人的独立性不受控股股东的影响

四、资产来源

根据《上市公司分拆规则（试行）》，上市公司所属子公司存在以下情形之一的，上市公司不得分拆：

1）主要业务或资产是上市公司最近 3 个会计年度内发行股份及募集资金投向的，但子公司最近 3 个会计年度使用募集资金合计不超过子公司净资产 10% 的除外。

2）主要业务或资产是上市公司最近 3 个会计年度内通过重大资产重组购买的。

3）主要业务或资产是上市公司首次公开发行股票并上市时的主要业务或资产。

上市审核部门关注分拆上市资产来源的典型案例见表 16-7。

表 16-7　上市审核部门关注分拆上市资产来源的典型案例

序号	相关案例	审核关注问题
1	兆讯传媒 2022 年上市	2018 年 11 月，联美控股及其全资子公司联美资管以现金方式向拉萨兆讯投资等 4 名股东收购其持有的兆讯传媒 100% 的股权。请发行人：①结合各项指标量化说明联美控股及其全资子公司联美资管收购兆讯传媒不构成重大资产重组的依据，是否符合《上市公司分拆所属子公司境内上市试点若干规定》的相关规定；②补充披露联美控股最近 3 个会计年度内使用募集资金的主要投向，发行人的主要业务及资产是否存在最近 3 个会计年度使用募集资金合计超过净资产 10% 的情形

五、境外上市公司分拆上市

境外上市公司分拆上市需要符合境外证券监管的相关规定，履行相关程序，取得相关批复，并保证信息披露的及时性和一致性。

上市审核部门关注境外上市公司分拆上市的典型案例见表 16-8。

表 16-8　上市审核部门关注境外上市公司分拆上市的典型案例

序号	相关案例	审核关注问题
1	盛美上海 2021 年上市	发行人控股股东美国 ACMR 为纳斯达克（NASDAQ）上市公司，持有发行人 91.67% 的股权。美国 ACMR 为控股型公司，未实际从事其他业务。请发行人披露：① ACMR 分拆发行人在科创板上市是否履行了法定审批程序，是否取得了相关政府监管机构及纳斯达克的批准、授权、同意或履行通知、备案等程序；② ACMR 分拆发行人在科创板上市是否充分履行了纳斯达克的相关信息披露义务；③本次发行上市对 ACMR 中小投资者的具体影响，相关股东之间是否存在纠纷或者潜在纠纷；④发行人本次信息披露与美国 ACMR 上市申请文件及上市后的信息披露是否存在差异，差异原因及合理性
2	电气风电 2021 年上市	发行人控股股东上海电气成立于 2004 年 3 月。2005 年，上海电气在境外发行 H 股并在香港联交所主板上市；2008 年，上海电气吸收合并上电股份、发行 A 股并上市。请发行人在招股说明书中补充披露本次分拆上市是否符合香港联交所关于分拆上市的条件和程序规定

中概股回归

第一节 中概股回归的相关概念与类别

一、中概股回归的相关概念

（1）中概股：外国投资者对所有海外上市的中国股票的统称。

（2）红筹企业：注册地在境外、主要经营活动在境内的企业。

（3）中概股公司：发行中概股的公司，分为境内注册的企业和红筹企业两类。

（4）中概股回归：中概股回归A股或港股。

（5）双重主要上市：企业同时拥有在两个上市地的同等上市地位。

（6）第二上市：在两个上市地上市相同类型的股票，并通过国际托管银行和证券经纪商，实现股份的跨市场流通。

二、中概股回归的类别

（1）回归地点：A股（包括上交所、深交所和北交所）、港股（香港联交所）。

（2）回归方式：海外退市回归、海外不退市回归。

（3）回归后上市的方式：IPO 上市、被上市公司并购、借壳上市。

（4）回归后上市发行的证券：股票、存托凭证。

关于回归后不同上市方式的典型案例见表 17-1。

表 17-1　关于回归后不同上市方式的典型案例

序号	相关案例	事实情况
1	博纳影业	2016 年从纳斯达克退市，2022 年深交所主板 IPO 上市
2	盛大游戏	2015 年从纳斯达克退市，2019 年注入深交所主板上市公司世纪华通
3	三六零	2016 年从纽交所退市，2018 年上交所主板借壳上市

第二节　中概股回归 A 股

一、中概股回归 A 股的相关法规（见表 17-2）

表 17-2　中概股回归 A 股的相关法规

序号	法规名称	相关内容
1	《国务院办公厅转发证监会关于开展创新企业境内发行股票或存托凭证试点若干意见的通知》（简称《通知》）	试点企业应当是符合国家战略、掌握核心技术、市场认可度高，属于互联网、大数据、云计算、人工智能、软件和集成电路、高端装备制造、生物医药等高新技术产业和战略性新兴产业，且达到相当规模的创新企业。其中，已在境外上市的大型红筹企业，市值不低于 2 000 亿元人民币；尚未在境外上市的创新企业（包括红筹企业和境内注册企业），最近一年营业收入不低于 30 亿元人民币且估值不低于 200 亿元人民币，或者营业收入快速增长，拥有自主研发、国际领先技术，同业竞争中处于相对优势地位
2	《关于创新试点红筹企业在境内上市相关安排的公告》	已境外上市红筹企业的市值要求调整为符合下列标准之一：①市值不低于 2 000 亿元人民币；②市值 200 亿元人民币以上，且拥有自主研发、国际领先技术，科技创新能力较强，同业竞争中处于相对优势地位
3	《关于扩大红筹企业在境内上市试点范围的公告》	除《通知》明确的互联网、大数据、云计算、人工智能、软件和集成电路、高端装备制造、生物医药行业外，属于新一代信息技术、新能源、新材料、新能源汽车、绿色环保、航空航天、海洋装备等高新技术产业和战略性新兴产业的红筹企业，纳入试点范围。具有国家重大战略意义的红筹企业申请纳入试点，不受前述行业限制

（续）

序号	法规名称	相关内容
4	《上海证券交易所股票上市规则》	已在境外上市的红筹企业，申请发行股票或者存托凭证并在本所上市的，应当至少符合下列标准中的一项：①市值不低于 2 000 亿元；②市值 200 亿元以上，且拥有自主研发、国际领先技术，科技创新能力较强，在同行业竞争中处于相对优势地位
5	《深圳证券交易所股票上市规则》	未在境外上市的红筹企业，申请发行股票或者存托凭证并在本所上市的，应当至少符合下列标准中的一项：①预计市值不低于 200 亿元，且最近一年营业收入不低于 30 亿元；②营业收入快速增长，拥有自主研发、国际领先技术，在同行业竞争中处于相对优势地位，且预计市值不低于 100 亿元；③营业收入快速增长，拥有自主研发、国际领先技术，在同行业竞争中处于相对优势地位，且预计市值不低于 50 亿元，最近一年营业收入不低于 5 亿元
6	《上海证券交易所科创板股票上市规则》	符合《通知》相关规定的红筹企业，可以申请发行股票或存托凭证并在科创板上市 营业收入快速增长，拥有自主研发、国际领先技术，同行业竞争中处于相对优势地位的尚未在境外上市红筹企业，申请在科创板上市的，市值及财务指标应当至少符合下列标准之一：①预计市值不低于人民币 100 亿元；②预计市值不低于人民币 50 亿元，且最近一年营业收入不低于人民币 5 亿元
7	《深圳证券交易所创业板股票上市规则》	符合《通知》等相关规定且最近一年净利润为正的红筹企业，可以申请其股票或存托凭证在创业板上市 营业收入快速增长，拥有自主研发、国际领先技术，同行业竞争中处于相对优势地位的尚未在境外上市红筹企业，申请在创业板上市的，市值及财务指标应当至少符合下列标准中的一项：①预计市值不低于 100 亿元，且最近一年净利润为正；②预计市值不低于 50 亿元，最近一年净利润为正且营业收入不低于 5 亿元
8	《监管规则适用指引——发行类第 4 号》	实际控制人实现控制的条线存在境外控制架构的，保荐机构和发行人律师应当对发行人设置此类架构的原因、合法性及合理性，持股的真实性，是否存在委托持股，信托持股，是否有各种影响控股权的约定，股东的出资来源等问题进行核查，说明发行人控股股东和受控股股东、实际控制人支配的股东所持发行人的股份权属是否清晰，以及发行人如何确保其公司治理和内控的有效性，并发表明确意见

二、中概股回归 A 股的主要原因

相对海外证券市场，A 股通常具有更高的流动性、市盈率以及对中概股公司有更高的认可度和包容性。

三、中概股回归 A 股的主要方式和流程

（一）海外不退市回归 A 股

中概股公司需要继续在海外证券市场履行相应的审议程序与信息披露义务，在此基础上履行 A 股上市的程序以实现上市。典型案例包括中国铝业、中国人寿等。

（二）海外退市后回归 A 股

中概股公司的主要股东先要进行融资以完成中概股在海外证券市场私有化退市，之后中概股公司或其主要资产履行 A 股上市的程序后实现上市。其中，回归后 IPO 上市的典型案例包括药明康德、迈瑞医疗、宇信科技等；回归后借壳上市的典型案例包括分众传媒、巨人网络、三六零等。

A 股 IPO 上市与借壳上市的流程分别详见本书第一章与第十五章的相关内容。

第三节　中概股回归港股

一、中概股回归港股的相关规定

根据《香港联合交易所有限公司证券上市规则》，中概股回归港股的相关规定见表 17-3。

表 17-3　中概股回归港股的相关规定

序号	类型	相关内容
1	双重主要上市	具有不同投票权架构：已在合资格交易所上市并且至少 2 个完整会计年度期间保持良好合规纪录，同时必须符合以下任何一项：①上市时市值至少为 400 亿港元；②上市时市值至少为 100 亿港元及经审计的最近 1 个会计年度收益至少为 10 亿港元 没有不同投票权架构：与一般企业香港主板上市要求一致，需要满足盈利测试、市值/收益/现金流量测试、市值/收益测试之一

（续）

序号	类型	相关内容
2	第二上市	具有不同投票权架构：已在合资格交易所上市并且于至少 2 个完整会计年度期间保持良好合规纪录，同时必须符合以下任何一项：①上市时市值至少为 400 亿港元；②上市时市值至少为 100 亿港元及经审计的最近 1 个会计年度收益至少为 10 亿港元 没有不同投票权架构：必须符合以下其中一项：①在合资格交易所（适用于任何没有不同投票权架构的海外发行人）或任何认可证券交易所（仅适用于没有不同投票权架构且业务重心也不在大中华地区的海外发行人）上市并于至少 5 个完整会计年度保持良好合规纪录及上市时的市值至少为 30 亿港元；②已在合资格交易所上市并且于至少 2 个完整会计年度保持良好合规纪录及上市时的市值至少为 100 亿港元

二、中概股回归港股的原因

相对海外证券市场，香港证券市场对中概股公司有更高的认可度和包容性；相对 A 股，香港证券市场则更加市场化。

三、中概股回归港股的主要方式与流程

中概股回归港股也有海外证券市场退市与不退市两种情形。前者需要继续在海外证券市场履行相应的审议程序与信息披露义务；后者需要先完成私有化退市。

中概股回归港股的知名企业包括阿里巴巴、网易、京东、百盛中国、中通快递、百度、哔哩哔哩、携程等。

第四节 中概股回归实务典型问题

一、程序合规性问题

中概股海外上市、私有化退市、相关资产的并购重组、二次上市等，均需要按照相关法律法规履行审批手续，保证程序的合法合规性。

上市审核部门关注中概股回归程序合规性的典型案例见表 17-4。

表 17-4　上市审核部门关注中概股回归程序合规性的典型案例

序号	相关案例	审核关注问题
1	分众传媒 2016 年上市	本次交易尚需获得商务部的批准以及上海市商务委员会关于分众传媒股权变更的批准。请你公司补充披露上述批准程序的审批事项、审批进展情况，是否为本次重组的前置程序，如是，请补充提供批准文件
2	宇信科技 2018 年上市	请发行人补充说明境外退市及私有化履行的程序及合法性
3	药明康德 2018 年上市	请在招股说明书中披露 WuXi Cayman（无锡开曼，原纽交所上市公司，发行人原间接控股股东）终止上市及私有化过程是否符合上市地证券交易所及上市地的法律法规要求

二、信息披露类问题

中概股回归过程中，上市审核部门会关注中概股回归信息披露的合规性、与原海外上市信息披露的一致性。

上市审核部门关注中概股回归信息披露的典型案例见表 17-5。

表 17-5　上市审核部门关注中概股回归信息披露的典型案例

序号	相关案例	审核关注问题
1	宇信科技 2018 年上市	请发行人补充说明境外上市申报材料及上市期间信息披露内容与本次发行申请文件披露内容是否存在差异
2	迈瑞医疗 2018 年上市	请发行人补充说明并披露迈瑞国际在美上市期间的信息披露与本次申报文件内容是否存在重大差异
3	诺诚健华 2022 年上市	请发行人披露是否遵循"就高不就低"原则，是否已在境内上市财务报告中披露境外财务报告中披露的信息

三、红筹架构的相关问题

中概股回归过程中，上市审核部门会关注中概股红筹架构搭建和拆除的合法合规性，包括资金跨境流动、税收缴纳、程序履行、行政处罚等。

上市审核部门关注中概股公司红筹架构的典型案例见表 17-6。

四、中概股公司的稳定性

中概股回归过程中，拟上市主体需要保持实际控制人、董事、高级管理人员、主营业务的稳定性，以满足重新上市的相关要求。

上市审核部门关注中概股公司稳定性的典型案例见表 17-7。

表 17-6 上市审核部门关注中概股公司红筹架构的典型案例

序号	相关案例	审核关注问题
1	万香科技 2022 年被否决	请发行人：①披露发行人境外架构的搭建、挂牌、摘牌、回归等过程中，涉及的资金跨境流动是否合法合规，是否符合我国国外投资、税收、外汇出入境的相关规定，上述过程中涉及的主要会计处理及其合规性；②说明红筹架构搭建、存续及解除过程中涉及的相关税收是否已缴纳，是否符合合境内外税收征管理法规的规定，是否存在违反相关法律法规的情形或不利行政处罚的风险；③说明红筹架构搭建、存续及解除过程中涉及的全部股权转让事宜是否符合当地法律规定，相关主体及人员是否被监管机构处罚或采取监管措施，转让定价的公允性，是否存在利益输送情形，是否存在潜在纠纷，是否存在损害投资者特别是中小投资者权益的情形，相关主体及人员是否被监管

表 17-7 上市审核部门关注中概股公司稳定性的典型案例

序号	相关案例	审核关注问题
1	三六零 2018 年上市	三六零的前身天津奇思为 Qihoo 360 境外上市后设立的公司。天津奇思设立后，经过相关业务及资产重组，承继了原 Qihoo 360 的主要业务及资产。请你公司结合三六零及其前身天津奇思产来源方 Qihoo 360 的股权结构、前述公司存续期间的经营方针和决策、组织机构运作、业务运营等情况，以及投资等情况反映的对公司直接或间接投资关系，并参照《首次公开发行股票适用意见第 1 号》第二条办法》第十二条 "实际控制人没有发生变更" 的理解和适用—证券期货法律适用意见第 1 号》第二条的相关规定，补充披露最近 3 年三六零的实际控制人是否发生变更
2	海科新源 2023 年注册	最近两年，发行人董事、高级管理人员变动较大。同时，报告期至 2020 年 7 月期间，发行人未聘请人员担任财务总监。请说明报告期初至 2020 年 7 月前未设置财务总监的原因，如何保证报告期内财务数据真实准确以及财务内控制有效运行，结合最近两年董事、高级管理人员变动的具体原因，根据本所《创业板股票首次公开发行上市审核问答》问题 8 的要求，进一步说明上述变动情况，说明人生产经营的具体影响情况；②结合股东大会、董事会、经营管理层权力分配和公司实际运行情况，说明最近两年发行人实际控制人的认定情况是否发生变更

五、中概股公司的独立性

中概股回归过程中，拟上市主体需要保持资产完整性、人员独立性、业务独立性、机构独立性和财务独立性，以满足重新上市的相关要求。

上市审核部门关注中概股公司独立性的典型案例见表 17-8。

表 17-8　上市审核部门关注中概股公司独立性的典型案例

序号	相关案例	审核关注问题
1	三六零 2018 年上市	Qihoo 360 境外退市完成后，进行一系列重组，将与天津奇思主营业务相关的主体重组至天津奇思架构下，将业务不相关的主体重组至天津奇思体系外。请你公司补充披露：①选取 Qihoo 360 相关资产重组至天津奇思体系内的具体标准；②前述资产划分会否导致交易完成后新增关联交易，对上市公司人员稳定、资产完整、业务开发等有无不利影响，是否可能影响上市公司独立运营，如是，有无切实可行的解决措施；③对未置入资产是否存在后续收购计划或安排

六、中概股回归的资金来源

中概股回归过程中，拟上市企业及相关各方需要保证资金来源的合法合规性，包括海外证券市场的私有化退市、并购重组、公司设立等的相关资金。

上市审核部门关注中概股回归资金来源的典型案例见表 17-9。

表 17-9　上市审核部门关注中概股回归资金来源的典型案例

序号	相关案例	审核关注问题
1	宇信科技 2018 年上市	请发行人补充说明境外退市及私有化相关资金的来源及合法性，是否存在法律风险
2	万香科技 2022 年被否决	请发行人：①说明上述事项交易价格的确定方法及公允性，PE、PB 等数据，所涉及的各方主体相关资金的具体来源及其合法性，相关资金进出境的过程及是否根据国家外汇管理等法律法规的有关规定履行了相关审批手续，是否存在违反相关法律法规的情形或行政处罚风险；②说明希尔化学及黄志永与发行人及实际控制人、主要股东、发行人董监高等的关联关系、特殊利益安排等，黄志永参与万香国际私有化及收购发行人股权的资金来源，相关外汇、税收情况等，说明黄志永及希尔化学持股发行人是否符合《外商投资法》的相关规定

七、中概股公司的规范运作

中概股回归过程中,拟上市主体需要保证规范运作,避免重大违法违规与行政处罚,以免影响重新上市。

上市审核部门关注中概股公司规范运作的典型案例见表 17-10。

表 17-10　上市审核部门关注中概股公司规范运作的典型案例

序号	相关案例	审核关注问题
1	药明康德 2018 年上市	请在招股说明书中披露:在上市期间,WuXi Cayman 及其董监高是否因违反规范运作、信息披露等方面规定受到美国证券监管部门及相关证券交易场所处罚或被采取监管措施的情形,是否存在违法违规的情况,前述情况是否对本次发行条件构成影响
2	百济神州 2021 年上市	请发行人说明发行人法律主体,即合并范围内的母公司是否实际经营,是否为控股型公司,是否为离岸特殊目的公司,是否适用《开曼群岛经济实质法》的相关规定,是否符合关于经济实质的要求,是否存在被处罚或被注销的风险

八、中概股公司的会计处理

中概股回归过程中,拟上市企业需要保证企业合并、股权激励等会计处理的合法合规性。

上市审核部门关注中概股公司会计处理的典型案例见表 17-11。

表 17-11　上市审核部门关注中概股公司会计处理的典型案例

序号	相关案例	审核关注问题
1	三六零 2018 年上市	2014 年 1 月 1 日,Qihoo 360 董事会由包括周鸿祎在内的 9 名成员组成,周鸿祎为董事长。2015 年 3 月 3 日,天津奇思股东做出决定,同意成立董事会,选举齐向东为董事长。2016 年 3 月 1 日,天津奇思股东选举周鸿祎为董事长。请你公司结合 Qihoo 360、天津奇思上述董事会设置、董事、高级管理人员选任和变动情况,进一步补充披露 Qihoo 360 与天津奇思是否为同一控制下企业,本次交易是否符合《首次公开发行股票并上市管理办法》第十二条的规定

九、中概股回归的其他相关问题

中概股回归的其他相关问题包括异议股东、税收优惠、股权变动等，拟上市企业都需要妥善处理。

上市审核部门关注中概股回归其他相关问题的典型案例见表 17-12。

表 17-12　上市审核部门关注中概股回归其他相关问题的典型案例

序号	相关案例	审核关注问题
1	迈瑞医疗 2018 年上市	请发行人补充说明并披露迈瑞国际与异议股东之间的诉讼程序是否已彻底终结，迈瑞国际私有化是否存在其他纠纷或潜在纠纷风险
2	宇信科技 2018 年上市	请发行人补充说明发行人及子公司是否享受过税收优惠，是否存在补缴风险
3	海科新源 2023 年注册	请发行人说明相关主体改制及发行人增资过程中是否涉及国有资产或集体资产流失，相关出资或增资行为是否符合《公司法》等相关规定，是否存在出资不实等瑕疵

第十八章

重点行业问题

第一节　重点行业的选取标准

2020年年初至2023年3月底，A股共有1 454家企业完成上市。

按照证监会行业分类进行筛选，上市数量排名前十位的行业共有970家企业，占比66.71%，见表18-1。

表18-1　上市数量排名前十位的行业

序号	证监会行业分类	上市企业数量（家）
1	计算机、通信和其他电子设备制造业	222
2	专用设备制造业	149
3	软件和信息技术服务业	119
4	化学原料和化学制品制造业	93
5	电气机械和器材制造业	93
6	医药制造业	93
7	通用设备制造业	71
8	橡胶和塑料制品业	46
9	汽车制造业	43

（续）

序号	证监会行业分类	上市企业数量（家）
10	专业技术服务业	41
	合计	970
2020 年年初至 2023 年 3 月底完成 A 股上市企业总数量		1 454
占比		66.71%

本章对上述前十大行业的主要生产经营资质或登记手续，以及上市审核部门的特别关注问题进行了梳理，以便于相关行业的拟上市企业参考。

第二节　行业资质或登记手续

一、计算机、通信和其他电子设备制造业（见表 18-2）

表 18-2　计算机、通信和其他电子设备制造业的主要生产经营资质或登记手续

序号	主要生产经营资质或登记手续
1	质量管理体系认证证书
2	环境管理体系认证证书
3	职业健康安全管理体系认证证书
4	排污许可证
5	固定污染源排污登记表
6	高新技术企业证书
7	对外贸易经营者备案登记表
8	海关报关单位注册登记证书

二、专用设备制造业（见表 18-3）

表 18-3　专用设备制造业的主要生产经营资质或登记手续

序号	主要生产经营资质或登记手续
1	质量管理体系认证证书
2	安全生产许可证
3	职业健康安全管理体系认证证书
4	环境管理体系认证证书
5	固定污染源排污登记表
6	排污许可证
7	高新技术企业证书

（续）

序号	主要生产经营资质或登记手续
8	知识产权管理体系认证证书
9	对外贸易经营者备案登记表
10	进出口业务资质证书

三、软件和信息技术服务业（见表18-4）

表 18-4　软件和信息技术服务业的主要生产经营资质或登记手续

序号	主要生产经营资质或登记手续
1	信息技术服务标准符合性证书
2	信息系统集成及服务资质证书
3	信息技术服务管理体系认证
4	增值电信业务经营许可证
5	信息安全管理体系认证证书
6	高新技术企业证书
7	安全生产许可证
8	质量管理体系认证证书
9	环境管理体系认证证书
10	职业健康安全管理体系认证证书

四、化学原料和化学制品制造业（见表18-5）

表 18-5　化学原料和化学制品制造业的主要生产经营资质或登记手续

序号	主要生产经营资质或登记手续
1	全国工业产品生产许可证
2	安全生产许可证
3	危险化学品经营许可证
4	危险化学品登记证
5	危险化学品重大危险源备案登记表
6	排污许可证
7	固定污染源排污登记表
8	高新技术企业证书
9	报关单位注册登记证书
10	对外贸易经营者备案登记表

五、电气机械和器材制造业（见表 18-6）

表 18-6　电气机械和器材制造业的主要生产经营资质或登记手续

序号	主要生产经营资质或登记手续
1	质量管理体系认证证书
2	环境管理体系认证证书
3	职业健康安全管理体系认证证书
4	城镇污水排入排水管网许可证
5	高新技术企业证书
6	对外贸易经营者备案登记表
7	海关报关单位注册登记证书
8	出入境检验检疫报检企业备案表

六、医药制造业（见表 18-7）

表 18-7　医药制造业的主要生产经营资质或登记手续

序号	主要生产经营资质或登记手续
1	药品生产许可证
2	药品经营许可证
3	药物临床试验批件/临床试验通知书
4	药品注册批件
5	GMP 认证证书
6	排污许可证
7	高新技术企业证书
8	海关进出口货物收发货人备案
9	报关单位注册登记证书
10	对外贸易经营者备案登记表

七、通用设备制造业（见表 18-8）

表 18-8　通用设备制造业的主要生产经营资质或登记手续

序号	主要生产经营资质或登记手续
1	质量管理体系认证证书
2	产品认证证书
3	环境管理体系认证证书

（续）

序号	主要生产经营资质或登记手续
4	职业健康安全管理体系认证证书
5	安全生产许可证
6	排污许可证
7	固定污染源排污登记表
8	高新技术企业证书
9	对外贸易经营者备案登记表
10	海关报关单位注册登记证书

八、橡胶和塑料制品业（见表18-9）

表18-9 橡胶和塑料制品业的主要生产经营资质或登记手续

序号	主要生产经营资质或登记手续
1	排污许可证
2	高新技术企业证书
3	对外贸易经营者备案登记表
4	报关单位注册登记证书
5	出入境检验检疫报检企业备案
6	质量管理体系认证证书
7	环境管理体系认证证书
8	职业健康安全管理体系认证证书

九、汽车制造业（见表18-10）

表18-10 汽车制造业的主要生产经营资质或登记手续

序号	主要生产经营资质或登记手续
1	道路机动车辆生产企业及产品公告
2	高新技术企业证书
3	质量管理体系认证证书
4	环境管理体系认证证书
5	排污许可证
6	固定污染源排污登记表
7	对外贸易经营者备案登记表
8	海关报关单位注册登记证书

十、专业技术服务业（见表18-11）

表18-11 专业技术服务业的主要生产经营资质或登记手续

序号	主要生产经营资质或登记手续	序号	主要生产经营资质或登记手续
1	高新技术企业证书	5	职业健康安全管理体系认证证书
2	实验室认可证书	6	排污许可证
3	质量管理体系认证证书	7	对外贸易经营者备案登记表
4	环境管理体系认证证书	8	海关报关单位注册登记证书

第三节 行业特别问题

一、计算机、通信和其他电子设备制造业

上市审核部门重点关注经营资质、技术优势、科创属性、市场开拓、发展战略、市场空间、产销匹配关系等问题。

计算机、通信和其他电子设备制造业的典型案例见表18-12。

表18-12 计算机、通信和其他电子设备制造业的典型案例

序号	相关案例	审核关注问题
1	纳睿雷达 2023年上市	请发行人说明： （1）结合《气象专用技术装备使用许可管理办法》的相关规定，说明认为气象专用技术装备使用许可证并非发行人开展业务前置性资质的具体依据，是否可能影响公司产品的销售及客户使用，是否存在无相应资质开展生产经营的情况，目前相关许可证的办理进度及预计何时取得 （2）发行人是否已掌握全极化有源相控阵雷达技术及其在核心技术中的体现；与双极化技术相比，全极化有源相控阵雷达技术具备何种技术优势及实现难点，未来的应用方向及目前尚未产业化的具体原因 （3）气象探测领域雷达整机产品的市场规模、客户采购周期、可比公司的业务分布及发行人的在手订单情况；发行人未来能否获得稳定的订单及收入，是否具备持续经营的能力 （4）发行人未来在硬件端、软件端及价值链端发展的具体安排、拟采取的措施及可能存在的困难和风险，结合新技术新产品的市场发展趋势，分析发行人未来的收入增长点及战略发展规划

（续）

序号	相关案例	审核关注问题
2	龙迅股份 2023 年上市	请发行人说明： （1）报告期内发行人晶圆采购量、生产领用量、封装测试量、产品入库量、销售量等的匹配关系；发行人采购晶圆的类型、用途，是否存在直接外购晶圆或成品芯片后直接销售的情形；发行人委外和自主测试的数量及其占比，自主测试数量与固定资产的匹配关系 （2）按照下游应用领域分类说明报告期各期分产品的销售金额、销量、单价，以及各主要领域的终端用户与对应产品类型情况，产品销量与终端产品销量或出货量是否匹配 （3）发行人芯片产品的技术壁垒高低界定标准；按照技术壁垒高低区分产品类型，并说明相应产品的销售收入及销量情况 （4）发行人的高清视频桥接芯片、显示处理芯片、高速信号传输芯片三类产品技术难度的对比；发行人目前达到的技术水平，三类产品在相关领域各自的国产化进程；发行人在显示处理芯片领域的市场地位和技术水平
3	中润光学 2023 年上市	请发行人： （1）结合自主生产的主要内容，说明是否主要从事总装业务，与同行业公司生产模式的差异情况 （2）结合核心技术主要应用的环节，说明光学镜头产品设计、生产装调环节的技术难点 （3）结合数字安防领域定焦镜头占主导地位的背景，从成本效益、可替代性角度，对比中大倍率变焦、超大倍率变焦镜头相较定焦及小倍率变焦镜头的优劣势 （4）结合发行人目前的产品结构、市场占有率及竞争力，说明发行人的主要产品在全球增势放缓背景下未来的市场空间 （5）发行人在客户采购同类产品中的份额、排名及产品优势；结合认证情况及相关协议约定，说明客户是否将引进其他供应商，发行人被替换的难度，以及发行人降低大客户依赖度的措施

二、专用设备制造业

上市审核部门重点关注行业趋势、竞争格局、产品质量、销售模式、客户、售后服务、生产工艺、核心技术、经营资质等问题。

专用设备制造业的典型案例见表 18-13。

表 18-13　专用设备制造业的典型案例

序号	相关案例	审核关注问题
1	格力博 2023 年上市	请发行人： （1）结合燃油、交流电、锂电动力园林机械各自的优势和劣势、应用场景，以及近年来各自市场份额占比及变化情况，补充披露园林机械行业向新能源动力转变是否为行业趋势；新能源园林机械是否最终将完全取代汽油动力园林机械；交流电动力园林机械是否也存在被新能源园林机械替代的情形 （2）补充披露报告期内发行人的产品质量是否符合境内外国家和地区标准、行业标准，是否存在产品被召回的情形，是否存在因产品质量与客户、消费者发生纠纷的情形，是否存在被境内外主管机构处罚的情形 （3）按照合理有效的分类口径对发行人的销售模式进行梳理分类，并充分披露对判断客户及业务结构、收入确认方式及验证收入真实性所需的重要信息，如按线上和线下渠道对应的产品品牌类型、合作模式（自有品牌产品按电商入仓销售／渠道销售、买断／代理等实际情况归类）、各类渠道的销售金额及占比、客户分布情况等 （4）结合发行人下游行业的竞争格局、主要客户在相关市场的市场份额、ODM 和品牌产品在客户同类产品采购中的占比等情况，分析披露发行人客户集中是否符合行业特点，发行人与 Lowe's 相关交易的稳定性、可持续性、价格公允性和业务独立性
2	保丽洁 2023 年上市	请发行人说明： （1）除静电式油烟废气治理技术外，市场上采用其他相同或类似油烟废气净化的主要技术和设备主要是哪些，说明油烟废气净化的整体竞争格局，衡量产品性能的关键技术指标及发行人的静电式油烟废气设备在性能、技术、价格以及应用场景异同等方面的优劣比较，是否存在被其他技术路线竞品取代的风险 （2）说明上述生产环节中哪些属于核心生产环节，列表说明核心生产环节对应的发行人生产工艺、核心技术和生产设备，发行人生产工序是否涉及产成品的核心功能实现以及与核心功能的对应关系，并结合上述情况进一步说明发行人的核心技术如何应用到相关产品中 （3）说明发行人及其分、子公司是否均具有相应的安全生产资质，主营业务所在地是否存在消防风险，发行人日常业务环节采取的安全生产、安全施工防护、风险控制措施等是否有效执行，发行人针对安全生产违规情形的整改措施及其有效性

（续）

序号	相关案例	审核关注问题
3	鸿铭股份 2022 年上市	请发行人说明： （1）报告期内是否存在产品质量纠纷或质量事故，是否存在大额退换货或承担大额赔偿责任的情形 （2）报告期内发行人在境外销售产品是否符合销售地关于相关产品资质、流程、销售对象限制等的相关规定；报告期内是否存在被境外销售所涉及国家和地区处罚或者立案调查的情形；出口报关、外汇结转方面是否符合外汇管理规定 （3）说明核心技术是否存在技术壁垒，是否属于通用技术，核心产品或技术是否存在快速迭代的风险；主要客户的其他供应商情况，同类产品相较该客户其他供应商在技术指标、技术水平等方面的竞争优势，是否存在被替代的风险 （4）说明主要客户的采购金额及采购周期是否与其自身的产量、业务规模匹配；主要产品的关键元器件、关键零部件是否具有稳定的供应渠道，是否对少数供应商存在依赖，发行人对上述核心原材料的备货周期及备货金额

三、软件和信息技术服务业

上市审核部门重点关注经营资质、合规经营、公司产品、技术优势、客户、地域、行业前景、虚假交易、行业监管政策等问题。

软件和信息技术服务业的典型案例见表 18-14。

表 18-14 软件和信息技术服务业的典型案例

序号	相关案例	审核关注问题
1	英方软件 2023 年上市	请发行人说明： （1）发行人产品研发、销售及使用过程中涉及的数据采集、处理、使用等情况及其合规性，数据内容是否涉及个人隐私或涉密信息，是否获得相关数据主体或主管部门的明确授权许可，是否存在使用范围、主体或期限等方面的限制，发行人是否存在超出上述限制使用数据的情形 （2）发行人业务开展及资质、许可取得情况是否符合《数据安全法》《网络安全法》《个人信息保护法》等数据安全及信息保护相关法律法规的规定，发行人采取的保护措施，是否发生过泄密行为或存在纠纷、潜在纠纷，相关风险是否充分揭示

（续）

序号	相关案例	审核关注问题
1	英方软件 2023年上市	（3）发行人的产品在生产端、目标端等实际运用场景中的安装情况，不同软件产品间的使用关系、销售方式及其与统一数据管理平台间的关系 （4）衡量发行人产品技术先进性的关键性能指标情况，发行人的主要产品在关键性能指标上与行业主流水平、最高技术水平、可比公司同类产品的比较情况，"国内领先""行业领先"的表述是否客观 （5）主要客户获取方式的合法合规性，是否存在应当履行公开招投标而未履行的情况
2	美登科技 2022年上市	请发行人： （1）按照SaaS行业常用的数据模型量化分析并披露付费用户数减少对未来收入利润的具体影响，并做重大事项提示 （2）说明报告期各期通过发行人电商SaaS软件产品进行短信充值和发送的前十名客户及其基本情况，相关客户是否实际使用发行人电商SaaS软件产品，是否存在仅使用短信服务的情况，是否存在自充值等虚假交易的情形 （3）结合经营实际情况说明已开展的短信业务，特别是为熠保科技、青橙信息等公司提供的短信服务是否符合《民法典》《通信短信息和语音呼叫服务管理规定（征求意见稿）》的相关要求，是否存在纠纷或潜在纠纷，是否存在重大违法违规，并有针对性地披露相关风险 （4）说明上述核心技术是否为电商SaaS行业的通用技术，是否容易被模仿或替代，对发行人业绩的贡献程度，在电商SaaS软件产品和服务中的具体运用情况，详细说明与光云科技等同行业竞争对手的比较情况，结合行业特征从创新投入、创新成果和市场地位等方面进一步论证并披露自身的创新特征 （5）结合政府主管部门关于电商SaaS行业的相关法规、政策及其变动情况，说明在行业准入、运营监管、资质管理等方面的变动趋势及对发行人的具体影响，是否会造成经营环境发生重大不利变化，是否影响发行人的持续经营能力
3	宏景科技 2022年上市	请发行人： （1）结合发行人的业务特点、业务拓展方式及同行业可比公司的情况等，说明发行人的业务集中于广东省的原因及合理性、是否存在地域依赖，相关业务在广东省的成长性及可持续性，业务向广东省外扩张是否存在困难，业务地域集中对发行人持续经营能力的影响，相关领域广东省财政预算及财政支出情况及对发行人业务的影响，发行人广东省外的业务拓展计划，并具体分析可行性

（续）

序号	相关案例	审核关注问题
3	宏景科技 2022年上市	（2）说明各项业务资质的续期程序及进展，当前是否符合续期条件，是否存在不能续期的风险，未续期对发行人经营和业务开展的影响 （3）说明广西地区业务的开拓历史、开拓方式，充分论证业务获取和执行的合法合规性，是否存在其他商业贿赂或不正当竞争情形

四、化学原料和化学制品制造业

上市审核部门重点关注经营资质、环境保护、安全生产、市场空间、下游客户、销售模式、技术来源、创新属性、原料采购、委托加工等问题。

化学原料和化学制品制造业的典型案例见表18-15。

表18-15 化学原料和化学制品制造业的典型案例

序号	相关案例	审核关注问题
1	凌玮科技 2023年上市	请发行人： （1）披露发行人及其子公司是否属于重污染行业，是否已取得从事生产经营活动所必需的全部行政许可、备案、注册或者认证，是否存在超越许可范围从事生产经营的情形 （2）说明报告期内发行人的环保支出与发行人生产经营规模的增长是否匹配 （3）结合下游涂料市场的行业集中度等，分析并披露发行人的客户较为分散是否符合行业特征，主要涂料品牌是否为发行人客户，如是，向发行人的采购金额、数量，以及发行人在上述客户中的市场份额，分析发行人的产品是否具有市场竞争力，是否存在被其他竞争对手替代的风险 （4）披露贸易商与经销商的差异，包括但不限于选取标准、日常管理、定价机制（包括营销、运输费用承担和补贴等）、物流（是否直接发货给终端客户）、退换货机制、信用政策、是否均为买断式销售，披露纳米新材料及代理产品分别通过贸易商、经销商销售的金额，通过贸易商、经销商销售是否符合行业惯例，保荐人对于发行人通过贸易商、经销商销售的最终销售情况的核查依据是否充分 （5）结合核心技术和产品演变，核心技术人员和专利技术发明人任职经历，相关专利技术形成、提出申请的时间等，说明核心技术来源，是否存在权属纠纷、诉讼、仲裁等或有事项

（续）

序号	相关案例	审核关注问题
2	江瀚新材 2023 年上市	请发行人： （1）分析原材料采购价格与市场价格的对比情况、变动趋势是否一致，说明采购价格变动原因 （2）补充披露具体委外环节，说明委外环节是否涉及核心工序，论证委外加工的必要性，是否符合行业惯例 （3）结合报告期内主要产品的产能变化情况、具体订单情况、下游细分市场需求情况，量化披露主要产品在内外销不同销售模式下的销量变动原因，分析与对应客户的产销规模是否匹配 （4）披露生产经营中涉及环境污染的具体环节、主要污染物名称及排放量、主要处理设施及处理能力 （5）说明报告期内发行人涉及的危险化学品、易制爆危险化学品的名称，生产、储存、运输、交易等各环节的具体情况，是否存在因操作不当、设备故障或其他偶发因素而造成安全生产事故或环保事故，是否因此被有关部门行政处罚
3	康普化学 2022 年上市	请发行人： （1）说明除《污水综合排放标准》以外，重庆地区是否存在地方标准或针对发行人产品的相关标准，相关污染行为是否构成情节严重的情形，结合处罚金额情况，说明是否构成重大违法行为；说明报告期内环保主管机关对发行人的监督检查情况及发现的主要问题，发行人连续因环保事项被行政处罚的原因及合理性，整改措施是否有效；说明发行人是否属于高污染、高耗能企业，是否存在限制类、淘汰类产能，生产经营是否符合产业政策 （2）说明危险化学品安全生产许可的核定经营范围、产能情况，对照发行人生产经营所需资质与实际业务开展情况，逐一说明报告期内是否存在超产能或超范围经营的情形，是否构成重大违法行为 （3）说明行业内金属萃取剂的主要种类、实际应用的下游行业及市场规模情况；发行人产品中仅包括铜萃取剂的原因及合理性；结合细分领域市场空间，说明发行人的行业地位 （4）补充披露工艺、配方、技术储备等创新特征的具体体现，在遵循商业秘密的披露要求下，量化分析发行人在提升生产效率、降低生产成本、减少污染排放、实现配方个性化、专属化需求等方面的技术创新情况

五、电气机械和器材制造业

上市审核部门重点关注业务模式、经营资质、合规经营、技术优势、政策影响、行业前景、业务拓展、安全生产等问题。

电气机械和器材制造业的典型案例见表 18-16。

表 18-16　电气机械和器材制造业的典型案例

序号	相关案例	审核关注问题
1	艾能聚 2023 年上市	请发行人： （1）补充披露分布式光伏电站业务"自发自用""余电上网"各自实现的销售收入及占比；说明"自发自用"模式下电价和折扣的定价依据，电费和折扣定价是否公允，"全额上网"模式下租金的定价依据，定价是否公允；单位面积"自发自用"模式下的折扣费用和"全额上网"模式下的租金是否存在重大差异；两种模式下不同屋顶资源业主签订的合同是否为标准化合同，不同合同的条款是否存在差异；发行人对不同屋顶资源业主的电费折扣和租金是否存在差异 （2）说明发行人使用屋顶资源的合法合规情况，是否存在权属纠纷，合同的业主方是自然人还是企业、村镇等组织，选择两种不同合同的标准；结合客户运营情况、合同约定等，说明发行人与客户的合作是否稳定，是否存在因客户终止合作、破产倒闭等导致光伏电站停止运营的风险，如停止运营，发行人是否需要拆除电站，是否需要承担拆除及折损成本，是否可能对发行人造成重大不利影响 （3）说明是否已取得了开展光伏电站 EPC 业务的全部资质；工程施工过程中是否存在分包，分包的具体环节，分包行为是否符合相关法律法规要求以及合同约定，是否存在相关法律风险 （4）发行人的核心技术与发明专利、实用新型的对应关系，核心技术在生产环节的运用，是否属于行业通用技术
2	天宏锂电 2023 年上市	请发行人： （1）结合各国电动助力车、电动摩托车补贴金额占产品终端销售价格的比例，说明终端需求的增长是否主要依赖于补贴政策的刺激；说明补贴政策的可持续性，并充分披露补贴政策变动对发行人生产经营的影响 （2）逐项披露并说明核心技术对应的知识产权情况及核心技术来源，以及报告期各期依靠核心技术产生收入的具体情况，并说明计算标准、计算过程，说明相关核心技术是否具有技术门槛，是否存在易被模仿、被替代的可能性，是否为行业通用技术，说明相关技术作为核心技术的合理性

（续）

序号	相关案例	审核关注问题
2	天宏锂电 2023 年上市	（3）说明报告期内是否存在生产安全隐患或发生重大安全生产事故的情况，如存在，是否受到行政处罚，以及所受处罚是否构成重大违法行为，是否影响发行人的生产经营；进一步披露安全设施的运行情况，以及安全生产制度和内控制度的制定和执行情况
3	合肥高科 2022 年上市	请发行人： （1）针对性地披露发行人所处的家电专用配件市场的情况，包括主要法律法规和政策及对发行人经营发展的影响等 （2）说明核心技术的技术路径及产业化时间，所列技术是特有技术还是行业通用技术，对应的主要产品及收入情况，与核心技术相关的收入认定标准及标准确定的依据 （3）说明报告期内在上述非家电领域的业务开展基本情况、主要客户和合作情况，并结合产品终端客户所处行业，补充披露报告期各期的收入构成，向其他应用领域拓展业务的原因及风险 （4）说明发行人与报告期内前五大客户的合作历史、获取订单方式、开始合作时间/形成规模化销售的时间、取得的认证等级、目前在手订单情况，进一步分析业务合作的稳定性及可持续性

六、医药制造业

上市审核部门重点关注行业政策（"两票制""集采制"等）影响、技术优势、竞争格局、下游市场、合规生产、经营资质、生产工艺、研发能力、市场推广费用等问题。

医药制造业的典型案例见表 18-17。

表 18-17　医药制造业的典型案例

序号	相关案例	审核关注问题
1	岭一药业 2023 年上市	请发行人： （1）说明发行人主要产品对应的下游产品，说明其产品应用于仿制药还是原研药，下游产品的市场需求及产品迭代情况，以及对发行人主要产品的影响 （2）补充披露未取得环评批复进行生产、超出环评批复产能生产的具体情形，包括但不限于生产的产品类型、产量、实现的销售收入等，说明上述违规生产行为发生的原因，是否造成环境污染，是否面临行政处罚，发行人对类似行为如何进行规范，是否有相应的制度文件及具体措施

（续）

序号	相关案例	审核关注问题
1	峆一药业 2023 年上市	（3）说明药品生产许可证的批准发放方式，是否每一单一药品的生产均需要取得单独对应的许可证，发行人披露的普仑司特等产品的药品生产许可证与公司及子公司取得的药品生产许可证有何异同，是否为同一生产许可。峆星药业开展生产经营需要完成哪些备案或取得哪些许可，目前备案或许可的进展情况，发行人及子公司是否存在未取得生产许可即开展生产的行为，是否存在被处罚的风险 （4）补充披露生产过程中涉及的具体危险工艺情况，并对可能发生的危险状况或者生产事故做进一步风险揭示 （5）说明材料投入的具体内容，具体分析试验研究费和研发物料费与生产用物料的区分标准
2	新赣江 2023 年上市	请发行人： （1）说明同一种类的产品，注射级、药品级、食品级不同类别（如涉及）的销售比重，不同类别报告期内主要客户、销售单价、毛利、销售方式、结算方式等的主要差别（如有）；结合各类别产品销售比重、行业政策影响等，说明各类别产品变动趋势、影响 （2）如存在药品纳入集中采购目录、辅助用药目录及重点监控用药目录等，说明"两票制"和"集采制"等医药政策的持续推进对发行人经营的影响，必要时补充做风险提示 （3）说明发行人报告期内研发投入及占比与同行业可比公司的比较情况，研发费用与当期研发项目、研发成果等的匹配性 （4）说明发行人及其子公司、相关从业人员是否具备生产经营所必要的全部资质、许可或认证，有效期限能否覆盖业务开展期间，发行人生产环节的质量管理规范执行、风险防控等药品质量控制执行情况
3	百利天恒 2023 年上市	请发行人说明： （1）列表说明报告期仿制药产品与核心技术、专利的对应关系，相关技术及专利来源；发行人多数仿制药产品未取得专利保护，如何体现对应产品及技术的先进性 （2）分品种说明发行人仿制药产品的竞争格局，包括对应品种的生产企业情况、通过一致性评价的情况、产品对应适应症的市场规模，以及发行人产品的销售金额及市场份额、发行人产品的临床价值

（续）

序号	相关案例	审核关注问题
3	百利天恒 2023年上市	（3）报告期创新药产品与核心技术及相关专利的对应关系，相关技术及专利来源；部分产品未取得专利或开展临床研究的主要区域未取得对应产品的专利权的原因，如何体现相关产品技术的先进性 （4）学术研讨、拜访、市场信息收集以及调研咨询的具体内容；区分发行人执行和委托推广服务商执行两种类型，分别说明学术研讨、拜访，以及市场信息收集费各期金额；推广服务费的具体明细，以及相应费用的比率与同行业可比公司是否存在较大差异

七、通用设备制造业

上市审核部门重点关注经营资质、原材料、安装调试、外协加工、研发费用、竞争优势、客户与订单、安全生产、环境保护、业务模式、技术优势等问题。

通用设备制造业的典型案例见表18-18。

表18-18　通用设备制造业的典型案例

序号	相关案例	审核关注问题
1	和泰机电 2023年上市	请发行人： （1）补充说明设备安装调试工作是否全部由发行人自行完成，是否存在安装调试服务外协情况，说明相关外协具体背景，与外协方的合同签署情况、合同金额及占比，是否存在关键工序外协的情况，说明技术完整性 （2）发行人的主要原材料为钢材，请结合钢材的价格走势情况说明原材料价格波动对发行人业绩的影响情况，并充分提示相关风险 （3）补充披露生产经营各个环节需获得的审批、认证（含合格供应商认证）、备案等事项 （4）补充披露外协厂商的名称、委外加工的具体内容、金额及占比情况、外协价格定价公允性，外协厂商生产的合法合规性，发行人与其在产品质量方面的责任划分，委外加工的相关工序是否属于发行人的核心生产工序，是否需具备资质认证要求或者技术门槛，外协环节是否涉及环境污染，是否利用委外加工规避环保核查 （5）按项目说明研发项目的构成情况、成果表现方式，各期研发投入金额与占比情况

（续）

序号	相关案例	审核关注问题
2	福斯达 2023年上市	请发行人： （1）补充说明各系统所需设备情况（按重要程度列示），各系统自制、外购的设备情况及占比，各系统在最终产品中的价值占比，并结合上述情况及行业竞争格局，补充说明并披露发行人的核心竞争力情况 （2）结合本行业及下游行业的发展情况、客户合作历史与合同期限，分析并披露客户稳定性与业务持续性是否存在重大不确定性风险 （3）披露发行人及其子公司是否取得了生产经营所需的全部资质、许可、备案，报告期是否持续拥有上述资质，结合相关重要资质证书的条件论证未来是否能持续获取该资质，是否存在无证或超出许可范围生产经营的情形，是否存在受到处罚的风险 （4）披露生产经营中涉及环境污染的具体环节、主要污染物名称及排放量、主要处理设施及处理能力
3	鑫磊股份 2023年上市	请发行人说明： （1）发行人安全生产制度的建立及运行情况，安全生产制度是否完善，运行是否存在漏洞 （2）结合国内市场的竞争格局，说明发行人自有品牌在境内市场拓展面临的机遇和挑战，发行人采取的营销推广策略及拓展效果，主要采用经销模式的原因及合理性 （3）空压机相关核心技术是否具有技术门槛，是否为行业通用技术，是否存在易被模仿、被替代的可能，结合主要竞争对手所采用的技术路线，论证发行人空压机核心技术的先进性

八、橡胶和塑料制品业

上市审核部门重点关注技术优势、行业壁垒、客户及销售模式、下游市场、环境保护、市场空间、销售价格等问题。

橡胶和塑料制品业的典型案例见表18-19。

表18-19 橡胶和塑料制品业的典型案例

序号	相关案例	审核关注问题
1	三祥科技 2022年上市	请发行人： （1）补充说明车用胶管行业高端、中低端的划分依据及对应的技术指标，以及行业通用技术工艺情况；结合发行人的销售规模、核心技术工艺、产品取得行业及客户认证情况，说明发行人在胶管行业所处梯队，发行人产品技术的先进性

（续）

序号	相关案例	审核关注问题
1	三祥科技 2022年上市	（2）说明发行人的客户拓展方式，以及报告期内新增客户数量及销售情况，并结合新增客户情况、主机客户汽车产销量变化情况、主要市场汽车保有量变化情况等，说明报告期各期发行人主机和售后市场销量持续增长的合理性，与行业变化趋势和客户经营情况是否匹配 （3）结合主要销售区域的新车销量和汽车保有量变化、主要客户产销量变化、胶管耐用性和更换周期变化等，分析说明中美市场汽车销量增速下降等是否会对发行人的生产经营产生不利影响，发行人是否存在下游市场规模萎缩和业绩下滑的风险 （4）说明生产经营中涉及环境污染的具体环节、主要污染物名称及排放量、主要处理设施及处理能力
2	华密新材 2022年上市	请发行人： （1）结合橡塑材料及制品行业的市场格局、技术特征、可比公司多以橡塑制品为主要产品等情况，说明橡塑材料是否为技术水平较低的行业，是否不存在较高的市场进入壁垒，以及相关产品是否存在同质性较强或技术壁垒不高的情形 （2）工程塑料领域对产品的性能要求，生产工艺、核心技术与橡胶材料领域的异同之处，并结合上述情况说明将橡胶材料领域产品的材料配方开发经验、人员等生产要素应用于非家电行业的可行性 （3）说明橡胶材料和橡胶制品的销售模式是否相同，并用简明易懂的语言按产品类型披露销售模式
3	唯万密封 2022年上市	请发行人： （1）补充披露发行人是否曾经出现产品质量问题或纠纷，是否引发安全生产事故；如发生相关产品质量问题或纠纷，发行人是否需要承担责任，需承担何种责任；相关风险提示是否充分 （2）结合不同技术路线发展及格局、实际控制人任职履历、外国专家提供的技术支持具体内容，披露发行人核心技术的具体情况及核心技术来源，外国专家参与研发的具体情况，相关研发合同的约定条款，自主研发密封材料的相关描述是否准确，外国专家是否签署竞业禁止协议，是否存在纠纷或潜在纠纷 （3）披露报告期发行人各类产品与同行业可比公司同类产品市场价格变动趋势的比较情况，并分析差异原因及合理性

九、汽车制造业

上市审核部门重点关注经营资质与认证、国家政策、下游市场、新能源汽车行业发展、业务开拓、竞争优势、发出商品等问题。

汽车制造业的典型案例见表 18-20。

表 18-20 汽车制造业的典型案例

序号	相关案例	审核关注问题
1	多利科技 2023 年上市	请发行人： （1）结合下游整车产销量变化、发行人产品所涉及品牌及对应车型的上市和换代情况等，量化分析各类冲压零部件、冲压模具营业收入波动的原因及合理性 （2）区分客户类别（整车厂商、汽车零部件供应商），补充披露各期向不同类别客户销售的实现情况，说明同类产品对不同类别客户的销售单价及毛利率是否存在差异 （3）补充披露冲压零部件、冲压模具所用于各整车厂的具体品牌、车型，以及各车型的投产时间、各车型的生命周期或拟换代时间，说明各类产品收入波动是否与下游整车产销情况相匹配，并披露车型的换代和更新对发行人持续盈利能力的影响 （4）从事相关生产经营是否已取得全部相关资质、许可、认证
2	舜宇精工 2023 年上市	请发行人： （1）补充披露发行人各主要产品的主要技术指标、性能指标，并结合前述指标以及发行人的生产模式、生产工艺等，对比同行业可比公司或主要竞争对手分析并补充披露发行人主要产品的竞争优劣势 （2）结合前述情况以及发行人所处汽车零部件及配件制造业的市场竞争格局及发展变动趋势、技术及品牌壁垒、同类型市场竞品情况、下游整车厂商需求变动情况等，分析说明发行人的核心竞争力、未来发展规划、市场空间是否受限，是否存在无法有效应对市场及技术变化迭代的风险，是否存在业绩大幅下滑的风险，是否存在影响发行人经营稳定性及可持续的情形
3	亚通精工 2023 年上市	请发行人： （1）结合配套零部件供应商资格认证周期、下游客户发展情况、产品销售周期等，说明 2020 年商用车零部件收入占比大幅增加的原因及合理性，是否存在提前确认收入的情形

（续）

序号	相关案例	审核关注问题
3	亚通精工 2023年上市	（2）列表说明商用车零部件、乘用车零部件和模具所用于各整车厂的具体品牌、车型，以及各车型的投产时间、各车型的生命周期或拟换代时间，说明营业收入波动是否与下游整车产销情况相匹配，并说明车型的换代和更新对发行人持续盈利能力的影响 （3）结合下游商用车、乘用车整车产销量变化，发行人产品所涉及品牌及车型的上市和换代等情况，从销量、定价等角度定量分析并说明各类产品营业收入波动的原因及合理性 （4）结合报告期各期原材料采购及领用情况、主要产品物料配比，说明存货中主要原材料出入库数量与产量是否匹配 （5）结合国家产业政策、汽车行业发展态势，说明对发行人业绩的影响，下一步发展态势、未来持续经营能力和应对措施等 （6）已经取得哪些客户的供应商资质认证，涉及的产品营收情况；是否存在被取消的风险，如取消对发行人有何影响

十、专业技术服务业

上市审核部门重点关注经营资质、商业逻辑、服务半径、技术创新、竞争优势、研发能力、政策变化、下游市场、客户、泄密风险等问题。

专业技术服务业的典型案例见表18-21。

表18-21　专业技术服务业的典型案例

序号	相关案例	审核关注问题
1	富乐德 2022年上市	请发行人： （1）按业务类别分别补充说明相关业务价格的制定政策及确定方式，收费比例是否存在大幅波动，是否与行业一般规律一致；报告期内与半导体和面板生产厂商合作和与原设备厂商合作的收入占比，二者在定价原则、服务方式、结算政策等方面的具体差异；发行人提供的设备洗净服务相比原厂提供相关服务的竞争优劣势，客户选择发行人而非原厂服务的主要考量因素 （2）结合主要竞争对手的研发情况、技术水平等，披露发行人的核心技术为行业通用技术还是独创技术；核心技术的竞争优势，认定为核心技术的合理性，是否存在被替代或淘汰的风险；技术储备的具体情况及应用前景

（续）

序号	相关案例	审核关注问题
1	富乐德 2022 年上市	（3）补充说明各期研发人员的数量及其变动情况、学历构成、从业年限构成，以及研发人员考核激励机制；报告期内在研和已完成研发项目的整体预算、各期费用支出金额、人员配置和研发成果转化为销售收入的情况
2	矩阵股份 2022 年上市	请发行人： （1）说明发行人及其子公司是否已经取得生产经营所必需的全部资质、许可、认证，是否存在超越资质、经营范围的情形，是否对发行人的员工资质、数量存在要求；相关资质的续期是否存在重大不确定性 （2）补充说明获客方式，报告期内的客户类型、数量、销售金额及占比，前五人客户的变化原因 （3）补充说明房地产行业长期调控对发行人业务、经营模式及持续经营能力的影响，相关的应对措施及有效性；量化分析在房地产调控趋严的政策环境下空间设计、软装陈设业务收入仍持续大幅增长的原因及合理性，收入变动趋势与同行业可比公司是否存在显著差异，如是，请说明原因及合理性 （4）补充说明发行人历史上及目前是否发生过设计方案及相关图纸泄密的情形及后续解决方式，是否存在因相关事项导致客户纠纷或诉讼的情况
3	天纺标 2022 年上市	请发行人： （1）结合销售区域、检测领域、主要客户及核心技术与同行业公司的对比情况，说明发行人的核心竞争力具体体现在标准、方法、专利、软件著作权及新型设备等哪些方面，国内竞争对手是否能快速突破发行人的领先优势 （2）补充披露核心技术人员所获奖项、专利及技术成果与核心技术及在研项目所涉及的专利、软件著作权及检测设备的对应关系，结合自行设计或研发的检测方法、设备占比等，说明发行人是否具备独立研发能力

第十九章

商业合理性

第一节 商业合理性的概念

商业合理性是指拟上市企业所有行为的发生、问题的处理与解释，符合行业惯例与基本的商业逻辑。

当上市审核部门发现拟上市企业存在异常时，通常关注其商业合理性，以挖掘可能被隐藏的真相，确保拟上市企业信息披露的真实性、准确性和完整性。

上市审核部门关注商业合理性的典型案例见表 19-1。

表 19-1 上市审核部门关注商业合理性的典型案例

序号	相关案例	审核关注问题
1	豪森股份 2020 年上市	请发行人代表说明：①发行人以账面价值收购豪森瑞德少数股权的商业合理性，是否存在其他利益安排；② 2019 年发行人向泰和集团支付技术开发费的商业实质

（续）

序号	相关案例	审核关注问题
2	芯碁微 2021年上市	请发行人代表结合不同类别产品存在各1～3个月的生产周期和验收周期，部分产品采取先试用或租赁再实现销售的方式、报告期内存货余额持续上升等情况：①说明该等生产及销售模式的商业合理性；②说明该等商业模式是否为同行业可比公司普遍采用
3	药易购 2021年上市	报告期内，发行人采购返利金额大且增长快速，占毛利的比例也高于同行业可比公司，采购返利占主营业务毛利的比例分别为40.87%、48.15%、56.88%。请发行人代表结合业务模式，说明返利比例高于同行业可比公司的商业合理性

第二节 主体资格的相关问题

一、实际控制人

上市审核部门会关注拟上市企业实际控制人的资金实力、家庭背景、工作经历、在公司的持股比例与任职岗位、一致行动协议签署情况（如有）等诸多因素，判断实际控制人对公司的掌控能力和公司认定实际控制人的合理性。

上市审核部门关注实际控制人合理性的典型案例见表19-2。

表19-2 上市审核部门关注实际控制人合理性的典型案例

序号	相关案例	审核关注问题
1	德冠新材 2021年终止注册	请发行人说明谢嘉辉在可以单独控制发行人的情况下，签署《一致行动协议》且以罗维满意见为准的原因及合理性
2	百普赛斯 2021年上市	①2016年12月12日，陈宜顶与苗景赟签订《一致行动协议》，该协议自双方签署之日起生效，至双方任何一方不再直接或间接持有发行人股份之日终止；②公司认定实际控制人为陈宜顶；③2012年2月至今，苗景赟担任公司（及前身百普赛斯有限）副总经理，2020年6月至今，担任公司董事。请发行人补充披露未认定苗景赟为共同实际控制人的原因和合理性

二、股东出资来源

上市审核部门会关注拟上市企业股东大额出资来源的合理性,包括出资人的资金实力、工作经历、家庭背景等,以及在此基础上可能拥有的筹资能力。

上市审核部门关注股东出资来源合理性的典型案例见表19-3。

表19-3 上市审核部门关注股东出资来源合理性的典型案例

序号	相关案例	审核关注问题
1	百合医疗 2017年被否决	①请发行人代表说明黄凯向发行人的累积出资(包括历次出资、增资及股权受让)的资金以及向发行人提供借款的资金(以下简称"上述资金")的具体来源是否合法合规。②反馈意见显示,黄凯的上述资金大部分来自华晨经贸、益安贸易、宏路贸易三家企业,请发行人代表说明三家企业2013年—2015年实现的营业收入及净利润很低,而此前累计实现的营业收入及利润总额很高的具体原因及其合理性、真实性,华晨经贸、益安贸易的盈利水平较好而停止营业准备注销的具体原因及其合理性、真实性,宏路贸易的收入水平及盈利水平大幅下滑的具体原因及其合理性、真实性。请发行人代表结合上述情况,说明黄凯的上述资金大部分来自三家企业的真实合法性
2	华泰永创 2021年被否决	徐列等管理层股东对发行人的历次出资中,部分资金系向发行人股东濮耐股份和秦冶重工的实际控制人借款取得,相关借款无利息、无期限、无明确还款计划。发行人称借款原因系管理层股东存在资金压力,但实际控制人徐列曾以2 176.15万元收购发行人原子公司。请发行人说明:①股东之间借款的合理性;②徐列所持发行人的股份权属是否清晰

三、并购重组

上市审核部门会关注拟上市企业并购重组的合理性,包括交易对手方的背景、资金实力、交易价格的公允性、交易款项支付及后续情况等。

上市审核部门关注并购重组合理性的典型案例见表19-4。

表 19-4　上市审核部门关注并购重组合理性的典型案例

序号	相关案例	审核关注问题
1	海湾环境 2019 年被否决	请发行人代表说明收购海湾工程 51% 的股权仅一年，即以相同价格回售原股东的商业合理性
2	天元宠物 2019 年被否决	2012 年发行人先后购买了王平喜、郝波所控制的北京酷迪、北京派服、上海宠爱三家子公司，2014 年发行人又将上述三家子公司出售给王平喜、郝波。请发行人代表说明购买北京酷迪等上述三家子公司后又由原出售人购回的原因及商业合理性，采用不同定价政策的原因及对发行人的影响
3	威高骨科 2021 年上市	请发行人代表说明：在海星医疗自 2012 年起即与威高集团和发行人存在密切商业往来的背景下，2015 年展鹏电子向两位威高集团员工持股的公司转让海星医疗股权，发行人在 2017 年以较高增值率收购海星医疗股权的原因及商业合理性

四、股权代持

上市审核部门会关注股权代持的合理性，包括股权代持及解除的原因、股权代持方的背景、股权代持方与被代持方的关联关系与资金往来等。

上市审核部门关注股权代持合理性的典型案例见表 19-5。

表 19-5　上市审核部门关注股权代持合理性的典型案例

序号	相关案例	审核关注问题
1	涧光股份 2021 年被否决	请发行人代表说明：涧光电器历史上存在股权代持的原因及其合理性，股权代持是否真实，相关依据是否充分，股权代持的设立、解除和清理是否合法、有效
2	联合精密 2022 年上市	报告期发行人股东曾存在股权代持行为。请发行人代表说明：①发行人股东持股核查工作的完备性与代持行为的真实性，直到 2021 年 2 月发行人才得知股权代持关系的原因；②上述相关代持行为是否存在未披露的利益安排，是否存在商业贿赂；③上述安排是否实质上为申报前新增股东的情况，相关的信息披露是否真实、准确、完整

五、股权融资

上市审核部门会关注拟上市企业股权融资的合理性，包括投资者的背景、投资价格、投资后拟上市企业或双方合作条款变化情况等。

上市审核部门关注股权融资合理性的典型案例见表 19-6。

表 19-6　上市审核部门关注股权融资合理性的典型案例

序号	相关案例	审核关注问题
1	新中港 2021 年上市	请发行人代表说明 2017 年新增股东的背景、入股的商业合理性、出资来源、入股价格的确定依据，是否存在对赌或其他利益安排，平安天煜、嘉兴煜港入股是否符合相关规定
2	迎丰股份 2021 年上市	发行人股东互赢双利的合伙人均为发行人客户或与发行人客户存在关联关系。请发行人代表说明：①发行人直接及间接股东中，是否存在其他客户、供应商及其关联方或员工的情况，是否存在委托持股或其他利益安排；②客户直接或间接入股发行人的商业合理性，是否存在与业务合作相关的协议，对客户采购量、价格等是否有安排，是否存在正常生产经营以外的其他资金往来或其他利益安排的情形
3	华泰永创 2021 年被否决	发行人的客户建龙集团于申报前 12 个月内入股，入股价格与 2017 年第三方投资机构入股价格相近。请发行人说明建龙集团入股价格的公允性，相关会计处理是否准确

第三节　独立性的相关问题

一、关联交易

上市审核部门会关注拟上市企业关联交易的必要性、决策程序的合规性和交易价格的公允性等问题。

上市审核部门关注关联交易合理性的典型案例见表 19-7。

表 19-7　上市审核部门关注关联交易合理性的典型案例

序号	相关案例	审核关注问题
1	比依股份 2022 年上市	发行人在报告期与宁波鲸鱼存在关联交易和资金往来。请发行人代表说明：①宁波鲸鱼报告期持续亏损的原因及商业合理性，盛某某受让宁波鲸鱼股权的商业合理性；②对比发行人相同产品供应商的采购价格是否公允，是否存在向发行人输送利益的情形；③比依集团对宁波鲸鱼的大额财务性支持予以豁免的合理性，发行人控股股东、发行人与盛某某的关系，是否存在关联关系

（续）

序号	相关案例	审核关注问题
2	环洋股份 2022年被否决	发行人与万华氯碱、万华化学有关联。请发行人代表说明：①无偿受让3项专利申请权的合理性，是否存在其他利益安排，发行人的核心技术是否对万华氯碱存在依赖；②发行人氯化氢采购价格明显低于第三方的商业合理性及可持续性，是否存在利益输送的情形
3	曹妃甸木业 2022年被否决	发行人为关联方提供成品钢及相关炼钢原材料的运输服务、港口装卸服务及租赁和管理服务的经常性关联交易占比较高。请发行人代表说明：关联交易的必要性和合理性；关联交易占比逐年升高的原因及合理性；相关业务未来是否具有稳定性与可持续性；发行人是否对关联方构成重大依赖

二、同业竞争

上市审核部门会关注拟上市企业存在同业竞争期间的利益输送与内部控制情况，以及清理同业竞争的真实性和合理性。

上市审核部门关注同业竞争合理性的典型案例见表19-8。

表19-8　上市审核部门关注同业竞争合理性的典型案例

序号	相关案例	审核关注问题
1	交建股份 2019年上市	发行人实际控制人控制的其他企业共130家，其中部分企业与发行人存在上下游业务。请发行人代表说明：发行人转让祥源建设及远见园林的原因及商业合理性；祥源建设、远见园林与发行人是否构成同业竞争

第四节　规范运行的相关问题

一、资金往来

上市审核部门会关注拟上市企业、控股股东、实际控制人、主要关联方、董监高、关键岗位人员等资金往来的具体情况、原因和合理性，以及资金规模与业务的匹配性等问题。

上市审核部门关注资金往来合理性的典型案例见表19-9。

表 19-9　上市审核部门关注资金往来合理性的典型案例

序号	相关案例	审核关注问题
1	鲁华泓锦 2021 年被否决	报告期内，发行人实际控制人郭强与其亲属、发行人员工存在大额资金往来。请发行人说明相关资金往来的具体情况、原因和合理性
2	亚洲渔港 2022 年被否决	报告期内，发行人与自然人合资成立"海燕号"，为发行人初加工业务的重要子公司。"海燕号"、"海燕号"负责人与客户三方之间存在大额资金往来，部分资金从"海燕号"流出后通过客户流回"海燕号"。请发行人说明上述三方之间资金往来的合理性
3	红星美羚 2022 年被否决	经现场检查发现，2018 年 12 月末，实际控制人王宝印协调供应商黄忠元等七人将 1 400 万元转借经销商殷书义等八人，经销商将该款项用于向发行人采购。请发行人说明发生该借款事项的合理性及商业逻辑

二、第三方回款

上市审核部门会关注拟上市企业第三方回款的原因、回款方的背景与关联关系、第三方回款的内部控制以及是否符合行业惯例等问题。

上市审核部门关注第三方回款合理性的典型案例见表 19-10。

表 19-10　上市审核部门关注第三方回款合理性的典型案例

序号	相关案例	审核关注问题
1	爱玛科技 2021 年上市	请发行人代表说明部分客户采用第三方回款模式的原因、必要性和商业合理性，回款方是否为发行人关联方
2	征和工业 2021 年上市	报告期内，发行人境内、境外均存在第三方回款的情形，其中境外销售第三方回款占比较高。请发行人代表结合第三方回款在不同区域销售中的占比及同行业情况，说明存在第三方回款的原因、必要性及商业合理性
3	华泰永创 2021 年被否决	发行人的客户铁雄冶金和铁雄新沙于 2020 年被列入失信被执行人后，委托第三方公司向发行人代付款项且金额较大。中介机构未获取相应资金流水以证明代付资金性质。请发行人说明上述第三方公司代付款项的真实性

三、劳务外包

上市审核部门会关注拟上市企业劳务外包单位的基本情况与关联关

系、劳务外包的必要性、劳务外包价格的公允性以及是否符合行业惯例等问题。

上市审核部门关注劳务外包合理性的典型案例见表 19-11。

表 19-11　上市审核部门关注劳务外包合理性的典型案例

序号	相关案例	审核关注问题
1	中际联合 2021 年上市	请发行人代表结合主要产品部分年度外包安装单价高于发行人自行安装人工成本单价的情况，说明发行人自 2018 年起采用劳务外包为主的原因及商业合理性，是否符合行业惯例
2	电旗股份 2022 年被否决	报告期各期，发行人劳务采购费金额较大且占营业成本的比重高。其中前五大供应商的集中度大幅高于同行业可比公司，且多个劳务供应商主要为发行人提供服务。请发行人说明：①劳务采购费占营业收入比例持续低于同行业可比公司的原因及合理性；②发行人业务地域分布较广但劳务供应商集中的合理性；③相关供应商主要为发行人服务的合理性和规范性，是否存在其他利益安排

第五节　财务与会计的相关问题

一、业绩变动

上市审核部门会关注拟上市企业的业绩变动是否与其历史数据、同行业可比公司业绩波动以及经济周期变化等相匹配。

上市审核部门关注业绩变动合理性的典型案例见表 19-12。

表 19-12　上市审核部门关注业绩变动合理性的典型案例

序号	相关案例	审核关注问题
1	才府玻璃 2021 年被否决	报告期内，发行人的营业收入逐年增加，向非直接用户类客户销售波动较大。请发行人代表：①说明 2020 年销售收入未受疫情影响且较 2019 年增长的原因，是否存在放宽信用政策调节收入的情形；②说明 2020 年向非直接用户类客户销售金额大幅增加的原因，在 2021 年上半年疫情较 2020 年好转且相关窑炉不存在检修的情况下，向非直接用户类客户销售金额大幅下滑的原因，是否存在向非直接用户类客户压货从而提前确认收入的情况

(续)

序号	相关案例	审核关注问题
2	泰达新材 2022年被否决	2016年—2019年间，发行人的净利润呈现显著下滑趋势，但2020年度大幅增加。请发行人说明2020年度净利润改变下滑趋势且大幅度上升的主要影响因素，该因素是否具有可持续性，发行人未来是否存在业绩大幅下滑风险
3	文依电气 2023年被否决	报告期各期发行人第四季度营业收入占全年营业收入的比重分别为27.74%、20.55%、34.47%，2022年第四季度营业收入占比明显高于报告期其他各期。请发行人结合产品及终端客户所在行业周期特点等因素，说明2022年第四季度营业收入占比较高的原因及合理性，是否存在调节收入的情形

二、业务模式

上市审核部门会关注拟上市企业采购、生产、销售、研发、委托加工等业务模式的合理性以及是否符合行业惯例等问题。

上市审核部门关注业务模式合理性的典型案例见表19-13。

表19-13 上市审核部门关注业务模式合理性的典型案例

序号	相关案例	审核关注问题
1	涧光股份 2021年被否决	报告期内，发行人的营业收入增长较快。密闭除焦系统业务收入及占主营业务收入的比例增幅较大，主要通过专有技术方式获取业务。请发行人代表说明中石化通过不同方式（专有技术以及招标投标）采购同类型产品的原因、依据及合理性
2	曹妃甸木业 2022年被否决	发行人为其产业园内木材加工企业提供代理采购服务，且应收代理业务代垫款账面价值较大。请发行人代表说明代理采购合同的主要条款，发行人开展此类业务的商业合理性，该业务实质上是否发行人替其客户提供的融资安排
3	恒泰万博 2022年被否决	发行人2021年新增设备租赁业务，西部钻探为该类业务的唯一客户。发行人确认LWD设备租赁收入2 163.66万元，毛利率为90.90%，毛利额为1 966.77万元，占当期毛利额的13.55%。请发行人结合LWD设备的市场竞争格局，说明以单一来源谈判采购方式获取该订单以及客户选择租赁而不直接购买设备的原因及商业合理性

三、供应商与客户

上市审核部门会关注拟上市企业主要供应商与客户的成立时间、股东背景、主营业务、业务规模，以及与公司的合作时间、关联关系或竞争关系等事项。

上市审核部门关注供应商与客户合理性的典型案例见表 19-14。

表 19-14　上市审核部门关注供应商与客户合理性的典型案例

序号	相关案例	审核关注问题
1	泰达新材 2022 年被否决	请发行人说明在生产所需的主要原材料偏三甲苯市场供应充足的情况下，选择存在资金风险且历史上生产不稳定的安庆亿达作为主要供应商的原因及合理性
2	江河纸业 2022 年被否决	请发行人代表说明：①生产型客户占比逐年增加、贸易型客户占比逐年下降的原因及合理性；②客户供应商重叠的商业合理性及采购销售价格公允性，客户供应商重叠是否符合行业惯例，主要重叠客户供应商与发行人之间是否存在代持、委托持股等情形
3	红星美羚 2022 年被否决	2017～2021 年发行人对舍得生物的销售金额分别为 4 828.34 万元、8 638.52 万元、671.28 万元、0 万元和 0 万元，其中 2017 年和 2018 年舍得生物为发行人的第一大客户。请发行人说明舍得生物与发行人销售收入大幅度变动且于 2020 年注销的原因及商业合理性

四、费用列支

上市审核部门会关注拟上市企业的管理费用、销售费用、财务费用及波动是否与其历史数据、同行业可比公司数据相匹配，以及相关费用月度之间变动是否合理。

上市审核部门关注费用列支合理性的典型案例见表 19-15。

表 19-15　上市审核部门关注费用列支合理性的典型案例

序号	相关案例	审核关注问题
1	富信科技 2021 年上市	请发行人披露修理费的主要构成，报告期内发行人标准台产量相对平稳的情况下，产能修理费逐年大幅增长的合理性
2	吉凯基因 2021 年被否决	请发行人代表说明报告期各期发行人的销售费用率远高于同行业公司的原因及合理性
3	中健康桥 2022 年被否决	发行人的销售费用中，市场推广服务费占比较高。请发行人代表说明市场推广服务费占比较高的原因及合理性，是否涉及利益输送和商业贿赂

五、其他财务数据

上市审核部门会关注委托加工、研发支出、现金交易等其他财务数据的合理性。

上市审核部门关注其他财务数据合理性的典型案例见表19-16。

表19-16　上市审核部门关注其他财务数据合理性的典型案例

序号	相关案例	审核关注问题
1	智神信息 2020年终止	报告期各期的委托加工费分别为2 503.26万元、3 081.95万元、2 666.88万元。请发行人说明报告期各期委托加工的主要供应商、委托加工内容、数量、金额及变动原因
2	蓝箭电子 2021年终止注册	请发行人对照发行人在报告期内的收入结构及主要财务指标,分析发行人在报告期内累计研发投入高于累计盈利的商业合理性,进一步说明在该等高水平投入的情况下,未能实现收入及利润水平明显增长的原因
3	威高骨科 2021年上市	请发行人披露报告期内销售奖金发放的背景,采用现金形式发放的主要原因,是否符合行业惯例、自身经营模式和特点,现金交易是否具有必要性与合理性

第六节　募投项目的相关问题

上市审核部门会关注募投项目是否与拟上市企业所属行业的发展趋势、公司产能、人员与技术储备、管理能力、发展战略等相匹配。

上市审核部门关注募投项目合理性的典型案例见表19-17。

表19-17　上市审核部门关注募投项目合理性的典型案例

序号	相关案例	审核关注问题
1	星球石墨 2021年上市	请发行人代表说明在外协加工方式具有成本优势的情况下,使用募集资金投资石墨材料生产项目的合理性与技术准备的充分性
2	正和科技 2021年被否决	报告期内,发行人总装产能利用率逐年下降。请发行人代表结合总装产能利用率逐年降低这一趋势,说明实施新募投项目的必要性和商业可行性,是否会进一步拉低现有产能利用率

第二十章

上市常见误区

第一节 关于资本市场

一、注册制

误区1：实施注册制后上市变得很容易。

实施注册制后，上市门槛有所降低并变得更加科学——有明确的板块定位和负面清单以及多套市值与财务指标。在此基础上，证监会和交易所对细化的审核标准和上市审核全过程进行了公开，上市变得更加透明和可预期。

但在实践中，从核准制向注册制转变有一个过程。预计一段时间内，上市审核的强度、各板块的实际上市财务指标要求不会显著下降，上市难度不会发生重大变化。

误区2：实施注册制对所有上市公司是利好。

随着全面注册制的实施，A股整体流动性和市盈率呈下降趋势，上市公司的估值、融资与套现能力将会出现明显分化。

注册制通常对优质的上市公司是利好，而对基本面一般的上市公司是利空。

二、关于科创板

误区 1：科创板更利于企业的融资与发展。

科创板的市场关注度比较高，很多拟上市企业青睐科创板。

但受投资者门槛（50 万元）影响，科创板股票开户数量有限，造成有些科创板上市公司流动性较弱（日换手率 1% 以内、日成交量 50 万股以内），从而影响其后续的融资与套现能力。

误区 2：有一定创新属性的企业就能在科创板上市。

科创板非常重视企业的科创属性和行业地位，通常只有实现进口替代、打破国际垄断、引领行业发展的硬科技企业才能在科创板上市。

因为科创属性问题失败的科创板 IPO 典型案例见表 20-1。

表 20-1 因为科创属性问题失败的科创板 IPO 典型案例

序号	相关案例	审核关注问题
1	珈创生物 2021 年被否决	请发行人代表结合发行人的部分核心技术专利由外部机构受让取得、发行人的自行研发投入较少、技术人员较少且人数在报告期内发生过较大波动等情况，论证发行人是否具有突出的创新能力
2	海和药物 2021 年被否决	请发行人代表结合发行人已开展二期以上临床试验的核心产品均源自授权引进或合作研发的情况，说明发行人是否独立自主对引进或合作开发的核心产品进行过实质性改进且未对合作方构成持续技术依赖，以及发行人关于科创板定位的自我评价是否真实、准确、完整
3	吉凯基因 2021 年被否决	请发行人代表说明：①发行人提供服务的可替代性；②发行人靶标筛选和验证方面的核心技术是不是行业内常规技术，是否具备较高的技术壁垒；③CHAMP 平台和细胞治疗平台研发的产品大部分是否针对常规成熟靶点，发行人的技术优势和相应的研发能力

误区 3：科创板上市的业绩门槛很低。

在实践中，绝大部分科创板上市企业，上市前一年的净利润在 4 000

万元以上。

仅有 10% 左右的企业，科创板上市前一年亏损，并且其中绝大部分为原创药、芯片、云计算、大数据等行业的翘楚。

亏损企业科创板上市的典型案例见表 20-2。

表 20-2 亏损企业科创板上市的典型案例

序号	相关案例	事实情况
1	万润新能 2022 年上市	公司专业从事锂电池正极材料的研发、生产、销售和服务。2018 年，公司市场份额位于行业第二位；2019 年、2020 年，公司市场份额均位于行业第三位
2	杰华特 2022 年上市	公司现已拥有 1 000 款以上可供销售、600 款以上在研的芯片产品型号。公司产品涵盖汽车电子、通信电子、计算和存储、工业应用、消费电子等众多应用领域，部分主要产品的关键性能指标已处于国际先进或国内领先水平
3	裕太微 2023 年上市	公司是境内极少数实现多速率、多端口以太网物理层芯片大规模销售的企业，产品已成功进入普联、诺瓦星云、盛科通信、新华三、海康威视、汇川技术、大华股份、烽火通信等知名客户的供应链体系，打入被国际巨头长期主导的市场

三、关于创业板

误区 1：实施注册制后，创业板上市的业绩门槛很低。

截至 2023 年 3 月底，425 家拟上市企业按照注册制审核并在创业板上市。

上述企业上市前一年归属于母公司股东的净利润都在 3 500 万元以上；其中 415 家企业（占比 97.65%），上市前一年归属于母公司股东的净利润在 5 000 万元以上。

误区 2：创业板的创新属性要求比较低。

注册制改革后，创业板非常注重拟上市企业的创新属性与成长性，并明确了行业负面清单，缺乏创新属性与成长性的传统企业已很难在创业板上市。

因为创新性和成长性问题失败的创业板 IPO 典型案例见表 20-3。

表 20-3 因为创新性和成长性问题失败的创业板 IPO 典型案例

序号	相关案例	审核关注问题
1	鸿基节能 2021 年被否决	发行人的主营业务包括地基基础、既有建筑维护改造，所处行业为"土木工程建筑业"；发行人认为其属于传统产业与新技术、新业态的深度融合，符合创业板定位。请发行人代表：①结合建筑业企业运用《建筑业 10 项新技术（2017 版）》在列新技术开展业务的情况，说明发行人掌握并熟练运用行业通用技术属于传统产业与新技术深度融合的理由；②结合既有建筑维护改造业务的特点、合同签订及对应收入确认情况，说明既有建筑维护改造业务属于新业态的理由，以及相关业务收入占比持续下降的原因；③说明发行人的核心技术和研发优势
2	伟康医疗 2022 年被否决	（1）发行人的主营业务为一次性使用医用耗材的研发、生产和销售。报告期内，发行人的主营业务收入、归母净利润、扣非后归母净利润复合增长率分别为 -2.54%、-11.05%、-8.86%。请发行人结合所处行业情况、自身竞争优劣势、2022 年上半年经营业绩、2022 年全年预计经营业绩，进一步说明发行人的经营业绩是否具有成长性，是否符合创业板定位 （2）报告期内，发行人研发投入占营业收入的比例分别为 3.02%、2.69%、3.12%，研发投入年均复合增长率为 -1.97%，累计研发投入规模为 2 233.13 万元。请发行人结合自身研发投入、研发能力、研发成果、技术先进性的具体体现，进一步说明发行人的创新性，是否符合创业板定位

第二节 关于上市论证

误区 1：上市可以解决企业的一切问题。

上市的基础逻辑是拟上市企业质地优良，因为快速成长而面临资金缺口，资本市场在帮助企业便捷地融资与发展的同时，企业也能够为投资者带来良好回报。

部分企业的商业模式尚不成熟，技术与产品尚待完善，发展前景尚不明朗等，上市与融资并不能解决其存在的根本问题。

误区 2：企业只要达到一定规模就能上市。

上市启动前，拟上市企业需要充分论证国家政策是否支持其行业发展，企业是否具备规范运作的基础，未来是否有足够的发展空间，企业是否符合目标板块定位等。

在实践中，大量的拟上市企业虽然达到了上市的规模要求，但因为国家政策限制、持续经营能力存疑、规范运作瑕疵、不符合板块定位等而上市失败。

误区 3：企业三年就能上市。

上市的申报期为三年，后续需要履行上市辅导、文件申报、材料审核、股票发行、股票上市等程序，理论上从启动到上市一般至少需要四年时间。

在实践中，绝大部分拟上市企业由于行业周期变化、企业业绩波动、重大规范障碍等原因，操作五年以上才上市。

误区 4：上市成功率很高。

考虑 IPO 上会否决与主动撤材料（终止）两种上市申报后的失败情形，拟上市企业从上市申报到上市的成功率一般在 60%～70%。

在实践中，绝大部分拟上市企业启动 IPO 后一直未达到上市条件，因而未进行上市申报。如果从启动 IPO 起算，IPO 的操作成功率非常低。

误区 5：上市的主要成本为中介费用。

IPO 上市成本包括规范成本、中介费用和其他成本等。

其中，最主要的是规范成本，特别是税务与社会保障规范成本：从上市申报期第一年开始，拟上市企业需要完全规范缴纳各项税收；通常从申报期第二年开始，拟上市企业需要规范缴纳社会保障。

关于规范成本的典型案例见表 20-4。

另外，作为主要上市中介费用的承销保荐费用，在拟上市企业 IPO 募集资金到账后支付，企业上市前需要承担的中介费用有限。

2022 年度各板块 IPO 上市的中介费用情况见表 20-5。

表 20-4　关于规范成本的典型案例

序号	相关案例	事实情况／审核关注问题
1	信利光电 2019 年被否决	报告期内，发行人及其控股子公司信元光电未足额缴纳社会保险金，住房公积金缴纳比例较低。请发行人代表：①说明前述未足额缴纳社会保险金，尤其是住房公积金缴纳比例过低的原因及合理性，缴存比例较低是否会构成重大违法行为；②针对上述未为全部员工缴纳住房公积金及社会保险的情况，按照法律规定的相关缴费基数与缴费比例进行测算应补缴的相关金额及对发行人净利润的影响，并说明是否构成本次发行上市的障碍
2	恒泰万博 2022 年被否决	个人卡流水中的不规范事项已通过完善内部控制制度、补缴税款和滞纳金以及进行会计追溯调整等方式整改完毕

表 20-5　2022 年度各板块 IPO 上市的中介费用情况

板块	IPO 上市数量（家）	募资总额（亿元）	承销保荐费（万元）	审计验资费（万元）	律师费用（万元）	中介费用合计（万元）	发行费用率
主板	70	18.75	6 112.34	1 327.46	689.86	8 129.66	4.34%
科创板	123	20.47	10 819.40	1 188.56	697.40	12 705.36	6.21%
创业板	148	12.14	7 738.36	1 082.88	571.03	9 392.27	7.74%
北交所	83	1.92	1 473.64	330.72	181.69	1 986.06	10.36%
综合	424	13.64*	7 137.36*	1 006.68*	551.09*	8 695.13*	6.37%*

* 为该列平均值。

第三节　选择中介机构

误区 1：一定要选择知名中介机构。

大的中介机构业务多、品牌好、质量控制严格，中小机构业务少、效率高、对项目更加重视，双方各有优缺点。

企业需要根据自身规模选择合适的中介机构范围，在此基础上考察比较：

1）中介机构整体的品牌、口碑、项目立项与申报标准。

2）承做团队在中介机构的地位、项目经验、项目储备、人员配备。

3）具体承做的项目组人员，特别是现场负责人的业务资格与工作经验。

4）项目收费标准与时间进度。

5）其他上市中介机构的配备安排。

误区 2：拟上市企业是甲方，中介机构是乙方。

上市是一项艰难复杂的系统工程，往往超出企业的掌控范围。拟上市企业通常需要基于对中介机构的信任，依赖中介机构去解决各类问题。

在实践中，拟上市企业与中介机构之间更多地体现为平等的合作关系。

误区 3：上市过程中遇到的所有问题都能圆满解决。

上市遇到的问题需要综合各项因素，确定合适的解决方案。通常情况下，问题越早解决越容易，有些客观条件受限制或者错过解决时机的问题往往难以圆满解决。

难以圆满解决问题的典型案例见表 20-6。

表 20-6 难以圆满解决问题的典型案例

序号	相关案例	审核关注问题
1	速达股份 2021 年被否决	报告期内，发行人与郑煤机存在较多关联交易，且客户、供应商存在重叠，发行人为郑煤机客户提供免费的质保期服务，并接受郑煤机派驻的财务人员。请发行人代表进一步说明：①发行人与郑煤机关联交易的定价依据及合理性，相关交易是否公允；②发行人直接面向市场独立获取订单的能力；③发行人对郑煤机的依赖是否对发行人的持续经营能力构成重大不利影响
2	珊溪水利 2022 年被否决	发行人与温州市泽雅水库管理站按固定比例向温州市自来水公司供应原水，两者实际控制人均为温州市国资委。请发行人代表说明：①温州市泽雅水库原水业务是否存在挤占发行人市场份额的情况，是否存在利益冲突，两者不存在同业竞争的理由、依据是否充分；②未来是否存在进一步收购资产及业务的安排，温州市国资委以及相关单位是否有有效解决同业竞争的计划

第四节 上市常见误区实务典型问题

误区 1：上市案例都可以作为参考。

在实践中，时间久远的案例、国有企业案例、非常优质企业的案例、独一无二的案例、特殊背景的案例等通常难以作为参考。

一般企业难以参考的上市案例见表20-7。

表20-7 一般企业难以参考的上市案例

序号	相关案例	事实情况
1	中铁特货 2021年上市	发行人和实际控制人控制的下属上市公司铁龙物流均从事铁路冷链物流业务。发行人称其冷链物流与铁龙物流存在差异，不构成实质性竞争关系
2	中国电信 2021年上市	发行人共有4名高级管理人员同时在电信集团兼职高级管理人员，发行人现任独立董事任职年限均已超过6年
3	中国海油 2022年上市	报告期内，发行人向关联方进行各类油气销售的总金额分别为14 719 107.24万元、14 764 734.91万元、10 345 641.58万元和6 450 106.37万元，占当期营业收入的比重分别为64.64%、63.31%、66.59%和58.51%；发行人向关联方进行各类采购的总金额分别为4 339 447.85万元、5 391 743.99万元、5 822 649.52万元和2 620 356.84万元，占当期总采购额的比重分别为32.61%、40.01%、46.13%和42.63%

误区2：越早提交上市申请越好。

有些拟上市企业存在尽早提交上市申请（"抢申报"）的冲动，而忽略了企业业务的规模、问题处理的进展、文件制作的质量等。这种情况下，"抢申报"往往会耽误上市时间，甚至导致最终上市失败。

对提交上市申请而言，通常"欲速则不达"。业绩完全达标、问题圆满解决、材料制作优良后再申报，审核周期往往会大幅缩短，上市成功率也大幅提高。

误区3：业绩可以自由调整。

注册制实施后，上市审核部门对拟上市企业的业绩真实性审核更加严格，并会对业绩造假实施更严厉的处罚。

另外，上市过程中，所有企业都会面临被举报的风险，竞争对手、离职或在职员工、上下游合作伙伴等，都可能向上市审核部门提供对企业不利的线索。

上市审核部门关注业绩调整的典型案例见表20-8。

表 20-8 上市审核部门关注业绩调整的典型案例

序号	相关案例	审核关注问题
1	恒安嘉新 2019 年不予注册	发行人于 2018 年 12 月 28 日、12 月 29 日签订、当年签署验收报告的 4 个重大合同，金额 15 859.76 万元，2018 年年底均未回款且未开具发票，公司将上述 4 个合同收入确认在 2018 年。2019 年，发行人以谨慎性为由，经董事会及股东大会审议通过，将上述 4 个合同收入确认时点进行调整，相应调减 2018 年主营收入 13 682.84 万元，调减净利润 7 827.17 万元，扣非后归母净利润由调整前的 8 732.99 万元变为调整后的 905.82 万元，调减金额占扣非前归母净利润的 89.63%。发行人将该会计差错更正认定为特殊会计处理事项的理由不充分，不符合企业会计准则的要求，发行人存在会计基础工作薄弱和内控缺失的情形

误区 4：行政处罚不会影响上市。

理论上，拟上市企业申报期之内受到的行政处罚，在取得相关政府机关出具的无重大违法违规证明后，不会影响上市。

但在实践中，以下三种情况即使取得证明也往往会构成重大上市障碍：

1）按照法律法规，行政处罚金额或比例已经触发"重大"违法违规。

2）拟上市企业存在多项行政处罚，特别是安全生产、环保等处罚连续多次发生。

3）拟上市企业的违法违规行为造成了重大负面舆情或者重大社会危害，包括国家安全、公共安全、生态安全、生产安全、公众健康安全等。

上市审核部门关注行政处罚的典型案例见表 20-9。

表 20-9 上市审核部门关注行政处罚的典型案例

序号	相关案例	审核关注问题
1	安佑生物 2018 年被否决	报告期内发行人子公司因环保违规被处以 8 项行政处罚，因安全生产问题被处以 3 项行政处罚，并有规划、消防、税务、农业、畜牧等部门多项处罚，且在报告期后期仍持续发生。请发行人代表说明报告期内频繁受到处罚的原因，相关养猪场未来持续经营是否存在重大不确定性，相关处罚、证照瑕疵是否构成重大违法违规

（续）

序号	相关案例	审核关注问题
2	3L 股份 2019 年被否决	发行人报告期内存在因产品质量问题受到行政处罚的情形。请发行人说明相关产品不合格是否导致严重的社会后果，是否属于社会影响恶劣的事件

误区 5：以其他发票替代商务费用入账即可。

上市审核部门会关注拟上市企业成本与费用列支的合理性，并会关注其商业贿赂风险，特别是医药制造业、医疗仪器设备及器械制造业，以及下游主要面向国有企业、政府机关、军队等客户的企业。

拟上市企业需要基于行业与自身情况，充分论证商业模式的合理性和调整的可行性，在此基础上考虑通过经销商/代理商、第三方营销赋能机构、合作伙伴入股等方式合理合法地解决商务费用问题。

上市审核部门关注商务费用的典型案例见表 20-10。

表 20-10　上市审核部门关注商务费用的典型案例

序号	相关案例	审核关注问题
1	精英数智 2020 年被否决	请发行人代表：①分析采用项目服务商方式开展业务的商业合理性，选取典型案例说明与项目服务商建立合作关系、确定双方分工及收费的具体流程；②说明是否已建立与项目服务外包业务相关的内部控制制度，包括对外包服务商的资质要求、选择流程、与回款相关义务的落实、避免在合作过程中发生体外资金循环、商业贿赂及不正当竞争等情况；③结合期末应收账款余额中逾期款项占比较高的情况，说明项目服务商与回款相关的履约义务是否未能切实履行，相关合同条款是否流于形式
2	久盛电气 2021 年上市	报告期内，发行人销售费用中外部销售服务费占比较高。请发行人代表说明：①通过外部销售服务人员提供销售服务的商业合理性，是否符合行业惯例；②向外部销售人员支付的销售佣金和市场开发费的计算方法和发放方式，是否依法代扣代缴相关税费

误区 6：战略投资者完美无缺。

有些拟上市企业青睐引入战略投资者。但是，在实践中，战略投资者引入难度比较大；并且，引入战略投资者后，上市审核部门会特别关注战略投资者对拟上市企业业务的影响程度，严重的，可能构成上市障碍。

上市审核部门关注战略投资者的典型案例见表 20-11。

表 20-11　上市审核部门关注战略投资者的典型案例

序号	相关案例	审核关注问题
1	容汇锂业 2021 年终止	天赐材料于 2016 年 1 月入股发行人，目前直接持有发行人 4.89% 的股权。九江容汇成立于 2016 年 6 月，发行人持有子公司九江容汇 70% 的股权，九江天赐持有九江容汇 30% 的股权，九江天赐系天赐材料的全资子公司。报告期内，发行人与九江天赐及其关联方存在购销关系。九江容汇的主营业务为氢氧化锂和碳酸锂的生产及销售，是目前公司氢氧化锂的主要生产基地。请发行人说明：①九江天赐及其关联方的主营业务、与发行人主营业务之间的关系；②天赐材料入股发行人的背景及原因，入股价格及定价依据，与同时期增资或股权转让价格的差异，入股时是否与发行人存在战略合作、承购或包销等协议，如是，请补充提交并说明协议的主要内容；③结合天赐材料入股发行人的时点、九江容汇成立的时点、发行人开发九江天赐及其关联方为客户与供应商的时点，说明发行人与九江天赐合资设立九江容汇的目的，天赐材料入股发行人、九江容汇成立、发行人开发九江天赐及其关联方为客户与供应商三者之间是否存在联系

误区 7：可以通过股权"假转让"解决独立性问题。

有些拟上市企业存在通过股权"假转让"（股权代持）的方式，名义上解决同业竞争或关联交易等独立性问题的计划。

但是，在实践中，上市审核部门对股权转让交易对手方的背景、资金实力、受让股权的原因、关联关系、交易价格的公允性和交易款项的支付情况以及后续双方的资金与业务往来等高度关注，有些企业因此上市被否决。

上市审核部门关注股权代持风险的典型案例见表 20-12。

误区 8：员工均会积极参与股权激励。

在实践中，并非所有拟上市企业的股权激励都能得到（全体）员工认可，也并非所有员工都有经济能力参与企业的股权激励。

企业启动股权激励之前，需要进行充分调研，做好股权激励的方案设计，把握好股权激励的实施时机。

员工放弃股权激励的典型案例见表20-13。

表20-12 上市审核部门关注股权代持风险的典型案例

序号	相关案例	审核关注问题
1	瑞联新材 2019年被否决	山西义诺等11家企业为发行人的外协厂商和原材料供应商，部分未取得相关资质。请发行人代表说明山西义诺股权转让的真实性，未将山西义诺纳入发行人体系的原因及合理性，是否存在股份代持安排，是否存在关联交易非关联化情形
2	康鹏科技 2021年被否决	泰兴康鹏与发行人被同一实际控制人控制，前者因委托无资质方处置危险废物构成污染环境罪。请发行人代表说明发行人实际控制人是否对泰兴康鹏的犯罪行为存在管理或其他潜在责任，此后将泰兴康鹏剥离给张时彦是否存在关联交易非关联化情形

表20-13 员工放弃股权激励的典型案例

序号	相关案例	事实情况
1	民爆光电 2022年过会	因成为公司股东后，销售提成比例自3%下降至1%，周金梅、黄丹为保持销售提成，放弃股权激励
2	拓尔微 2022年受理	石鹏举因个人原因，主动放弃2020年1月授予的激励股权

结　　语

当今时代，上市已成为许多优质企业的必然选择和奋斗目标。

但是，上市是一项艰难复杂的系统工程，企业需要在保持规范运作的基础上做好业务发展——实施注册制后依然如此。

企业很有必要在启动之前充分论证上市的可行性，了解上市过程中可能面临的问题和将要承担的成本，在此基础上选择最适合自己的上市路径与操作周期，向正确的方向推进，尽量少走弯路。

打铁必须自身硬，上市成功与否主要在于企业的基本面。对企业而言，最佳选择就是全力"练好内功"，顺其自然地实现上市。

最后，感谢各界朋友多年来对鹏拍的大力支持。

祝愿所有努力拼搏的企业家早日实现企业上市的梦想！

附　录

参 考 法 规

1.《中华人民共和国公司法》
2.《中华人民共和国证券法》
3.《中华人民共和国刑法》
4.《中华人民共和国民法典》
5.《中华人民共和国商业银行法》
6.《中华人民共和国土地管理法》
7.《中华人民共和国农村土地承包法》
8.《中华人民共和国企业所得税法》
9.《企业会计准则》
10.《企业会计准则解释》
11.《劳务派遣暂行规定》
12.《关于进一步规范党政领导干部在企业兼职（任职）问题的意见》
13.《高等学校深化落实中央八项规定精神的若干规定》
14.《中共教育部党组关于进一步加强直属高校党员领导干部兼职管理的通知》

15.《关于高质量建设区域性股权市场"专精特新"专板的指导意见》

16.《首次公开发行股票注册管理办法》

17.《上市公司重大资产重组管理办法》

18.《上市公司分拆规则（试行）》

19.《上市公司治理准则》

20.《上市公司章程指引》

21.《上市公司独立董事管理办法》

22.《中国证监会关于北京证券交易所上市公司转板的指导意见》

23.《首次公开发行股票并上市辅导监管规定》

24.《非上市公众公司监管指引第 6 号——股权激励和员工持股计划的监管要求（试行）》

25.《关于继续实施全国中小企业股份转让系统挂牌公司股息红利差别化个人所得税政策的公告》

26.《关于完善股权激励和技术入股有关所得税政策的通知》

27.《关于股权奖励和转增股本个人所得税征管问题的公告》

28.《财政部 国家税务总局关于合伙企业合伙人所得税问题的通知》

29.《证券发行上市保荐业务管理办法》

30.《证券公司私募投资基金子公司管理规范》

31.《〈首次公开发行股票注册管理办法〉第十二条、第十三条、第三十一条、第四十四条、第四十五条和〈公开发行证券的公司信息披露内容与格式准则第 57 号——招股说明书〉第七条有关规定的适用意见——证券期货法律适用意见第 17 号》

32.《监管规则适用指引——关于申请首发上市企业股东信息披露》

33.《监管规则适用指引——发行类第 2 号》

34.《监管规则适用指引——发行类第 3 号》

35.《监管规则适用指引——发行类第 4 号》

36.《监管规则适用指引——发行类第 5 号》

37.《监管规则适用指引——机构类第 1 号》

38.《监管规则适用指引——上市类第 1 号》

39.《上海证券交易所股票上市规则》

40.《上海证券交易所上市公司重大资产重组审核规则》

41.《深圳证券交易所股票上市规则》

42.《深圳证券交易所上市公司重大资产重组审核规则》

43.《上海证券交易所科创板股票上市规则》

44.《科创属性评价指引（试行）》

45.《上海证券交易所科创板企业发行上市申报及推荐暂行规定》

46.《关于进一步规范股东穿透核查的通知》

47.《科创板上市公司重大资产重组特别规定》

48.《深圳证券交易所创业板股票上市规则》

49.《深圳证券交易所创业板企业发行上市申报及推荐暂行规定》

50.《深圳证券交易所创业板上市公司重大资产重组审核规则》

51.《北京证券交易所向不特定合格投资者公开发行股票注册管理办法》

52.《北京证券交易所股票上市规则（试行）》

53.《北京证券交易所向不特定合格投资者公开发行股票并上市业务规则适用指引第1号》

54.《北京证券交易所上市公司重大资产重组审核规则》

55.《全国中小企业股份转让系统股票挂牌规则》

56.《关于高质量建设北京证券交易所的意见》

57.《全国中小企业股份转让系统股票挂牌审核业务规则适用指引第1号》

58.《全国中小企业股份转让系统股票公开转让并挂牌审核指引——区域性股权市场创新型企业申报与审核（试行）》

59.《全国中小企业股份转让系统并购重组业务规则适用指引第1号——重大资产重组》

60.《国务院办公厅转发证监会关于开展创新企业境内发行股票或存托凭证试点若干意见的通知》

61.《关于创新试点红筹企业在境内上市相关安排的公告》

62.《关于扩大红筹企业在境内上市试点范围的公告》

63.《香港联合交易所有限公司证券上市规则》

会计极速入职晋级

书号	定价	书名	作者	特点
66560	49	一看就懂的会计入门书	钟小灵	非常简单的会计入门书；丰富的实际应用举例，贴心提示注意事项，大量图解，通俗易懂，一看就会
44258	49	世界上最简单的会计书	（美）穆利斯 等	被读者誉为最真材实料的易懂又有用的会计入门书
71111	59	会计地图：一图掌控企业资金动态	（日）近藤哲朗 等	风靡日本的会计入门书，全面讲解企业的钱是怎么来的、是怎么花掉的，要想实现企业利润最大化，该如何利用会计常识开源和节流
59148	49	管理会计实践	郭永清	总结调查了近1000家企业问卷，教你构建全面管理会计图景，在实务中融会贯通地去应用和实践
70444	69	手把手教你编制高质量现金流量表：从入门到精通（第2版）	徐峥	模拟实务工作真实场景，说透现金流量表的编制原理与操作的基本思路
69271	59	真账实操学成本核算（第2版）	鲁爱民 等	作者是财务总监和会计专家，基本核算要点，手把手讲解；重点账务处理，举例综合演示
57492	49	房地产税收面对面（第3版）	朱光磊 等	作者是房地产从业者，结合自身工作经验和培训学员常遇问题写成，丰富案例
69322	59	中小企业税务与会计实务（第2版）	张海涛	厘清常见经济事项的会计和税务处理，对日常工作中容易遇到重点和难点财税事项，结合案例详细阐释
62827	49	降低税负：企业涉税风险防范与节税技巧实战	马昌尧	深度分析隐藏在企业中的涉税风险，详细介绍金三环境下如何合理节税。5大经营环节，97个常见经济事项，107个实操案例，带你活学活用税收法规和政策
42845	30	财务是个真实的谎言（珍藏版）	钟文庆	被读者誉为最生动易懂的财务书；作者是沃尔沃原财务总监
64673	79	全面预算管理：案例与实务指引（第2版）	龚巧莉	权威预算专家，精心总结多年工作经验/基本理论、实用案例、执行要点，一册讲清/大量现成的制度、图形、表单等工具，即改即用
61153	65	轻松合并财务报表：原理、过程与Excel实战	宋明月	87张大型实战图表，手把手教你用EXCEL做好合并报表工作；书中表格和合并报表的编制方法可直接用于工作实务！
70990	89	合并财务报表落地实操	蔺龙文	深入讲解合并原理、逻辑和实操要点；14个全景式实操案例
69178	169	财务报告与分析：一种国际化视角	丁远	从财务信息使用者角度解读财务与会计，强调创业者和创新的重要作用
69738	79	我在摩根的收益预测法：用Excel高效建模和预测业务利润	（日）熊野整	来自投资银行摩根士丹利的工作经验；详细的建模、预测及分析步骤；大量的经营模拟案例
64686	69	500强企业成本核算实务	范晓东	详细的成本核算逻辑和方法，全景展示先进500强企业的成本核算做法
60448	45	左手外贸右手英语	朱子斌	22年外贸老手，实录外贸成交秘诀，提示你陷阱和套路，告诉你方法和策略，大量范本和实例
70696	69	第一次做生意	丹牛	中小创业者的实战心经；赚到钱、活下去、管好人、走对路；实现从0到亿元营收跨越
70625	69	聪明人的个人成长	（美）史蒂夫·帕弗利纳	全球上亿用户一致践行的成长七原则，护航人生中每一个重要转变

财务知识轻松学

书号	定价	书名	作者	特点
71576	79	IPO财务透视：注册制下的方法、重点和案例	叶金福	大华会计师事务所合伙人作品，基于辅导IPO公司的实务经验，针对IPO中最常问询的财务主题，给出明确可操作的财务解决思路
58925	49	从报表看舞弊：财务报表分析与风险识别	叶金福	从财务舞弊和盈余管理的角度，融合工作实务中的体会、总结和思考，提供全新的报表分析思维和方法，黄世忠、夏草、梁春、苗润生、徐珊推荐阅读
62368	79	一本书看透股权架构	李利威	126张股权结构图，9种可套用架构模型；挖出38个节税的点，避开95个法律的坑；蚂蚁金服、小米、华谊兄弟等30个真实案例
70557	89	一本书看透股权节税	李利威	零基础50个案例搞定股权税收
62606	79	财务诡计（原书第4版）	（美）施利特 等	畅销25年，告诉你如何通过财务报告发现会计造假和欺诈
58202	35	上市公司财务报表解读：从入门到精通（第3版）	景小勇	以万科公司财报为例，详细介绍分析财报必须了解的各项基本财务知识
67215	89	财务报表分析与股票估值（第2版）	郭永清	源自上海国家会计学院内部讲义，估值方法经过资本市场验证
58302	49	财务报表解读：教你快速学会分析一家公司	续芹	26家国内外上市公司财报分析案例，17家相关竞争对手、同行业分析，遍及教育、房地产等20个行业；通俗易懂，有趣有用
67559	79	500强企业财务分析实务（第2版）	李燕翔	作者将其在外企工作期间积攒下的财务分析方法倾囊而授，被业界称为最实用的管理会计书
67063	89	财务报表阅读与信贷分析实务（第2版）	崔宏	重点介绍商业银行授信风险管理工作中如何使用和分析财务信息
71348	79	财务报表分析：看透财务数字的逻辑与真相	谢士杰	立足报表间的关系和影响，系统描述财务分析思路以及虚假财报识别的技巧
58308	69	一本书看透信贷：信贷业务全流程深度剖析	何华平	作者长期从事信贷管理与风险模型开发，大量一手从业经验，结合法规、理论和实务融会贯通讲解
55845	68	内部审计工作法	谭丽丽 等	8家知名企业内部审计部长联手分享，从思维到方法，一手经验，全面展现
62193	49	财务分析：挖掘数字背后的商业价值	吴坚	著名外企财务总监的工作日志和思考笔记；财务分析视角侧重于为管理决策提供支持；提供财务管理和分析决策工具
66825	69	利润的12个定律	史永翔	15个行业冠军企业，亲身分享利润创造过程；带你重新理解客户、产品和销售方式
60011	79	一本书看透IPO	沈春晖	全面解析A股上市的操作和流程；大量方法、步骤和案例
65858	79	投行十讲	沈春晖	20年的投行老兵，带你透彻了解"投行是什么"和"怎么干投行"；权威讲解注册制、新证券法对投行的影响
68421	59	商学院学不到的66个财务真相	田茂永	萃取100多位财务总监经验
68080	79	中小企业融资：案例与实务指引	吴瑕	畅销10年，帮助了众多企业；有效融资的思路、方略和技巧；从实务层面，帮助中小企业解决融资难、融资贵问题
68640	79	规则：用规则的确定性应对结果的不确定性	龙波	华为21位前高管一手经验首次集中分享；从文化到组织，从流程到战略；让不确定变得可确定
69051	79	华为财经密码	杨爱国 等	揭示华为财经管理的核心思想和商业逻辑
68916	99	企业内部控制从懂到用	冯萌 等	完备的理论框架及丰富的现实案例，展示企业实操经验教训，提出切实解决方案
70094	129	李若山谈独立董事：对外懂事，对内独立	李若山	作者获评2010年度上市公司优秀独立董事；9个案例深度复盘独董工作要领；既有怎样发挥独董价值的系统思考，还有独董如何自我保护的实践经验
70738	79	财务智慧：如何理解数字的真正含义（原书第2版）	（美）伯曼 等	畅销15年，经典名著；4个维度，带你学会用财务术语交流，对财务数据提问，将财务信息用于工作